Mittelmeer

W0177892

oolis · El Beida ·

Alexandria · Port Said ·
Kairo · Suez ·

LIBYEN

Libysche
Wüste

ÄGYPTEN

Asyut ·

jen

Assuan ·

Rotes
Meer

Nasser-
see

Nubische
Wüste

Nil

· Port Sudan

TSCHAD

ERITREA
· Asmera

Tschad-
see

Khartoum ·

Weißer Nil

Blauer Nil

· N'Djamena

SUDAN

Djibouti ·

Harar ·

· Addis Abeba

ZENTRAL-
AFRIKANISCHE
REPUBLIK

ÄTHIOPIEN

N

ndé

Bangui ·

Ubangi

· Isiro

Turkana-
see

Kongo

Kongobecken

· Kisangani

UGANDA

KENIA

REP.
KONGO

Eduardsee

Kampala ·

· Nairobi

DEMOKRATISCHE
REP. KONGO
(Zaïre)

RUANDA
Kigali ·

Viktoriasee

azzaville ·

Kassai

· Kinshasa

· Mwanza

BURUNDI
· Bujumbura

Kubongo

· Mombasa

Pemba

Dodoma
·

· Sansibar

nda

Tanganjikasee

TANSANIA

Dar-es-Salaam

RUPERT NEUDECK

DIE KRAFT AFRIKAS

RUPERT NEUDECK

DIE KRAFT AFRIKAS

Warum der Kontinent
noch nicht verloren ist

C.H. Beck

Mit 26 Abbildungen
und 2 Karten (Peter Palm, Berlin)

© Verlag C. H. Beck oHG, München 2010
Gesetzt aus der Adobe Garamond Pro und der ITC Franklin Gothic
bei Janß GmbH, Pfungstadt
Druck und Bindung: CPI – Ebner & Spiegel, Ulm
Gedruckt auf säurefreiem, alterungsbeständigem Papier
(hergestellt aus chlorfrei gebleichtem Zellstoff)
Printed in Germany
ISBN 978 3 406 59857 9

www.beck.de

Gewidmet

dem großen
Ryszard Kapuscinski,
meinem unerreichten Vorbild als Journalist,

dem baumlangen Abdulkarim
Ahmed Guleid,
meinem langjährigen Freund
aus Äthiopien

und der liebenswürdigen
Angelina Muganza,
der Arbeitsministerin Ruandas,
die uns Grünhelme
beim Aufbau des
Nelson Mandela Educational Centre
in Ntarama
so zuverlässig
und kompetent
unterstützt
hat.

Inhalt

1
Gibt es ein Afrika?

«Dass ich aus Afrika komme, wurde mir während des Studiums in den Vereinigten Staaten klar», erinnert sich Chimamanda Ngozi Adichie. «Sooft im Hörsaal von Afrika die Rede war, drehten sich alle nach mir um. Ganz gleich, ob es um Namibia oder Ägypten ging, von mir wurde erwartet, dass ich Bescheid wusste. Die Reduzierung eines widersprüchlichen, vielschichtigen Kontinents auf ein eindimensionales Ganzes habe ich abgelehnt, auch wenn ich heute akzeptiere, dass die afrikanischen Staaten vieles gemeinsam haben.»[1] So ähnlich habe ich mich auch gefühlt, als mir der Beck-Verlag vorschlug, anstelle der von mir geplanten Monographie zu Ruanda ein Buch über die Probleme Afrikas zu schreiben. Aber auch ich bin schließlich zu der versöhnlichen Einsicht der 1977 in Nigeria geborenen Schiftstellerin gekommen: Es gibt zwar nicht *ein* Afrika, aber die afrikanischen Staaten haben vieles gemeinsam. Die meisten haben eine Geschichte europäischer Kolonisation hinter sich. Das hat, ganz gleich, ob es sich um eine englische, eine französische, eine portugiesische, eine spanische oder eine deutsche Oberhoheit handelte, zu gewissen Ähnlichkeiten geführt. Die meisten Länder haben zudem, wie Adichie hinzufügt, ähnliche Erfahrungen «mit ihren Politikern, einer langen Reihe von Präsidenten und Premierministern und Staatschefs, die nur daran interessiert sind, den Staat zu plündern».

Wer sich daranmacht, etwas über «Afrika» zu schreiben, erwischt sich dennoch schnell bei seiner eigenen Hybris. Die Länder, Völker, Stämme und Kulturen des Kontinents sind trotz der Gemeinsamkeiten so vielfältig wie die Europas und Asiens. Schon die genaue Zahl der afrikanischen Staaten ist nicht ohne Weiteres zu bestimmen: Je nachdem, ob man die Republik West-Sahara, die ehemalige spanische Kolonie Rio de Oro, dazunimmt, kommt man auf 53 oder 54, die allerdings oftmals nicht viel mehr als eine formale Staatlichkeit besitzen. Ihre

Grenzen entsprechen weitgehend denen der ehemaligen Kolonien. Die 1963 gegründete OAU, die 2002 durch die *Afrikanische Union* abgelöste *Organisation of African Unity*, hatte es für alle Länder zum strikten Gebot erhoben, niemals die bestehenden Grenzen anzutasten. Dies ließ sich, bei allen daraus entstandenen Problemen, durchaus vernünftig begründen: Wenn einer damit anfinge, würde er die Büchse der Pandora öffnen, und es gäbe Kriege, Gewalttaten, bewaffnete Auseinandersetzungen ohne Unterlass. Man muss vielleicht einmal alle Staaten Afrikas aufzählen, um sich zu vergegenwärtigen, wie vielfältig der Kontinent ist. Die flächenmäßig größten sind die einstige belgische Kolonie, die Demokratische Republik Kongo (oder auch Kongo-Kinshasa), der Sudan und Algerien. Ökonomisch sind die Republik Südafrika und Nigeria am bedeutendsten, für die Chinesen jetzt auch der Ölstaat Angola und auf der anderen Seite die Republik Mosambik, beides ehemals portugiesische Kolonien. Eher am Rande der Weltmärkte befinden sich dagegen die Sorgenkinder in Ostafrika: Äthiopien, Eritrea, Kenia, Uganda, sowie die drei Staaten Tansania, Ruanda und Burundi, die zusammen das frühere Deutsch-Ostafrika ausmachten. Ganz untergegangen im Pfuhl gescheiterter Staaten ist Somalia, das man kaum noch als Staat erkennen kann: der klassische Fall eines *failed state.*

Um die Republik Südafrika gibt es die mehr oder weniger kleinen, auf jeden Fall nicht sehr bevölkerungsreichen Staaten Swasiland, Lesotho, Botswana, Simbabwe, und Namibia, einstmals Deutsch-Südwestafrika. Weiter nördlich dann noch Sambia und Malawi. Im französisch sprechenden Westafrika sind es die ehemaligen französischen Kolonien Mauretanien, Mali, Niger, der Tschad, Senegal, die Republik Guinea, die Elfenbeinküste, Burkina Faso, Benin, die Zentralafrikanische Republik, Gabun und Kongo-Brazzaville. Französisch spricht man auch in den ehemals deutschen Kolonien Togo und Kamerun sowie seit Kurzem in dem ehemals spanischen Äquatorialguinea. Im früher portugiesischen Guinea-Bissau hat man dagegen die Sprache der ehemaligen Kolonialmacht beibehalten. Anglophon sind in dieser Region Gambia, Sierra Leone, Liberia und Ghana sowie das schon genannte Nigeria.

In Nordafrika, fast mehr zur arabisch-islamischen Welthälfte des Nahen Ostens hingewandt, liegen die Länder der nordafrikanischen

Küste: das Königreich Marokko und die von ihr beanspruchte Republik West-Sahara, das schon erwähnte Algerien, Tunesien, das ehemals italienische Libyen sowie Ägypten. Vergessen haben wir jetzt noch den Stadtstaat Djibouti und die Inselstaaten, die vor der Küste von Afrika liegen, wie das riesengroße Madagaskar, wie die Komoren, Mauritius, die Tourismusenklave im Indischen Ozean, die Seychellen, die Insel São Tomé und Principe sowie die Kapverden.

Wer über Afrika als Ganzes sprechen will, der kommt also nicht darum herum, verschiedene Regionen des Kontinents voneinander zu unterscheiden, um ein wenig Ordnung in diese Ländervielfalt zu bringen. Wenn man genauer hinschaut, dann lassen sich die Staaten des afrikanischen Kontinents in vier Gruppen einteilen:

(1) Die fünf Mittelmeeranrainerstaaten, die natürlich aufgrund ihres Seeanschlusses und der damit möglichen – und durch den französischen Präsidenten Sarkozy und seine Idee einer EU-Mittelmeerunion noch einmal forcierten – Anbindung an den europäischen Markt und die europäische Politik privilegiert sind. Sie gehören daher und auch wegen ihrer Mitwirkung in der Arabischen Liga in gewisser Weise nur bedingt zu Afrika.

(2) Die Gruppe der südafrikanischen Staaten mit der Republik Südafrika an der Spitze und dazu Botswana, Namibia, Swasiland und Lesotho. Diesen Ländern geht es ökonomisch vergleichsweise gut. Botswana etwa verfügt über eine der am schnellsten wachsenden Ökonomien der Welt, wenn dieses Wachstum sich auch hauptsächlich auf Diamanten stützt. Dieser Wirtschaftszweig wird aber im Unterschied etwa zu Sierra Leone politisch und ökonomisch vernünftig verwaltet, was für Afrika außerordentlich ist, weil Rohstoffe sich ansonsten meist zu Lasten der Völker und Volkswirtschaften auswirken.

(3) Die Dritte Gruppe ist vielleicht ein kleiner Sonderfall. Sie beinhaltet die kleinen Ölstaaten und die Tourismusinseln. Es handelt sich also um die Westküstenländer Äquatorialguinea und Gabun sowie um die zwei Inselstaaten Mauritius und die Seychellen im Indischen Ozean, die sich nach Einkommen und Wirtschaftsleistung erheblich vom Rest Afrikas unterscheiden.

(4) Dann gibt es die vierte Gruppe, die, auch wenn es immer wieder

einzelne Hoffnungsschimmer gibt, eigentlich das Afrika ausmacht, von dem wir uns nur noch klagend abwenden möchten, weil sich dort gar nichts entwickelt, und das im Mittelpunkt dieses Buches stehen soll.

Anders als im Falle Europas, zu dem alle, die dies überhaupt irgendwie plausibel begründen können, gerne hinzugehören würden, entstehen in Afrika zudem immer wieder Irritationen, weil sich manche Nationalitäten gern aus dem Kontinent ausschließen würden. Die Eritreer, manchmal auch die Äthiopier, ebenso die Ägypter bestehen darauf, dass sie keine Afrikaner seien, sondern etwas «Besseres». Der damalige deutsche Botschafter im Sudan, Dieter Simon, erzählte mir in den 1980er-Jahren, dass sich sein eritreischer Fahrer immer heftig dagegen sträubte, Afrikaner zu sein. Ähnliches beobachtete die CDU-Politikerin Roswitha Wisniewski, die sich als Bundestagsabgeordnete besonders für die deutsch-ägyptischen Beziehungen engagierte: Wenn ein europäischer Gast in Ägypten harmlos feststelle, dass es für ihn ein besonderes Erlebnis sei, nun zum ersten Mal in Afrika zu sein, ernte er vonseiten der Ägypter nur belustigtes Erstaunen. Ihm werde bedeutet, Ägypten liege zwar auf dem afrikanischen Kontinent, unterscheide sich aber wie alle afrikanischen Mittelmeerstaaten erheblich von Schwarzafrika.[2]

Erste Begegnungen mit Afrika

Ich selber habe Afrika vor allem aus dem Blickwinkel des humanitären Helfers kennengelernt. Schon meine erste Begegnung mit dem Kontinent stand im Zeichen einer furchtbaren Katastrophe. Im Februar 1980 klingelte an einem Sonntagmorgen ein baumlanger Somali mit Namen Abdulkarim Ahmed Guleid an unserer Tür in Troisdorf. Er erzählte uns in gepflegtem Deutsch, dass es eine große Fluchtbewegung von Somalis aus dem äthiopischen Grenzland, dem Ogaden, nach Somalia gebe und diese Hunderttausende von Flüchtlingen keine richtige Versorgung hätten. Er sei schon überall herumgegangen in Deutschland und habe um Unterstützung gebeten, aber man glaube ihm nicht. Wir hatten damals gerade damit begonnen, mit dem Schiff «Cap Anamur» im Südchinesischen Meer vietnamesische Boat People zu retten, und unser Reihenhaus zum Hauptquartier der entstehenden Organisation umfunktioniert. Wir entschlossen uns zu helfen. Mit einem Jumbo und 22 Tonnen Hilfsgütern flogen wir nach einigen Vorbereitungen nach Djibouti und brachen von dort auf, um uns durch die Wüste nach Hargeisa zu begeben. Wir fuhren drei Tage, bis wir dort ankamen. Hätte es geregnet, so sagten uns die Einheimischen, wären aus den drei Tagen drei Wochen geworden. Die herrliche Wüstenlandschaft und das Zittern vor den Naturgewalten, das war der erste massive Eindruck, den ich von Afrika bekam. Doch die Schönheit des Kontinents und seiner Menschen habe ich erst sehr viel später richtig wahrnehmen gelernt.

Schon ein Jahr später war ich wieder in Afrika. Der ugandische Diktator Idi Amin hatte sein Nachbarland Tansania angegriffen und die Kräfteverhältnisse falsch eingeschätzt. Als die tansanischen Truppen die Hauptstadt Kampala einnahmen, setzte er sich ins Ausland ab. Danach gab es in Uganda keine staatliche Struktur mehr. Es war das Ende aller Sicherheit. Die einzige noch funktionierende Institution waren die Kirchen, allen voran die gut organisierten Katholischen Orden. Wir starteten nur mithilfe der sogenannten Verona Fathers in der damaligen Provinz West-Nile ein Hilfsprojekt und übernahmen das Krankenhaus in Maracha. Herrlich engagierte Ärzte und Techniker gingen damals mit uns, furchtlos, wie es bei der heutigen Vollkasko-Mentalität gar nicht mehr möglich ist.

Das Entsetzliche, das ich dort erlebte, habe ich damals noch vor Ort in einer Aufzeichnung festgehalten: «Ombaci, West-Nile/Uganda, 24. Juni 1981. Eine ugandische Frau läuft schreiend mit ihrem Baby auf dem Arm herum, ihre Schreie wie ihr irrsinniges Im-Kreis-herum-Laufen drücken nur den unerträglichen, jedes menschliche Maß überschreitenden Schmerz aus – Soldaten der UNLA, der offiziellen staatlichen Armee (*Uganda National Liberation Army*), sind am Vormittag dieses Tages auf das Gelände der Missionsstation der Verona Fathers in Ombaci (5 km von Arua, der Hauptstadt der ugandischen Provinz West-Nile entfernt) gestürmt und haben unter den etwa 7000 Menschen, die sich hierhin fliehend zurückgezogen hatten, ein unvorstellbares Blutbad angerichtet. Dem Baby im Arm der Frau hat ein Soldat in den Kopf geschossen, sodass die Kopfkuppe weg ist. Nur noch die Gehirnmasse quillt heraus – ein Bild heillosen Schreckens, das der Mordterror dieser von Hass, Rache, Vergeltung und Vernichtung betrunkenen Soldaten hier angerichtet hat. Vier unserer Mediziner sind an diesem Morgen in die Missionsstation gekommen. In Arua ist keine Menschenseele mehr zu sehen. Alle sind ins benachbarte Zaire geflohen – insgesamt sind es 150000, die getürmt sind, aus den beiden Distrikten Terregoi und Maracha. Diese Truppen sind eigentlich Mordbanden. Sie verdienen nicht mehr den Namen ‹legale, reguläre ugandische Armee›. Es handelt sich um undisziplinierte, offenbar von keiner klaren Befehls- und Kommandohierarchie und -struktur geführte Mord- und Plünderbanden. So ähnlich muss man sich, denke ich mir, die Landsknechtdramen im Dreißigjährigen Krieg vorstellen, die undiszipliniert plündernd und Terror und Schrecken verbreitend durch Europa zogen und die Bauern vertrieben und ausraubten, wo immer sie hinkamen.» Assoziationen an den Dreißigjährigen Krieg sollten mich in Afrika in den kommenden Jahrzehnten immer wieder befallen.

Das dritte Land Afrikas, das ich kennenlernte, war 1983 das geschichtsträchtige Äthiopien, in dem uns die Menschen wegstarben wie die Fliegen und wir vor Verzweiflung nicht mehr wussten, was wir tun sollten. Wegen einer lang anhaltenden Dürreperiode herrschte eine Hungersnot, die zu einer Jahrhundertkatastrophe zu werden drohte. In den folgenden drei Jahren versuchten wir zusammen mit anderen Hilfsorganisationen, unter schwierigen Bedingungen die Not wenigstens etwas zu lindern, unter anderem in Lalibela, dem alten Wallfahrtsort im Norden Äthiopiens. Die Höhlenkirchenwelt in ihrer betörenden Schönheit nahm ich damals nur am Rande wahr. Mein Bild des Landes wurde geprägt durch die verhungernden Gestalten, die vor unseren Augen zusammenbrachen.

Bis heute sind noch eine ganze Reihe weiterer Länder hinzugekommen, in denen ich, zuerst mit CAP ANAMUR, seit Kurzem mit der neuen Organisation Grünhelme e. V., Hilfsprojekte durchgeführt habe: etwa der Tschad, der Sudan, Mosambik, Liberia, Sierra Leone, Angola, Südafrika, Ruanda, der Kongo und Mauretanien. Besonders verliebt war ich in die starken, mutigen, fähigen Menschen in Eritrea, die einen Befreiungskrieg führten, der mir einen gehörigen Respekt abnötigte und mich zu einem lebenslangen Bewunderer dieser Eritreer machte. Die ehemals italienische Kolonie besaß innerhalb Äthiopiens einen Autonomiestatus, den der Kaiser Haile Selassie seit 1952 ausgehöhlt hatte, bevor er Eritrea 1961 zu einer normalen Provinz seines Landes machte. Damals begann ein Unabhängigkeitskampf, der 30 Jahre dauern sollte. Am 24. Juni 1988 geriet ich selbst in einen der Luftangriffe, die der äthiopische Diktator Haile Mariam Mengistu, der den letzten Kaiser 1974 gestürzt hatte, immer wieder durchführen ließ. Wir hatten uns nach einer durchfahrenen Nacht in Afabet irgendwo in einem Haus hingelegt. Gegen 14.30 Uhr wachten wir auf und gingen durch den Ort. Dann um 15.07 Uhr stieß die erste Mig auf uns nieder und warf Clusterbomben auf die hell lodernden Häuser drum herum. Ganz sicher war ich mir, dass dies das Ende war, doch ich hatte die Rechnung ohne die Eritreer gemacht, die uns gleich in einen Schützengraben wegschleppten, wo wir diese Attacke überlebten. Fünf Jahre später war es dann so weit: Von dem Prinzip der Unantastbarkeit der Grenzen wurde abgewichen, und Eritrea erhielt die volle Unabhängigkeit. Erhebend war auch der Befreiungskampf des ANC und seiner Verbündeten in Südafrika und beschämend die Rolle von Weißen und Christen, die sich nicht vorstellen konnten, wie gefährlich diese Auseinandersetzung für die Welt war. Dass Christen die Apartheid theologisch camouflieren konnten, war für mich immer unbegreiflich.

Afrika habe ich aber trotz des Elends, das ich sah, von Anfang an immer auch als ein Beispiel von Überlebensmut und Überlebensfähigkeit, von Kraft und Geistesstärke, von Humor und Heiterkeit erlebt. Es war wunderbar, wie diese vielen Hunderttausend in ihrem Elend ihre Würde bewahrten. Wenn ich das schönste Erlebnis aus 30 Jahren berichten oder hervorkramen sollte, dann war es auf einer Art Leprainsel auf dem Nil, wo wir Leprösen Medikamente und Nahrungsmittel brachten. Diese kranken Menschen mit ihren Hand- und Fußstümpfen waren so fröhlich und dankbar, dass sie in der herrlichen afrikanischen Sonne anfingen zu tanzen.

Natürlich kann ich im Folgenden nichts annähernd so Umfassendes bieten, wie es Bartholomäus Grill, meinem Kollegen der *ZEIT*, mit dem wohl meisterhaften Buch unter dem Titel *Ach Afrika – Berichte aus dem Inneren eines Kontinents* gelungen ist. «Aus dem Inneren eines Kontinents», das meint ja auch, dass der Korrespondent, der zehn Jahre in Südafrika war und von dort aus den ganzen Kontinent bereiste, sich einen Überblick erworben hat, den der humanitäre Helfer so nicht haben kann. Auch der Doyen der Afrika-Korrespondenten, der unvergessliche polnische Journalist Ryszard Kapuscinski, hat es fertiggebracht, ganz einzutauchen in das «afrikanische Fieber» und gleichzeitig aus der Distanz des Europäers uns ganz viel über Afrika zu erzählen – und zwar immer aus der Sicht eines empathischen Zeitgenossen, der Afrika mochte. Er hat uns in einer Zeit über den Kontinent informiert, als das Berichten noch viel stärker an das Beobachten gebunden und noch nicht so einfach war wie heute. Als wir noch keine Handys, keine Satellitentelefone, keine Internet-Anschlüsse hatten, mit denen wir inzwischen aus der ganzen Welt alle Informationen sofort übermitteln können. Kapuscinski berichtete 1966 in Nigeria vom ersten der vielen Militärputsche, damals wollte Generalmajor Ironsi an die Macht. Kapuscinski fuhr zum Korrespondenten der Französischen Presseagentur AFP, David Laurell, der allerdings dasselbe Problem hatte wie er: «Wir sind beide den Tränen nahe. Das sind für Journalisten die schlimmsten Momente. Sie haben Nachrichten von internationaler Bedeutung an der Hand, können sie aber nicht übermitteln.»[3]

Einen so tiefen Einblick in den Kontinent wie Grill und Kapuscinski kann ich nicht vermitteln. Was aber dennoch die Legitimität dieses Buches ausmacht, ist meine Empathie und Sympathie mit den armen Völkern, die fast alle auf verantwortliche Eliten und verantwortliche Regierungen warten und hoffen und sie bisher nicht bekommen haben. Wenn ich dazu beitragen kann, dass die Probleme Afrikas bei uns besser verstanden werden und wir wieder mehr Vertrauen fassen in die Eigeninitiative und die «Kraft Afrikas», dann habe ich mein Ziel erreicht.

Gegen den kolonialen Blick

Zunächst gilt es, das schändliche Erbe, das uns Europäern aufgegeben ist, aufzuarbeiten und energisch beiseitezulegen. Deswegen beginnt dieses Buch mit der «Last der Vergangenheit». Wir müssen uns von unserem großen kontinentalen Geschichtsphilosophen Georg Wilhelm Friedrich Hegel verabschieden, der uns in den berühmten *Vorlesungen über die Philosophie der Geschichte* ziemlichen Unfug mitgegeben hat: «Denn es (= Afrika) ist kein geschichtlicher Weltteil, er hat keine Bewegung und Entwicklung aufzuweisen, und was etwa in ihm, das heißt in seinem Norden geschehen ist, gehört der asiatischen und der europäischen Welt zu ... Was wir eigentlich unter Afrika verstehen, das ist das Geschichtslose und Unaufgeschlossene, das noch ganz im natürlichen Geiste befangen ist und das hier bloß an der Schwelle der Weltgeschichte vorgeführt werden musste.»[4] Daran haben sich die meisten Historiker bis zum Ende des Zweiten Weltkrieges gehalten. Erst danach haben sie sich zögerlich, auch unter dem Eindruck der von der UNO vorangetriebenen und von den USA stark unterstützten Entkolonialisierungswelle, mit dem Kontinent befasst. Noch 1953 konnte in Paris ein Buch von Eugène Pittard unter dem damals schon etwas anachronistischen Titel *Les Races et l'Histoire* wieder aufgelegt werden, in dem folgende Sätze stehen: «Die eigentlichen afrikanischen Rassen – abgesehen von einem Teil Vorderafrikas und von Ägypten – haben nach Auffassung der Historiker kaum an der Geschichte mitgewirkt. [...] Ich weigere mich nicht, anzuerkennen, dass in unseren Adern einige Tropfen afrikanischen Blutes (höchstwahrscheinlich von Afrikanern mit gelber Haut) fließen, aber wir müssen zugeben, dass das, was davon noch übrig ist, sehr schwer zu entdecken ist.»[5] Nach Pittard haben nur zwei afrikanische «Rassen» eine historische Rolle gespielt: an erster Stelle die Ägypter, an zweiter Stelle die nordafrikanischen Völker.

Diese Zitate können durchaus stellvertretend für eine gemeineuropäische Haltung stehen, die weithin die Generationen unserer Vorfahren beherrscht hat. Es sind ja seinerzeit die Afrikaner in europäischen Zoos, etwa bei Hagenbeck in Hamburg, ausgestellt worden, um den neugierigen Besuchern einen Eindruck von ihrer «tiefen Barbarei» zu geben. Hinter Gittern saßen diese «Wilden», keine Tiere, aber in der damaligen Wahrnehmung doch den Tieren vergleichbar. 1877 bis 1912 veranstaltete der berühmte *Jardin d'Acclimatisation* in Paris mit «Negern», Indern, Eskimos und Vertretern anderer «Rassen» 20 ethnologische Ausstellungen. In «Negerdörfern» in Hamburg und Frankreich konnte man sich das Leben der primitiven Menschen anschauen. Ein Jahr nach der Eroberung von Madagaskar durch Frankreich wurden in

Paris Madegassen ausgestellt. Da war keine Rede vom christlichen Menschenbild und der Gleichheit aller Geschöpfe und Kinder Gottes! Unser Blick auf den Kontinent ist letztlich immer noch durch die Zeit geprägt, in der wir Kolonialisten und Imperialisten ihn beherrschten. Unsere Kolonialpolitik hatte unheilvolle Folgen für viele Staaten Afrikas. Wir Europäer sind mit den Menschen in Afrika so unglaublich rücksichtslos, ohne Beachtung der Menschenrechte, gegen alle kantianischen Ideale umgegangen, wir haben beispielsweise den Kongo über Jahrzehnte so heftig ausgebeutet und ausgelaugt, dass man dafür noch heute um Vergebung bitten und Buße tun möchte. Nun wissen wir zwar, dass die europäischen Kolonialmächte ihre Herrschaft in den einzelnen Gebieten durchaus unterschiedlich ausübten, und wir tun gut daran, uns nicht nur an die furchtbarsten Grausamkeiten der Kolonialzeit zu erinnern, wie sie etwa das Deutsche Reich bei der Niederschlagung des Herero-Aufstands in Deutsch-Südwestafrika zwischen 1904 und 1907 verübte. Die deutsche Herrschaft in Ruanda zum Beispiel hatte auch produktive Seiten, weil es dort bei den wenigen Kolonisatoren mehr an Forschereros, an Forscherfleiß und Gründungsethos gegeben hat als in allen Nachbarländern drum herum. Aber es bleibt zunächst einmal eine Bürde anzuerkennen, an der wir uns abarbeiten müssen, damit sie sich nicht wie eine unsichtbare Wand vor das Verständnis der Gegenwart legt.

Afrika – ein Kontinent im Stillstand?

Dennoch lässt sich die afrikanische Misere nicht allein auf das belastende Erbe der Kolonialzeit schieben. Afrika ist jetzt, wenn man als die Achsenzeit der Unabhängigkeit das Stichjahr 1960 nimmt, 50 Jahre ein Kontinent voll unabhängiger Staaten. Es muss daher in diesem Buch auch von «vergebenen Chancen» die Rede sein. Anders als Asien und Lateinamerika, die ebenfalls eine koloniale Vergangenheit haben, hat es Afrika nicht geschafft, sich einen Anteil an der immer schneller zusammenwachsenden globalisierten Weltwirtschaft zu sichern. Dafür hat der Kontinent den Weltrekord an Regierungen, die die Berliner Organisation *Transparency International* am untersten Ende der Skala von korrupten und nichtsnutzigen Verwaltungen einordnet. Es ist wahr, dass Afrika im Kalten Krieg Spielwiese der Supermächte war und unter ungerechten Strukturen des Weltmarktes sowie schwierigen klimatischen und geographischen Bedingungen zu leiden hat. Dennoch: Es liegt heute in erster Linie an den eigenen politischen Eliten, wenn Afrika auf uns wie ein Kontinent im Stillstand wirkt.

Aufgrund der Lebensbedingungen geht die Zahl der jungen Afrikaner, die den Weg der Migration wählen, inzwischen in die Hunderttausende, andere sagen auch schon: in die Millionen. Aber während sich die Europäer, die Regierungen Europas, die EU, die NGOs, die Menschenrechtsorganisationen darum kümmern bis zum Umfallen, interessiert das die betroffenen afrikanischen Regierungen ganz offenbar überhaupt nicht. Eher im Gegenteil. Sie sind manchmal beteiligt an dem vielen Geld, das dabei verdient wird, wie zum Beispiel an den Gewinnen der Schlepperbanden. In Mauretaniens Regierung, so berichtet ein deutscher Diplomat, hieß es den europäischen Botschaftern gegenüber: «Warum seid Ihr Regierungen in Europa auch so weich und schießt das Migrantenpack nicht gleich vom Ufer von Las Palmas ins Meer?» Allerdings würden selbst die härtesten Abwehrmaßnahmen nicht greifen, denn sie sind immer noch menschenfreundlicher als alles, was die Migranten in ihren Herkunftsländern erleben.

Ihre Bevölkerung spielt immer noch keine Rolle für die afrikanischen Regierungen. Als Robert Mugabe im Februar 2000 von seinem Volk eine – wie ihm schien – unverdiente Abfuhr erlitten hatte, spielte er die Rassenkarte und ließ die weißen Besitzer von 4100 Farmen, die bisher Simbabwe zum Brotkorb Afrikas gemacht hatten, ohne Entschädigung von ihrem Besitz verjagen. Ein beispielloser Absturz der Wirtschaft und eine vollkommen unnötige Hungersnot waren die Folge. Das änderte aber bei den afrikanischen Regierungen nichts am Ansehen von Robert Mugabe und brachte auch keinen radikalen Ansehensverlust des Landes, obwohl sich ja nun die ganze Welt fragen muss, ob nur weiße Farmer in der Lage sind, eine gut funktionierende Landwirtschaft außerhalb der Subsistenzwirtschaft zu betreiben. Die *Afrikanische Union* wie auch die SADEC-Staaten (*Southern African Development Community*) konnten sich nicht zu einer Verurteilung geschweige denn zu Sanktionen durchringen. Auf einer Landwirtschaftskonferenz 2002 in Johannesburg wurde Mugabe sogar mit stehenden Ovationen gefeiert, weil er von seinem Erzgegner Tony Blair, dem Chef der britischen Exkolonialmacht, kritisiert wurde.

Allerdings scheinen mir auch die europäischen Regierungen kaum mehr zu einer wirksamen Menschenrechts- und Rechtstaatspolitik in Afrika in der Lage zu sein: Das wirtschaftlich bedeutsame Südafrika und seine Präsidenten werden von Kritik meist verschont. Genauso wenig war Europa zu einer Reaktion fähig, als in Kenia nach den gefälschten Präsidentschaftswahlen vom Dezember 2007 Politik und Wirtschaft zusammenbrachen. Man kann sich nicht dazu durchringen, nach dem totalen Zusammenbruch einer aus der Kolonialzeit gut aufgestellten Wirtschaft einem afrikanischen Despoten die «moralischen Kredite» zu entziehen, wie es der CDU-Entwicklungshilfeexperte Arnold Vaatz genannt hat. Europas Politik bewegt sich heute heuchlerisch zwischen der Bewahrung eigener Interessen und der leeren Verkündigung von Menschenrechtsversprechen. Selbst als der Oppositionskandidat Morgan Tsvangirai in Simbabwe in seiner Zelle fast zu Tode geprügelt worden war und noch blutend aus dem Gefängnis kam, als sein Bild um die Welt ging, dachte niemand in Europa an den Abbruch der Beziehungen mit Mugabes Regime oder an eine Anklageerhebung beim Internationalen Tribunal in Den Haag, wie kurze Zeit später gegen den sudanesischen Präsidenten Omar al-Baschir. Tsvangirai hat die Lektion ebenso verstanden wie sein Kollege in Ruanda, Paul Kagame: Im Zweifelsfall gehen unsere Wirtschaftsinteressen vor den wohlfeilen Menschenrechtsdeklarationen. Da ist es dann kein Wunder, dass man in Afrika inzwischen lieber mit den Chinesen zusammenarbeitet, die auf die Menschenrechtsrhetorik von vornherein verzichten und dort zurzeit rasant an Einfluss gewinnen.

Wir in Europa müssen uns daher in erster Linie fragen, was wir an unserer Afrikapolitik verbessern können und warum die vielen Milliarden, die in den letzten Jahrzehnten in die «Entwicklungshilfe» gesteckt worden sind, nicht mehr bewirkt haben. Afrika macht uns in den letzten 30 Jahren immer mehr Sorgen anstatt weniger. Wir hatten uns vorgestellt, dass es eine Generation von hochmögenden Entwicklungshelfern geben würde, die als Berater in den jeweiligen Ministerien die Länder bei dem *state building* und *nation building* unterstützen könnten. Das Letztere klang fast so, als ob man als Tischler dabei wäre, einen Tisch oder einen Schrank oder eine Kommode zu zimmern. Das Land, in dem ich seinerzeit den selbstbewusstesten dieser Regierungsberater traf, der dann auch mit Büchern über dieses interessante Land hervortrat, gibt es nicht mehr: Somalia. Es zählt heute zu einer Kategorie von afrikanischen Ländern, die wir mittlerweile einen «gescheiterten Staat» nennen, einen *failed state*. Was besorgniserregend endgültig klingt: nicht ein scheiternder oder im Scheitern aufzuhaltender, sondern ein gescheiterter Staat. So sprechen wir nicht mal von Pakistan oder Afghanistan. Trotz jahrzehntelanger Bemühungen von Entwicklungshelfern scheint das Scheitern sich mit diesem Afrika auf eine unheilvolle Weise zu verheiraten oder zumindest zu verloben.

Daneben gibt es die *almost failed states*, die fast schon gescheiterten Staaten, über deren Zahl die Forscher und Entwicklungspolitiker streiten. Eindeutig gehört zu ihnen die Kategorie der Staaten, in denen ein halsstarriger Herrscher darauf besteht, dass er und nur er allein wie ein durch Erbfolge an die Macht gelangter König das Land bis zu seinem Ableben führen kann. Simbabwe ist so ein Land geworden, das selbst den Wahlverwandten des Erzherrschers, Robert Mugabe, unheimlich wird. Hier hat ein Diktator für seine Bevölkerung das Schlimmste getan, was er tun konnte, nämlich die eigene Ernährungsbasis zu zerstören.

Vielleicht sind wir in unserer «Entwicklungspolitik» bisher einem falschen Ansatz gefolgt. Nicht nur, dass wir vor allem mit den Regierungen zusammengearbeitet haben, anstatt verstärkt vor Ort nach Initiativen von unten Ausschau zu halten. Wir haben auch kein rechtes Vertrauen gehabt, dass die Afrikaner in der Lage sein würden, ihr Schicksal in die eigenen Hände zu nehmen. Als ich in den 1960er Jahren studierte, gewöhnten wir uns daran, den Kontinent in seinen immer vielfältigeren Einzelteilen, die allmählich ausgewachsene souveräne UNO-Mitgliedstaaten wurden, wahrzunehmen, ernst zu nehmen. Aber dieser Prozess war sehr lange von einer uns fast unbewussten Patronisierung begleitet. Wir hatten in unseren Herzen und Köpfen immer die Vorstellung, wir müssten die Afrikaner entwickeln. Das Wort «Entwicklung», *développement, development,* ist ein starkes Indiz dafür, auf was für einem Irrweg wir uns damals schon befanden. Wir nahmen die

Menschen und Staaten in Afrika nicht als eigenständige Akteure zur Kenntnis.

Ob wir von dieser Haltung wirklich schon Abschied genommen haben, wird sich zeigen. Leute wie der kenianische Intellektuelle James Shikwati und die Gruppe der Afrikapraktiker und Politiker um den «Bonner Aufruf», zu der auch ich gehöre, haben versucht, mit dieser Patronisierung Schluss zu machen. Aber dagegen regt sich weiterhin Widerstand, zumal aus den Kreisen, die ihre Einkünfte aus der Entwicklungshilfe beziehen und ihre Existenzberechtigung in einer patronisierenden Industrie sehen.

Afrika hat vieles, was wir in Europa als Entlastung und Ausgleich brauchen: Öl im Überfluss, die reiche wunderschöne Natur, die guten landwirtschaftlichen, nicht durch Chemikalien verseuchten Produkte, es hat viel Sonne und viel Wind für die neuen alternativen Energien. Und es hat Menschen, die ehrgeizig sind und etwas schaffen wollen. Afrika hat noch eher intakte Familien, seine Strukturen sehen noch keine Altersheime vor. Während die Tarifordnungen Europas die Perversion nicht scheuen, uns zu sagen, wie viel uns im Alter erwarten wird, gibt es in afrikanischen Gesellschaften keine Sorge, dass die Alten abgeschoben würden. Afrika besitzt also durchaus die Voraussetzungen, um sich selbst zu entwickeln, auch wenn es manchmal sehr schwerfällt, sich das Vertrauen in den Kontinent zu bewahren, wenn immer wieder Gewaltorgien ausbrechen, die oft schauerliche Formen annehmen, wie das Zerhacken der Opfer im Völkermord von Ruanda oder kürzlich das Verbrennen von Müttern und Kindern in Kirchen im Tourismusland Kenia.

Damit will ich keinesfalls behaupten, man solle Afrika am besten sich selbst überlassen. Es gibt nichts daran zu rütteln, dass zwei mächtige Faktoren Europa und die europäischen Völker verpflichten, mit dem Kontinent die engsten Beziehungen zu unterhalten. Einmal zwingt uns die koloniale Vergangenheit dazu, in der wir uns an Afrika versündigt haben. Deshalb meint der katholische Bischof von Mauretanien, Monsignore Martin Happe (ein deutscher «Weißer Vater»), dass wir als Europäer gar keine Wahl haben, als den Kontinent, der nur durch die Zeit des Kolonialismus in diese 53 Staaten und Enklaven zerhackt wurde, zu fördern und ihm zur wirtschaftlichen Blüte zu verhelfen. Und zum anderen verhielten und verhalten sich unsere Rohstofffirmen ausbeuterisch gegenüber den afrikanischen Völkern und haben den Weg in die Unabhängigkeit erschwert. Es müsste auf der Welt einen Verhaltenskodex für diese Firmen geben, damit man sie an die Kette legen kann oder sie selbst sich künftig ausreichend kontrollieren. Aber natürlich müssen auch die afrikanischen Regierungen und Völker verstärkt darauf achten, dass die Reichtümer des Kontinents ihm selbst zugutekommen. Davon ist leider nicht viel zu sehen. Der Besitz von Rohstoffen wirkt sich in Afrika immer noch meist negativ auf den Lebensstandard der Bevölkerung aus.

Das vorletzte Land Afrikas, das sich der Welt als erdölträchtige Verheißung präsentierte, war der Tschad, ein *landlocked country* mitten im Zentrum des subsaharischen Afrika. Die Weltbank finanzierte eine vier Milliarden US-Dollar teure Pipeline aus den Ölfeldern im Süden durch Kamerun bis an den Atlantik. Dafür sollte sich die Regierung verpflichten, die Öleinnahmen auf ein Sonderkonto in London einzuzahlen, das der gemeinsamen Kontrolle unterlag. Zudem sollten 10 Prozent in einen «Zukunftsfonds» gehen, vier Fünftel der sonstigen Einnahmen sollte die Republik Tschad für Infrastruktur und Bildung ausgeben, also für die beiden Säulen wirtschaftlicher Entwicklung. Doch Präsident Idriss Deby und seine Regierung entschieden gegen das Volk, für die eigene Armee und für ihren eigenen Wohlstand. Sie brachen das international sanktionierte und ratifizierte Abkommen. Das Londoner Konto existiert nicht mehr. Dafür bekommt die Armee des Tschad so viele Waffen, dass sie gar nicht mehr weiß, wohin damit.

Das Beispiel des Tschad zeigt, dass es ein Irrtum wäre zu glauben, die Probleme ließen sich allein auf die fehlenden Milliarden schieben, die wieder mal die Europäer und die Amerikaner geben sollen. Als der turnusmäßige Chef der *Afrikanischen Union*, der tansanische Präsident Jakaya Kikwete, am 23. September 2008 vor Beginn der Generalversammlung der UNO seine Enttäuschung erklärte über die Unfähigkeit der entwickelten Staaten, ihre Verpflichtungen zu honorieren, hätte man ihm unmissverständlich sagen sollen: Verantwortlich für das Gedeihen und die Freiheit eines Volkes sind zunächst das Volk selbst und seine Regierung. Verantwortlich für die Behebung von Armut, Elend und Kriegen in Afrika sind erst einmal die Regierungen Afrikas. Es läuft in dieser Welt etwas falsch, wenn die Regierungen Europas eine Stellvertreterposition übernehmen, die nicht nur Segen bringt, sondern viel Unheil. Die Unverantwortlichkeit der Regierungen Afrikas macht den Kontinent kaputt. Die Völker sollten sich schneller und energischer gegen solche Eliten und Regierungen wehren. Und sei es in Form eines Aufstandes.

Die Last der Vergangenheit

2
Kolonialisierung und Sklaverei

Als die europäischen Großmächte in den letzten 20 Jahren des 19. Jahrhunderts den afrikanischen Kontinent unter sich aufteilten, behaupteten sie, «vakante Gebiete» in Besitz zu nehmen. Ganz besonders nutzten die Belgier diese Formel zur Plünderung des Kongo. Auf der vom deutschen Reichskanzler Otto von Bismarck einberufenen Berliner Kongo-Konferenz von 1884/85, die den Wettlauf um Kolonien in Afrika stark beschleunigen sollte, bekam der geschäftstüchtige belgische König Leopold II. das Land und seine Bewohner praktisch als Privatbesitz zugesprochen. Dass auch die Afrikaner Besitzrechte haben könnten und die Gebiete aus ihrer Sicht alles andere als «vakant» waren, diese Gedanken kamen den damaligen Imperialisten offenbar nicht in den Sinn. Wie der große schwarze Afrika-Historiker Joseph Ki-Zerbo betont hat, verstieß die Inbesitznahme nicht zuletzt auch «gegen afrikanische Sitte und Regel, nach der es keine vakanten Gebiete gibt». Ki-Zerbo zitiert in seiner monumentalen, bewundernswerten *Geschichte Schwarz-Afrikas* den Jesuiten Vermesch: Es sei falsch zu vermuten, «dass das Land am Kongo vakant sei». Wem gehöre der Kautschuk, der auf dem Boden gedeihe, den die Autochthonen bewohnen? «Den Autochthonen und niemand anders ohne ihr Einverständnis und ohne richtige und angemessene Vergütung. Die Aneignung ‹vakanter› Gebiete ist nichts weiter als eine gigantische Enteignung.»[1]

Erst knapp 80 Jahre später sollte diese Enteignung wieder rückgängig gemacht werden. Für den 30. Juni im Achsenjahr 1960, wie der deutsche Philosoph Karl Jaspers gesagt hätte, dem Achsenjahr Afrikas, in dem die meisten seiner Staaten in die Unabhängigkeit entlassen wurden, war in Leopoldville, der nach dem gierigen König benannten Hauptstadt des Kongo, eine große Unabhängigkeitsfeier geplant. Und jetzt, als das koloniale System plötzlich in atemberaubendem Tempo

1 Königliche Huld: Baudouin von Belgien spricht auf der Unabhängigkeitsfeier in Leopoldville am 30. Juni 1960. Rechts: Joseph Kasavubu.

verschwand, so als ob man sich einer ungeliebten Last möglichst schnell entledigen wollte, mussten sich die Kolonialherren endlich einmal anhören, was sie den Afrikanern angetan hatten. Die Belgier, die ihre Ansprüche auf die zahlreichen Rohstoffminen in Kolwezi und Jadotville (Kupfer, Gold, Diamanten) noch längst nicht aufgegeben hatten, wollten sich ein letztes Mal feiern im Glanze königlicher Huld. Der junge belgische König Baudouin war angereist und zelebrierte – von einem unbedarften Ratgeber vorbereitet – in seiner Rede noch einmal die großartigen Errungenschaften der kolonialen Herrschaft. Er pries den Aufbau des Landes und den Fortschritt seiner Kupferminen. Nach ihm sprach der gewählte Staatspräsident Joseph Kasavubu, der noch auf den jovialen paternalistischen Ton einging und ihm nichts entgegensetzen konnte oder wollte.

Dann aber kam der Mann, nach dem die damalige Sowjetunion

später ihre einzigartige Moskauer Universität benennen sollte, der junge Postbote aus Kisangani mit dem legendären Namen Patrice Lumumba, der erste Ministerpräsident des Kongo. Er muss wohl voller Zorn gewesen sein, der sich im Laufe der arroganten Lügen aus dem Mund des jungen Belgiers in ihm angestaut hatte. Jedenfalls nahm er kein Blatt vor den Mund und verurteilte den Horror, den auch Joseph Conrad in seiner Erzählung *Herz der Finsternis* beschrieben hat. Er ließ wortmächtige Sätze auf die lauschende Menge niederdonnern, die das Blut in den vornehmen adeligen und bürgerlichen Adern der Belgier erstarren ließen: «Wir haben erleben müssen, dass man uns verhöhnte, beleidigte, schlug, tagaus, tagein, von morgens bis abends, nur weil wir Neger waren. Niemand von uns wird je vergessen, dass man einen Schwarzen selbstverständlich duzte – nicht etwa, weil man ihn als Freund betrachtete, sondern weil das ehrbare ‹Sie› den Weißen vorbehalten war. Wir haben erleben müssen, dass man unser Land raubte, aufgrund irgendwelcher Texte, die sich Gesetze nannten, aber in Wahrheit nur das Recht des Stärkeren verbrieften.»[2] Das führte natürlich bei den anwesenden Aristokraten zu großer Empörung. So viel Klartext tut einem Blaublütler nicht gut. Der König Baudouin hatte vorher ja seine Sicht klargestellt: Die Unabhängigkeit kam ganz aus der Gnade der Kolonialherren, als Geschenk, nicht als etwas, das die Kongolesen sich erkämpft, geschweige denn verdient hätten.

«Völker ohne Geschichte»?

Ich glaube, dass Afrika ganz furchtbare Wunden zugefügt wurden durch unsere Kolonisation, durch unsere Mission wie auch durch unsere Handelsorganisationen. Die Wunden sind umso größer und immer noch nicht überwunden, weil ja nun wahrlich aus unseren Völkern nicht die Besten gekommen sind. Wir haben die größten Wirtschaftsganoven, Manager und Seefahrer, verkrachten Existenzen des Journalismus wie der christlichen Kirchen nach Afrika geschickt, die sich dort auf einem Boden, der nicht der unsere war und ist, austoben konnten.

Ein dickes Buch, das ich lange Jahre bei mir führte, hieß *Völker ohne Geschichte*. Es ist geschrieben von Eric Wolf und behandelt Europa und die übrige Welt seit 1400. So sahen die Europäer tatsächlich lange Zeit die Afrikaner, als Völker ohne Geschichte. Zivilisation und Kultur gab es ihrer Meinung nach nur bei ihnen selbst, eine eigenständige Entwicklung wurde Afrika abgesprochen. Claude Lévi-Strauss, der Anfang November 2009 gestorbene große Ethnologe und Sozialanthropologe, hat in einer Zeit, in der es noch niemand so recht hören wollte, darauf hingewiesen, dass es Lebenskulturen und Wirtschaftsformen nicht nur in unserem europäisch-aufgeklärten Kontinent gab und zudem in den USA, Kanada und Australien, sondern dass sie auf der ganzen Welt existierten, zumal in den nicht nach unserer Art entwickelten Ländern und Kontinenten, wo sie allerdings verloren gegangen sind, manchmal von uns zerstört wurden. Claude Lévi-Strauss' Gedanken müssen auf die afrikanische Welt erst noch angewandt werden, er beschäftigte sich bei seiner Einführung in das «Wilde Denken» ja immer mehr mit der Bedrohung und dem Untergang der Lebenskulturen in Lateinamerika. Als Professor für Soziologie in São Paolo unternahm er viele ausgedehnte Forschungsreisen nach Zentralbrasilien und erkundete die untergehenden und untergegangenen Kulturen der Indianer.

Bei seinen Reisen stieß er immer wieder auf die Zerstörungen, die der Westen angerichtet hatte. «Was uns die Reisen zeigen, ist der Schmutz, mit dem wir das Antlitz der Menschheit besudelt haben. ... Wie der Indianer im Mythos bin auch ich so weit gelaufen, wie die Erde es zulässt, und am Ende der Welt angekommen, habe ich die Wesen und die Dinge befragt und dieselbe Enttäuschung erlebt wie er.»[3] Lévi-Strauss erforschte nicht nur das «wilde Denken» der sogenannten Naturvölker, er verstand sich auch als kritischer Ethnologe unserer eigenen Lebensformen, als jemand, der sich gezwungen sieht, die «Natur» der Zivilisation zu ergründen.

Das wichtigste für Afrika und seine Selbstfindung noch zu entdeckende Werk des Strukturalisten Lévi-Strauss war 1955 *Tristes Tropiques* (zu deutsch: Traurige Tropen). Es ist ein Abschiedsbrief, wie auch ich mich manchmal geneigt fühle, einen Abschiedsbrief an die Kultur der Somalis zu schreiben: «Nicht mehr lange, dann wird der Widerstand der Regenwälder gebrochen sein, und die Indianerstämme im Mato Grosso werden aussterben oder an Stadträndern vegetieren, zur Strecke gebracht von den Missionaren des Rationalismus, die mit der Fackel der Aufklärung durch den Busch rennen und seine Geheimnisse niederbrennen.» Noch einmal wörtlich, wieder mehr direkt bezogen auf die Indianer und Azteken-Kulturen, aber doch auch gültig für die Welt Afrikas: «Nie wieder werden uns die Reisen, Zaubertruhen voll traumhafter Versprechen, ihre Schätze unberührt enthüllen. Eine überreizte Zivilisation stört für immer die Stille der Meere. Eine Gärung von zweifelhaftem Geruch verdirbt die Düfte der Tropen und die Frische der Lebewesen. Die polynesischen Inseln ersticken im Beton, Barackenviertel zerfressen Afrika.» Lévi-Strauss immerhin hatte die Kraft, den Kolonialismus eine «Todsünde» des Westens zu nennen. Seit dieser Todsünde des Kolonialismus verachte der Westen das Unberührte und er werde erst Ruhe geben, «wenn der Regenbogen der menschlichen Kulturen endlich im Abgrund unserer Wut versunken sein wird».[4]

Man kann die Zerstörungen durch diese «Todsünde» gut erkennen, wenn man sich einen Eindruck davon verschafft, was koloniale Politik war: Sie basierte auf einer Wirtschaftspolitik, die auf Plantagen mit Monokulturen und Exportwirtschaft, auf Farmen, aber wenn möglich für uns Weiße, und auf Handel mit den Rohstoffen des jeweiligen Landes aufgebaut war. Dahinter standen immer Eroberungsgelüste. Lust an der Bereicherung, die sich bis heute erhalten hat, jedenfalls bei denen, die weiter die Bodenschätze der Länder ausbeuten und zu ihren Preisen und Konditionen auf den Weltmarkt bringen. Es waren Kaufleute, die zusätzlich noch einen Hang ins Abenteuerliche zeigten, wie Frederick Lugard von der *Imperial British East Africa Company*, der britische Entdecker und Kolonialbeamte, der von allen unabhängigen Imperialisten, die sich am Wettlauf um Afrika beteiligten, wahrscheinlich der erfolgreichste war. Sein letztendliches Motiv war Liebeskummer, er schiffte sich nach einem gebrochenen Liebesversprechen als Deckpassagier auf einem Kahn in Richtung Ostafrika ein, in der Hoffnung, dort für eine «edle Sache» sterben zu können. Aber er wurde der stärkste Forscher und Entdecker, den die Briten je in Ostafrika gehabt haben.

Zugleich war die koloniale Politik darauf ausgelegt, den Afrikanern ein Gefühl der Minderwertigkeit zu vermitteln. Der Kolonialismus beinhaltete – so schreibt Sebastian Conrad in seiner *Deutschen Kolonialgeschichte* – ein breites Spektrum unterschiedlicher Distinktions- und Assimilationsverhältnisse, das von der häufig erzwungenen

Integration bis zu den Apartheids-Regimen reichen konnte. Aber man unterschied immer eindeutig zwischen Kolonialherren und Kolonisierten, obwohl das in einer prinzipiellen Spannung stand zu der kulturmissionarischen Ideologie der «Hebung» der eingeborenen Völker, mit der die Europäer ihre Inbesitznahme legitimierten.[5] Bis in jedes Pfarr- und Missionshaus ging und geht die klare Unterscheidung zwischen denen, die schwarz sind, und denen, die weiß sind. Wir hielten und halten uns und unsere Zivilisation immer für etwas Besseres.

Wettlauf um Afrika

Siedlerkolonien gab es in Afrika nur wenige, es waren nicht viele, die es hierhin zog. In Dar-es-Salaam in Tansania stand 1913 einer mehrheitlich einheimischen schwarzen Bevölkerung eine kleine, aber mächtige Gruppe von 967 Europäern gegenüber. Nur in Südafrika und Algerien war das anders. Frankreich betrieb durch seine Mittelmeerposition eine andere imperial-koloniale Politik. Es war dem Kontinent schon geographisch zugetan. Neben Südafrika ist Algerien das einzige Land gewesen, in dem es eine große Besiedlung durch Europäer, in diesem Fall durch Franzosen des Mutterlandes gab: *Les colons. Lâchons l'Asie, prenons l'Afrique!* («Lassen wir Asien fahren, aber nehmen wir Afrika!»), heißt ein Buchtitel von 1904 von Onésime Riclus, der diese Goldgräberstimmung gut wiedergibt. Frankreich machte seine Kolonialpolitik in Afrika zuerst als Staat, die Wirtschaft kam weit abgeschlagen an zweiter Stelle. In London war das umgekehrt. Der britische Staat war mit der Übernahme neuer Verpflichtungen und neuer Kolonien eher zögerlich und setzte mehr auf kommerzielle Unternehmungen. Diese konnten sich dann, wie z. B. die von Cecil Rhodes oder Sir George Goldie, auch zu staatlichen Protektoraten entwickeln. Die britische Politik erweiterte ihre Einflusssphäre mit Verträgen, die sie mit Königen oder Häuptlingen entlang der großen Ströme abschloss, und gewann damit ihr Kolonialgebiet. 1884 waren das schon 37 Verträge. Diese Verträge handelte die *United African Company* des Sir George Goldie aus, die sich 1881 in *National African Company* umbenannte. Das Deutsche Reich wiederum fing zu dieser Zeit erst an, sich erste Besitzungen zu sichern.

Wie sich der Wettlauf zwischen den Großmächten damals vollzog, gibt eine Geschichte gut wieder. Bei der Einbindung des Königs Jaja von Opobo wollte dieser von der britischen Krone wissen, um welche Protektion es sich bei dem Protektorat handeln solle. Die Antwort: Der König würde «gracious favour and protection» erhalten. Und dann hieß es: «The Queen does not want to take your country or your markets, but at the same time is anxious that no other nation should take them!»[6] Von den Einwohnern der Kap-Provinz gab es 1884 eine offenherzige Adresse an den britischen Premierminister, als der deutsche Kaufmann Franz Adolf Eduard Lüderitz mit seinem Schiff in Angra Pequena in Namibia landete und dort die deutsche Flagge hisste: «My Lord, we are told that the Germans are good neighbours, but we prefer to have no neighbours at all!»[7]

Es ging neben den wirtschaftlichen Interessen immer schon um den militärisch-industriellen Komplex, der zu meinem Erschrecken bis heute in den postkolonialen und UN-Kriegen eine große Rolle spielt. So wurden Waffen immer wieder als Mittel eingesetzt, um die einheimischen Häuptlinge, Könige, Sultane zu bezirzen und für die eigene Sache zu gewinnen. Zudem gibt es für die Militärs und die Waffen- und Munitionsindustrie offenbar nichts Wichtigeres als das Ausprobieren von neuen Produkten in Konflikten und Kriegen. Das Maxim-Gewehr etwa kommt in der großen Geschichte der kolonialen Eroberungen immer wieder vor. Es wurde gebraucht, und es war immer wirkungsvoll. «Whatever happens, we have got / the Maxim Gun, and they have not», beschrieb der britische Schriftsteller Hilaire Belloc die Überlegenheit, die dieses frühe Maschinengewehr den Kolonialtruppen verlieh.[8]

Historiker haben uns darauf aufmerksam gemacht, wie wenig Anhaltspunkte es dafür gibt, dass die Epoche der Kolonisation eine planmäßig und marktrational gelenkte Epoche war. Eher im Gegenteil: Sie ist durchsetzt von vielen interessanten Zufällen. Und es war in den Jahrhunderten, bevor der *scramble for Africa* begann, noch lange nicht klar, dass es eine solche Epoche geben würde. Bis in die zweite Hälfte des 19. Jahrhunderts hinein befand sich nur ein kleiner Teil des Kontinents unter der unmittelbaren Kontrolle der Kolonialmächte. Während der Rest der Welt zunehmend aufgeteilt war, blieb Afrika recht lange ein

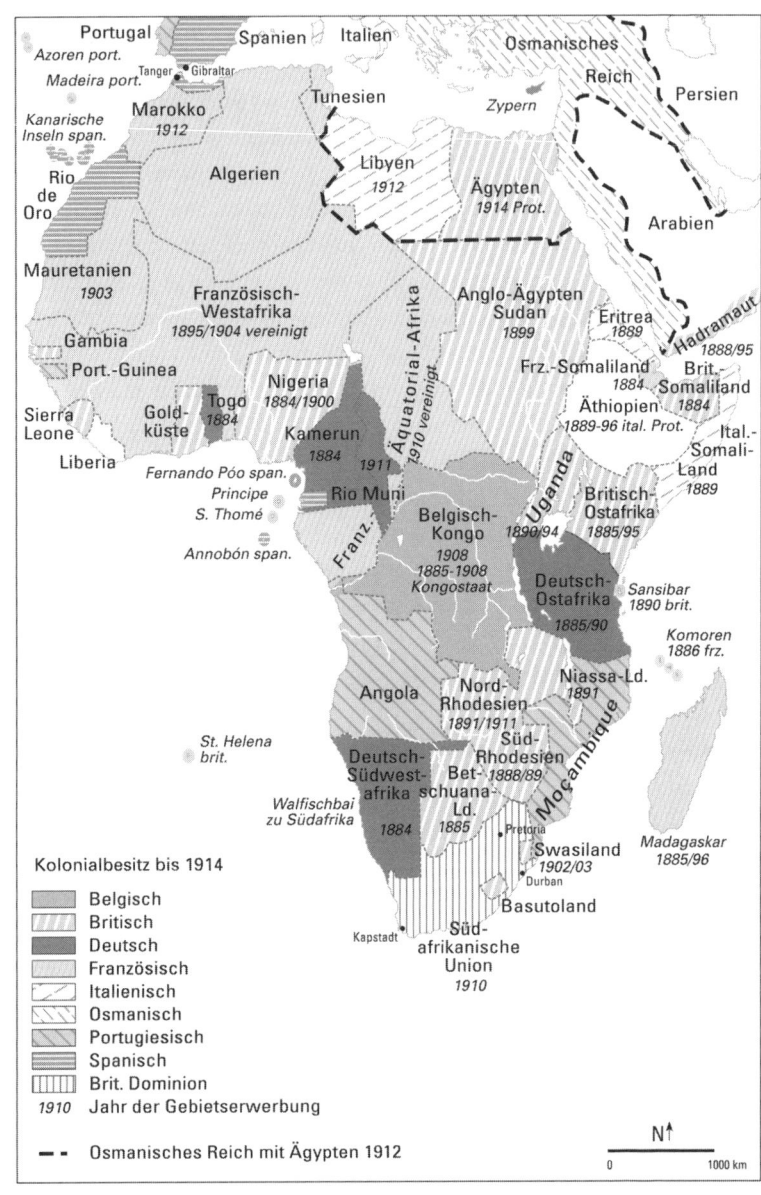

Portugal
Azoren port.
Madeira port.
Tanger • Gibraltar
Spanien   Italien
Osmanisches
Reich
Persien
Kanarische
Inseln span.
Marokko
1912
Tunesien
Zypern
Rio
de
Oro
Algerien
Libyen
1912
Ägypten
1914 Prot.
Arabien

Mauretanien
1903
Gambia
Port.-Guinea
Sierra
Leone
Liberia
Französisch-
Westafrika
1895/1904 vereinigt
Nigeria
Togo 1884/1900
Gold-
küste 1884
Kamerun
1884   1911
Fernando Póo span.
Principe
S. Thomé
Annobón span.

Äquatorial-Afrika
1910 vereinigt

Anglo-Ägypten
Sudan
1899
Eritrea
1889
Hadramaut
1888/95
Frz.-Somaliland Brit.-
1884 Somaliland
Äthiopien 1884
1889-96 ital. Prot.
Ital.-
Somali-
Land
1889
Britisch-
Ostafrika
1885/95

Belgisch-
Kongo 1890/94
1908
1885-1908
Kongostaat
Deutsch-
Ostafrika
1885/90
Sansibar
1890 brit.
Komoren
1886 frz.

St. Helena
brit.
Angola
Nord-
Rhodesien
1891/1911
Niassa-Ld.
1891
Süd-
Rhodesien
Bet- 1888/89
schuana-
Ld.
1884   1885
Pretoria
Swasiland
1902/03
Durban
Madagaskar
1885/96
Deutsch-
Südwest-
afrika
Walfischbai
zu Südafrika

Kolonialbesitz bis 1914
Basutoland
Kapstadt
Süd-
afrikanische
Union
1910

Belgisch
Britisch
Deutsch
Französisch
Italienisch
Osmanisch
Portugiesisch
Spanisch
Brit. Dominion
1910 Jahr der Gebietserwerbung

– – Osmanisches Reich mit Ägypten 1912

N↑
0   1000 km

2 Europäischer Kolonialbesitz in Afrika vor 1914.

weißer Fleck auf den kolonialen Landkarten. Am Ende des 19. Jahrhunderts war der Kontinent jedoch bis auf die Ausnahme von Äthiopien und Liberia ganz mit den Farben der europäischen Großmächte ausgefüllt. Diese uns allen aus dem Schulunterricht bekannten bunten Landkarten darf man allerdings nicht allzu wörtlich nehmen. Die tatsächliche staatlich-administrative Durchdringung der riesigen Gebiete war geringer, als man vielleicht denken könnte. Die «sportlich-historische» Leistung Europas ist dennoch unbestritten: Länder, die selber nur 1,6 Prozent der Erdoberfläche bedeckten, unterwarfen sich in drei Jahrhunderten die damals bekannte Welt. Auf dem Höhepunkt erstreckten sich die Kolonien der Europäer über ein Viertel der Erdoberfläche. Von den 188 souveränen Staaten in der UNO im Jahr 2000 waren 125 Ex-Kolonien.

Die christliche Mission war dabei untrennbar mit der Kolonialbewegung verknüpft, obgleich die Kirchen es natürlich lieber sehen würden, wenn es die reine missionarische Durchdringung der Dritten Welt durch die glühenden Apostel der Christenheit gegeben hätte, neben der sich die wirtschaftliche und – marxistisch gesprochen – ausbeuterische Expansion der europäischen Wirtschaft und Politik eben als unrein und hässlich erwies.

Wie konnte es zur Sklaverei kommen?

Die Expansion Europas war nicht auf Afrika begrenzt. Das Schicksal, eine Kolonie gewesen zu sein, teilen die Länder Afrikas mit sehr vielen anderen Staaten auf der Welt. Aber nur die Afrikaner wurden das Opfer des transatlantischen Sklavenhandels, durch den die Europäer ihre amerikanischen und karibischen Kolonien mit Arbeitskräften versorgten. Die entscheidende Frage ist: Wie konnte es weltgeschichtlich zu der afrikanischen Sklaverei kommen? Warum mussten es gerade die Afrikaner sein? Warum konnte die wichtigste Gruppe der Sklaven nicht auch aus Europäern, Asiaten, Chinesen, Mongolen, Indianern in Amerika bestehen? Diese Frage hat die Geschichtswissenschaft noch nicht zureichend beantwortet.

Zunächst muss man festhalten: Es hat sowohl vor wie nach dem transatlantischen Sklavenhandel, der sich etwa auf die Zeitspanne zwischen 1550 und 1890 erstreckt, Sklaven gegeben. Für die Antike war die Sklaverei eine Selbstverständlichkeit. Im Zeitalter der Kreuzzüge war es üblich, dass Christen Muslime und umgekehrt Muslime Christen zu Sklaven machten. Auf der spanischen Halbinsel hielt sich dieses Muster noch bis weit ins 15. Jahrhundert. Im 13. Jahrhundert brachten die seetüchtigsten Mächte Europas, die Venezianer und die Genuesen, über Tana am Schwarzen Meer türkische und mongolische Sklaven als «Importartikel» nach Europa. Im 14. Jahrhundert stellten slawische und griechische Arbeitssklaven in der Toskana sowie in Katalonien einen großen Bevölkerungsanteil. 1453 aber, nach der Eroberung von Byzanz (Konstantinopel, heute Istanbul) durch die Osmanen, wurde das westliche Mittelmeer vom Sklavennachschub aus dem östlichen Mittelmeer und dem Schwarzen Meer abgeschnitten. Zu dieser Zeit waren bereits die ersten Portugiesen an der Westküste Afrikas unterwegs und begannen daher nun dort mit dem Sklavenhandel. Es kam z. B. zu Raubzügen in der Gegend des heutigen Mauretanien. Schon 1562 kam John Hawkins zu Ohren, dass «Neger in Hispaniola ein guter Handelsartikel waren». Aber die Portugiesen erfanden nicht den Handel mit afrikanischen Sklaven. Seit dem frühen Mittelalter verschleppten arabische Händler große Mengen an Afrikanern. Allerdings ist der genaue Umfang dieses islamischen Sklavenhandels noch umstritten.

Von Anfang an, muss man hinzufügen, konnte das Sklavereisystem nur funktionieren, weil dabei europäische Initiative und Geschäftstüchtigkeit und afrikanische Kollaborationsbereitschaft zusammenkamen. Eric Wolf schreibt: «Die Europäer finanzierten und organisierten das ganze Unternehmen, aber das Ergreifen und die Auslieferung der Sklaven sowie die Beaufsichtigung und der Unterhalt der Gefangenen bis zu ihrem Abtransport lagen weitgehend in afrikanischen Händen. Ihre Verschiffung, die Akklimatisierung, also die Gewöhnung der Gefangenen an ihre neue Umgebung, und ihr Verkauf am Ankunftsort waren dann wieder Sache der Europäer.»[9] In Afrika gab es drei Formen, wie Menschen zu Sklaven werden konnten. Die erste Methode war die in den afrikanischen Königreichen traditionelle Institution der Verpfändung, es gab zweitens die Verstoßung einer Person aus ihrer schützenden *lineage* durch einen Richterspruch, und es gab drittens die kriegerische Jagd auf Menschen, die anschließend verkauft und in Scharen in die Häfen und von dort auf Schiffe mit Richtung Europa und Amerika losgesandt wurden.

Die Verpfändung war weit verbreitet. Hierbei wurde nicht eine Schuld beglichen, sondern es wurde eine Person dem Gläubiger als Besitz zugeeignet. Alle Rechte an der Arbeitsperson lagen bei dem Empfänger, dem Gläubiger.

Die zweite Methode war eher der traditionellen Rechtsprechung in Afrika entnommen. Ein Verstoß gegen den Ehrenkodex oder die Verwandtschaftsordnung galt nicht nur als Verstoß gegen die jetzt lebende Generation, sondern auch an den Ahnen, die in Afrika besonders wichtig sind, und an den religiösen Prinzipien. Aber erst die dritte Methode konnte zu solchen enormen Zahlen von Millionen Sklaven führen, die damals über die Häfen in die Plantagen nach Süd-, nach Nord-, nach Mittelamerika und eben auch nach Europa geschickt wurden. Es ging, schlicht gesagt, darum, Kriegsgefangene zu machen. In Westafrika etwa gab es den berühmten Johnny Kabes aus Komenda (1640–1722), der zum wichtigsten Sklavenvermittler der Engländer wurde. Er hatte unter seiner Kontrolle Salzgruben und Maispflanzungen, die eine wichtige Versorgungsquelle waren für die Seefahrer und Sklavenhändler. Sie deckten sich hier ein, ehe sie ihre lange Fahrt über den Atlantik antraten. Kabes hielt sich damals natürlich eine eigene Armee.

Die Hauptherkunftsregionen für Sklaven wechselten im Laufe der Jahrhunderte. Es gab innerhalb Afrikas und auch an den Küsten verschiedene Stationen, je nachdem, wo die Seefahrer und Kolonialisten saßen, die das Geschäft betrieben. Zunächst profilierte sich die Region um Senegambia unter den Portugiesen als Sklavenlieferant. Danach wurden in erster Linie Angolaner, wie man sie heute nennen würde, aus Afrika abtransportiert. Ab 1675 waren es dann hauptsächlich die Afrikaner, die sich an der Sklavenküste, Liberia, Elfenbeinküste, Ghana, Togo, Benin sammelten. Anschließend wurde die Bucht von Benin zu einem Hauptumschlagplatz mit dem Hafen von Ouidah an erster Stelle. Dort ist noch die alte portugiesische Festung zu sehen, die heute ein

Museum ist. Die Sklaven mussten hier ca. 4 km bis zur Einschiffungsstelle marschieren. An dieser Stelle steht heute ein Denkmal.

Die Zahlen allein sind erschreckend: Von 1451 bis 1600 zählt die Forschung circa 275 000 Sklaven, die aus Afrika nach Amerika und nach Europa verschifft wurden. Im Laufe des 17. Jahrhunderts nahm der Sklavenexport um das Fünffache zu und erreichte eine Gesamtzahl von 1 342 000 Sklaven, was vor allem auf die Ausdehnung des Zuckerrohranbaus auf den Karibischen Inseln zurückging. Dort war bis 1650 meist Tabak angebaut worden, danach stellte man auf Zuckerplantagen um, für die eine größere Menge Sklaven zur Ernte benötigt wurden. Das goldene und zugleich schreckliche Zeitalter der Profitsklaverei wurde das 18. Jahrhundert. Zwischen 1701 und 1810 wurden etwa sechs Millionen Afrikaner gewaltsam aus ihren Heimatgebieten herausgeholt. Die wichtigsten Zielorte waren damals Jamaika und Saint Domingue (auf Haiti). Bis 1870 kamen noch einmal zwei Millionen hinzu.

Am 23. März 1807 unterschrieb König George III. das *Abolition-of-Slavery*-Gesetz, das das Verbot des Sklavenhandels dekretierte. Für den Import von Sklaven in die britischen Karibikbesitzungen bedeutete dies das Ende. Das Gesetz dämmte auch die Importe in die USA stark ein. Dennoch kamen nach dem heutigen Stand der Forschung immer noch 600 000 Afrikaner in den spanischen Kolonien in der Neuen Welt an, 550 000 allein auf Kuba. Die französischen Karibikinseln kauften nach dem Verbot noch einmal 100 000 und Brasilien bis 1870 weitere 1 145 000 Sklaven zumeist aus dem Kongo und Angola, aber auch aus Mosambik, wo das Volk der Yao die Sklavenroute belieferte, die sich zwischen Angola und Mosambik entwickelt hatte. Es ist wichtig, sich zu vergegenwärtigen, wie langsam sich solche Veränderungen durchsetzen. In Mauretanien gibt es bis heute weiter Menschen, die als Sklaven leben, wohl auch im Niger.

Unser Umgang mit der Sklaverei

Die Tatsache der millionenfachen Sklaverei scheint uns manchmal zu lähmen, weil sie die Vorstellung der einen Menschheit und der einen Welt, das *global village*, so heftig zu dementieren scheint. Wieso konnten unsere Vorfahren so etwas tun? Wie konnte sich die Sklaverei unter Christen und auch unter Muslimen so starken Rückhalts erfreuen? Kann die Tatsache, dass Afrikaner und Araber selbst kollaborierten, uns dabei in irgendeiner Weise entlasten? Ich fürchte, nicht, obwohl uns das ganz genehm wäre, denn die Last drückt bis heute schwer. Man hat nicht zu Unrecht gesagt, das Ende der Sklaverei und der Versklavung der Schwarzen sei erst mit der Wahl des schwarzen Präsidenten Barack Obama endgültig eingeläutet worden.

Ich selbst fühle mich als Mitglied der Menschheitsfamilie, als Mitglied des Kontinuums der Geschichte zwischen Europa und Afrika natürlich dazu animiert, Buße zu tun für das, was meine Vorväter und Vormütter den schwarzen Afrikanern angetan haben. Aber ich kann die Staaten und ihre Repräsentanten, die Parlamente und multinationalen Organe nicht in gleicher Weise zu einer solchen Haltung bewegen. Der katholische Bischof Martin Happe in der Diözese Nouakchott in Mauretanien hat Recht, wenn er im Gespräch immer wieder betont, es habe bis heute von unserem Europa und auch von der europäischen Christenheit noch kein großes, klares Wort der Entschuldigung für diese Versklavung eines ganzen Kontinents und seiner Menschen gegeben, deren Würde nach der Menschenrechtscharta der UNO und der deutschen Verfassung unantastbar hätte sein sollen.

Wie um alles in der Welt, hat der große, der wirklich wegweisende afrikanische Intellektuelle und Schriftsteller Wole Soyinka gefragt, wie kann man und wie soll man Wiedergutmachung oder Entschädigung unter einen Hut bringen mit Aussöhnung oder Vergebung für angetanes Unrecht? Der Nigerianer Wole Soyinka hat für den Fall Südafrika gemeint, wo zu diesem Zeitpunkt ja sowohl Opfer wie Täter noch am Leben sind: «Die Opfer sind am Leben und brauchen eine Entschädigung, während ihre Folterer weiterhin eine privilegierte Existenz führen, in Sicherheit die Diebesbeute einer scheußlichen Geschichte genießen.» Soyinka fragte daher sich und fragt uns: Was wäre daran unanständig, wenn den Weißen in Südafrika als Buße und Wiedergutmachung eine allgemeine Steuer aufgebrummt würde? Eine kollektive Abgabe der Weißen muss ja nicht als Strafmaßnahme angesehen werden. Wenn das beabsichtigte Ziel die Versöhnung sein soll, müsste dieses Angebot von denen ausgehen, die von der Apartheid profitiert haben, und zwar als eine freiwillige Geste der Buße.[10]

So würde sich Wiedergutmachung als etwas Praktisches und Machbares präsentieren. Wenn wir das auf das Feld der Sklaverei übertragen, müsste Sühne von den freien Gesellschaften ausgehen und nicht von den Staaten. Ist eine solche Genesis der Sühne wirklich nicht vorstellbar? Wole Soyinka zitiert den südafrikanischen Bischof Desmond Tutu, der seine Autorität nicht von dem südafrikanischen Establishment ableitet: «Weiße Brüder und Schwestern im Herrn, Ihr habt gesündigt, aber wir sind bereit euch zu vergeben. Die Worte der Apostel wiesen uns darauf hin, dass der Lohn für unsere Sünden der Tod ist, doch in euerem Fall scheint er Reichtum zu sein … wenn Ihr denn nun wählet, ein wenig von diesem sündhaften Reichtum abzugeben, als einen ersten Schritt auf dem Wege zur Buße …???»[11]

Die Erinnerung an die Sklaverei in Afrika

«Ein Volk, das sein Gedächtnis nicht bewahrt, ist ein Volk, das seine Geschichte verwirkt hat.» Wole Soyinka, einer der wichtigsten Vertreter einer neuen Afrikanität, eines neuen Selbstbewusstseins der Afrikaner, sagt deshalb, es sei gut, dass die UNESCO eine wissenschaftliche Arbeitsgruppe gebildet hat, die die Sklavenrouten untersucht, um diese Geschichte des gegenwärtigen und zukünftigen Afrikas zu markieren. Das Afrika von heute läuft Gefahr, die Sklaverei als Museum stillzustellen und nicht als produktiven Faktor für die Gewinnung einer starken Identität zu nutzen. Die materiellen Zeugnisse der Sklaverei, etwa die Befestigungsanlagen von Goree oder die Sklavenforts Ghanas, seien «Zeichen der Wahrheit, geronnene Realität, die allen Völkern, wie verarmt sie sein mögen, einen Wert an sich bieten, einen Wert, der eine Entschlossenheit zur Wiederherstellung der eigenen Würde und zur Entwicklung von Strategien für eine soziale Regeneration vermitteln kann». Darin haben es die Afrikaner noch nicht weit gebracht.

Er selbst hat den Marsch zu diesen Orten mitgemacht. «Wir beschritten genau den Weg, den die Sklaven auf ihrem Weg zur Verschiffung genommen hatten, standen an jenem Platz, von dem sie einen letzten Blick auf ihr Heimatland warfen, über jenes Gelände, auf dem Tausende von Schwachen und Kranken, die nur Handelshindernisse

3 Barack Obama besucht Cape Coast Castle, eines der Sklavenforts an der ghanaischen Küste, 11. Juli 2009.

darstellten, abgeschlachtet und verscharrt worden waren. Wir standen auch am Selbstmordplatz, an dem Hunderte ihre Fesseln zerrissen und sich in einen freundlicheren Tod gestürzt hatten, anstatt sich in das zu begeben, womit ihnen das Unbekannte in ihrer Vorstellung drohte.»[12]

Der afrikanische Intellektuelle hat uns die Köpfe gewaschen. Die Afrikaner müssten protestieren, wenn gesagt wird, erst der Holocaust würde den europäischen Humanismus in Frage stellen. Er meint, diese These liefere einen weiteren Beweis, «dass das Hirn Europas sich immer noch der Aufgabe gegenübersieht, die afrikanische Welt als einen gleichwertigen Bereich der Menschheit zu begreifen». Denn wenn Europa das täte, müsste es das Versagen seines Humanismus wesentlich früher ansetzen – und zwar zu Beginn des transatlantischen Sklavenhandels. Dieses Unternehmen hat nach allen glaubwürdigen Schätzungen den Kontinent um mehr als 20 Millionen Menschen entleert, die von den Sklavenjägern gefangen wurden und von denen wohl etwa die Hälfte noch vor ihrer Verschiffung starb. Wole Soyinka setzt dabei auch auf Entschädigung, die als Basis der Erinnerung und der Kritik akzeptiert werden könnte und als

41

eine Grundvoraussetzung «für die Glaubwürdigkeit der eurozentrischen Geschichtsschreibung».[13] Dieses Thema ist die heimliche Legitimation der Entwicklungshilfe. Aber kein Staat will das natürlich in unserer legalisierten Völkerrechtswelt akzeptieren, weil er dann Ansprüche zu bedienen hätte, individuelle wie kollektive.

Sklaverei und Kolonialismus wirken nach

Wie stark die Sklaverei, die Kolonisation und die Dekolonisation die Welt beeinflusst haben, ist bis heute im Gewühl und Wust von Schuldgefühlen und nicht aufgearbeiteter Vergangenheit nicht deutlich genug bewusst. Arnold Toynbee, einer der wenigen Universalhistoriker unserer Zeit, hat 1948 die Entwicklung nach dem Zweiten Weltkrieg auf den Punkt gebracht: «Das Paradoxon unserer Zeit ist, daß nunmehr die ganze Welt Nutzen gezogen hat aus einer Erziehung, die ihr der Westen zuteil werden ließ, ausgenommen der Westen selbst. Der Westen betrachtet heute immer noch die Geschichte von dem alten, engbegrenzten und egozentrischen Standpunkt aus, den die anderen bestehenden Gesellschaften mittlerweile aufgeben mußten.»[14] Doch könnte eine solche selbstgenügsame Haltung nicht länger fortdauern, denn irgendwann würde das auf den Westen zurückschlagen. Der niederländische Soziologe Paul Scheffer und viele andere Zeitgeschichtler haben darauf verwiesen, dass die Nachwehen des Kolonialismus uns einholen. Selbst die Terrorangriffe auf die U-Bahn in London können ja noch gehört und verstanden werden als Nachklänge der Kolonisation. Die jungen Pakistanis in London hatten zwar nicht Recht, aber formulierten einen geschichtsträchtigen Slogan, als sie bei Demonstrationen Banner trugen mit der Aufschrift: «We are here, because You were there».

Wir haben mit dem Kolonialismus natürlich auch die Migrationsbewegungen ausgelöst, in der Form, in der sie jetzt auf Europa zukommen. Und ebenso das schlechte Gewissen, mit dem wir die Menschen aus Asien, Afrika und Lateinamerika schlecht schnöde abweisen können. Zunächst gingen diese Bewegungen in Richtung der alten Kolonialmächte. Die einläutende Fanfare ertönte am 22. Juni 1948, als die SS Empire Windrush mit 400 Passagieren aus Westindien in dem britischen Hafen Tilbury landete. An Bord waren zum Teil Veteranen des Zweiten Weltkrieges, darunter Mitglieder von Flugzeugbesatzungen und einige, die bei der Royal Airforce Stewards oder Bodenpersonal gewesen waren. Sie kamen «nach Hause», so wie sie als Kinder britischkolonialer Schulen immer gesungen hatten: Die Schulbücher, die Missionare, die ganze Mentalität war britisch. Auch in der Folgezeit fühlte sich Großbritannien den Angehörigen des Commonwealth verpflichtet, obwohl die Zuwanderung aus den Kolonien innenpolitisch stark umstritten war. Als Idi Amin auf dem Höhepunkt seiner Gewaltherrschaft in Uganda die Inder herauswarf, buchstäblich bis zum Flughafen in Entebbe Spießruten laufen ließ, da war es das Vereinigte Königreich, das diese Menschen aufnahm.

Inzwischen sind es allerdings die jungen Afrikaner, die an die Gestade Europas und der westlichen reichen Welt anbranden und fast in Form von Völkerwanderungen auf unser Europa zukommen. Ausgelöst wird die heutige Migrationsbewegung in erster Linie durch unseren Wohlstand, der Arbeitsplätze und Verdienst verspricht. In Zukunft wird der Ansturm noch viel heftiger werden. Deshalb ist es wichtig, sich politisch mit klaren praktischen Vorschlägen und Aktionen darauf einzustellen.

3
Die christliche Mission und die Rolle der Kirchen

Eine der wichtigsten Quellen europäischer Kenntnisse über den afrikanischen Kontinent sind lange Zeit die Missionare gewesen. Die christlichen Kirchen hatten parallel zu dem imperialen Ausgreifen Europas in die gesamte damals bekannte Welt große Missionsgesellschaften gegründet, um die Völker der fernen Kontinente zu missionieren. Dabei beschränkten sie sich oftmals nicht nur auf die Verkündung des christlichen Glaubens, sondern bemühten sich auch um die kulturelle «Hebung» der «wilden» Völker. Die christlichen Missionare sorgten nicht nur für den Bau von Kirchen, sondern auch für den von Schulen und für ein Mindestmaß an Bildung. Neben der traditionellen katholischen Mission, die eher von Frankreich und Algerien ausging, gab es auch eine protestantische, die in aller Regel im vorletzten Jahrhundert vom deutschsprachigen Raum geprägt wurde. Und dann müsste man für das 20. Jahrhundert, zumal für die zweite Hälfte, noch die Missionsanstrengungen evangelikaler Sekten und Gemeinden aus den USA dazuzählen.

Als ich in den 1950er Jahren in Deutschland zur Schule ging, waren die christlichen Missionen noch ganz stolz auf ihr großes, geschichtsträchtiges Werk, mit dem sie in ihrer Wahrnehmung den afrikanischen Völkern und Stämmen die Zivilisation gebracht hatten. Sie waren damals von dem durchschlagenden Erfolg ihrer Humanisierungs- und Christianisierungsbemühungen sehr überzeugt. Sie hatten sich in fast allen Gebieten südlich des Maghreb niedergelassen, und es war ihnen im Laufe des 20. Jahrhunderts auch gelungen, das Christentum in den afrikanischen Kulturen und Völkern erfolgreich zu verankern. Das will sagen: Die überwiegende Mehrheit der afrikanischen Episkopate der katholischen wie der protestantischen Bischofskonferenzen lebte mittlerweile ganz aus den eigenen Völkern. Aber die Ereignisse in Ruanda haben bewiesen, wie wenig das Christentum den Gläubigen so unter die Haut ging, dass sie zu einem Völkermord nicht mehr in der Lage gewesen wären – ein Effekt, den der christliche Glaube allerdings auch in Europa selbst nicht gehabt hat. Und zugleich gilt: Die christlichen Missionen haben zwar den Prozess der Kolonialisierung in einigen Gebieten abmildern können, aber sie haben es nicht geschafft, das Bewusstsein in Europa umzuformen und die Verletzung der christlichen Botschaft durch die Kolonialherrschaft laut und vernehmlich anzuprangern.

Albert Schweitzer

Der größte Missionar des christlichen Europa war kein Missionar. Dr. Albert Schweitzer war zwar ein weltberühmter Theologe und Pfarrer, aber er kam nach Afrika als Arzt. Schweitzer verfasste Anfang des 20. Jahrhunderts ein gelehrtes theologisches Buch nach dem anderen. Er habilitierte sich 1902 mit einer Arbeit über «Das Messianitäts- und Leidensgeheimnis». Eines Morgens landet auf seinem Schreibtisch eine Art Propagandabroschüre oder, wie wir heute sagen würden, ein Flyer. Schweitzer liest sich an einem Artikel fest mit der Überschrift: «Was der Kongomission nottut», verfasst von Alfred Boegner, dem Leiter der Pariser Missionsgesellschaft. Es fehle an Leuten, die in Gabun, der nördlichen Provinz der Kongokolonie, das Missionswerk betrieben. Schweitzer beschließt, dorthin zu gehen, aber nur als Arzt. Zunächst denkt er an eine Tätigkeit als Missionar mit einer medizinischen Grundausbildung, dann studiert er doch Medizin: «Arzt wollte ich werden, um ohne irgendein Reden wirken zu können. Jahrelang hatte ich mich in Worten ausgegeben.» Das neue Tun konnte er sich nicht als ein «Reden von der Religion der Liebe», sondern nur als «ein reines Verwirklichen derselben» vorstellen.[1]
Albert Schweitzer gewinnt die Frau fürs Leben: Helene Bresslau. Sie heiraten am 18. Juni 1912. Mitte 1913 kommen die Schweitzers in einem kleinen Ort an der Ogowe-Mündung an: Lambarene. Dieser Ort wird weltberühmt werden. 14-mal in seinem Leben wird Albert Schweitzer nach Lambarene kommen. Der siebte Aufenthalt dauert von Februar 1939 bis September 1948. In Afrika hört er von der Kapitulation

4 Albert Schweitzer in seinem Urwaldhospital in Lambarene.

der Deutschen im Mai 1945. In den Wochen danach arbeitet er wie ein Besessener. Einmal kämpfen Schweitzer und seine Kollegen eine ganze Nacht um eine Gebärende und ihr Baby. Es scheint keine Hoffnung zu geben, aber dann überleben doch beide den Eingriff. Als er am nächsten Morgen das Radio anschaltet, hört er, dass zur selben Zeit in Hiroshima Hunderttausende Menschen in wenigen Sekunden verbrannt, verstrahlt und verstümmelt wurden durch die Atombombe. Während sie in Afrika einzelne Menschenleben dem Tod entreißen, sind in Europa und Asien 50 Millionen Menschen getötet worden.

1959 verließ der uralte Albert Schweitzer Europa für immer. Ein Jahr vor seinem Tod 1965 sprach er dem Psychiater Dr. Christoph Staewen etwas widerwillig, aber dann doch klar und deutlich auf ein Tonband, damit die Jugend der Welt die Stimme des großen Arztes hören konnte – damals noch auf Schallplatte. Der Aufruf schließt wie ein einzigartiges Vermächtnis an alle, die Afrika wohlwollen: Die Ehrfurcht vor dem Leben gebiete uns, den hilfsbedürftigen Völkern in aller Welt

Hilfe zu bringen. Und: Letzten Endes sei alles, «was wir den Völkern der früheren Kolonien Gutes erweisen, nicht Wohltat, sondern es ist unsere Sühne für das Leid, das wir Weißen von dem Tage an über sie gebracht haben, da unsere Schiffe den Weg zu ihren Gestaden fanden. Es muß dahin kommen, daß Weiß und Farbig sich in ethischem Geist begegnen.»²

Waren die christlichen Missionare ein Segen für Afrika?

Wenn wir über die Missionen und die Missionare reden, überwiegen meistens die positiven Meinungen und Einschätzungen. Die Missionare waren in der Regel bessere, weil engagiertere Helfer als die übrigen Europäer in Afrika, die vor und nach ihnen kamen. Sie waren keine Großkonzerne, die die Rohstoffe und die schwarzen Billigarbeiter aus dem Kontinent herauspressten. Sie waren auch keine Waffenträger, die den Kontinent mit ihren imperialistischen Gelüsten verseuchten. Aber sie waren eingebunden in ihre Zeit. Sie waren zumindest zeitweise und zu großen Teilen auch Motoren des Kolonialismus. Der Ruf des Evangeliums: Gehet hin in alle Welt und taufet sie im Namen Jesu Christi, beinhaltete immer auch eine kulturell eurozentrische Komponente.

Inwiefern die Missionen ein Instrument der Kolonialpolitik waren, ist in der Wissenschaft umstritten. Sebastian Conrad schreibt in seiner *Deutschen Kolonialgeschichte* für die deutschen Missionen ganz klar: Die Infiltration Afrikas durch die Missionare sei «ein Teil der kolonialen Eroberung» gewesen: «Sie waren Teil des kolonialen Projekts und übten in den seltensten Fällen einmal grundsätzliche Kritik.» Sie seien nicht nur die Nutznießer der staatlichen, wirschaftlichen und militärischen Erschließung der Kolonien gewesen, sondern sie «trieben diese ideologisch voran». Die Indigenen hätten Missionen und kolonialen Staat als identisch angesehen. Dennoch hat es von Zeit zu Zeit Situationen gegeben, in denen sich die Missionare zu Anwälten der Eingeborenen machten. In vielen Fällen haben sich Missionare auch an der Aufdeckung von Kolonialskandalen beteiligt. In jedem Fall führten sie einen Kampf gegen Branntwein, Rauschgifte wie das Opium und gegen die Sklaverei. Außerdem waren die Missionen meist ein positiver wirtschaftlicher Faktor, weil sie immer – wie wir modisch sagen würden – *sustainable*, nachhaltig, eine eigene landwirtschaftliche Produktion mit einer Subsistenzwirtschaft aufbauten.[3] Ich bin daher dagegen, die Arbeit der Christen zu unterschätzen. Ohne die Anstrengungen einer Vielzahl von «religiösen Spinnern», wie wir sie vielleicht heute nennen würden, wäre es am 25. März 1807 nicht zur Unterzeichnung des *Abolition-of-Slavery*-Gesetzes gekommen. William Wilberforce und andere Presbyter der Anglikanischen Kirche waren die Vorreiter des Kampfes gegen eines der schlimmsten Vergehen gegen den Geist Jesu Christi, den es in der Geschichte der Christenheit je gegeben hat. In Deutschland waren wir auch in dieser Frage Spätkommer, *latecomer*. In der auf der Berliner Kongo-Konferenz unter der Vermittlung Bismarcks verabschiedeten Kongoakte vom 26. Februar 1885 verpflichteten sich die großen Mächte, wenn auch nur halbherzig, zur Unterbindung des Sklavenhandels und der Anstiftung zur Proliferation von Sklaven.

1888 gründete der damalige Kardinal von Algier und Karthago, Kardinal Lavigerie, in Frankreich die christliche Antisklavereibewegung. Ihm ist es zu verdanken, dass über die Stationen der Ordensgemeinschaft «Gesellschaft der Missionare von Afrika», die später «Weiße Väter» genannt wurden, durch Missionare Sklaven aufgekauft und befreit wurden, eine allerdings bis heute umstrittene Praxis, weil sie – wie wir selbst es bei einer evangelikalen US-Missionsgesellschaft im Süd-Sudan erleben durften – als Anreiz wirken kann, weitere Sklaven aufzubringen, um sie dann gewinnbringend zu veräußern. In Köln-Gürzenich wurde am 22. Oktober 1888 die deutsche Sektion dieser christlichen Antisklavereibewegung gegründet.

Diese Stoßrichtung gegen den Sklavenhandel, so schrieb der frühere Staatssekretär im Bundesministerium für wirtschaftliche Zusammenarbeit und Entwicklung (BMZ), Volkmar Köhler, fand bald breite Anhängerschaft, «nicht nur aus humanitären Gründen, sondern auch aus der Erwägung, dass Kolonisation nur möglich sein werde, wenn es gelänge, die ungeheuren Verluste an Menschen zu beenden und den herrschenden Sklavenhändlern die wirtschaftliche Basis zu nehmen».[4] Köhler hat damit gegen viele säkulare Globalkritiker der Kirchen festgehalten: Mission und Kolonisation konnten auch ganz getrennte Wege

5 Teil des kolonialen Projekts: Ordensmissionare bei einer Taufe in Deutsch-Südwestafrika vor dem Ersten Weltkrieg.

gehen. Die deutsche Mission in Äthiopien zum Beispiel hat nie etwas mit Kolonialismus zu tun gehabt.

Dennoch: Die Missionen haben den kolonialen Impuls mitgetragen, der einen Graben aufbaute zwischen den eigenen Völkern, den «Kulturvölkern», und den anderen, den «Naturvölkern», und haben geholfen, diese Differenz aufrechtzuerhalten. Erst in jüngerer Zeit bequemten sich die christlichen Missionen, diese Kluft tatsächlich durch Bildung abzubauen. Westliche Bildung sollte in der Kolonialzeit «mit den Prinzipien der europäisch-christlichen Zivilisation vertraut machen – aber zugleich wurde das Schulwesen auf ein niedriges Niveau beschränkt». In den Missionsschulen war durchaus Emanzipation beabsichtigt, aber «eine Gleichstellung war nicht intendiert: perfekte Eingeborene, nicht jedoch schwarze Europäer waren das Ziel der Zivilisierungsmission».[5] Allerdings hatten die Missionare bei der Bildung der einheimischen Bevölkerung unbestreitbar Erfolg. Viele Mitglieder der nationalen Eliten, manchmal sogar spätere Staatspräsidenten wie Robert Mugabe, haben die führenden Missionsschulen durchlaufen und darin das Rüstzeug für ihren Aufstieg erhalten.

49

Die Missionen haben nicht verhindert, dass das entscheidende Ziel der Religion, die Gleichheit aller vor Gottes Angesicht, dessen Kinder wir ja alle sind, ganz gleich, ob wir schwarze, weiße, rote oder gelbe Menschen sind, verfehlt wurde. Sie haben die rassistischen Entgleisungen in Afrika nicht nur nicht verhindert, sondern eher mitgetragen. Die *Hamburger Nachrichten* schrieben 1908 mit der Zustimmung aller staatstragenden Kreise, also durchaus auch der Missionen: «Der deutsche Volkscharakter ist an sich schon sehr rezeptiv für Fremdkörper, eine Veranlagung, die im Schutzgebiet sich recht schnell und umfangreich entwickelt.»[6] Es gebe nicht wenige Fälle, in denen Deutsche im Schutzgebiet regelrecht «verkaffern». Mit solchen Äußerungen wurde die Verständigung zwischen Weißen und Schwarzen weiter erschwert. Wer wollte sich schon gerne vorwerfen lassen zu «verkaffern»? Ich habe das immer wieder erlebt. Bei den «Weißen Vätern» wie auch bei den Comboni-Missionaren habe ich immer mit Staunen gesehen, dass sie zum Beispiel nicht mit den schwarzen Christen zusammen im Refektorium ihres Klosters oder ihrer Missionsgebäude gegessen haben.

Die zwiespältige Rolle der Kirche im heutigen Afrika

Die europäische Mission kam ursprünglich nach Afrika mit dem Anspruch, die Heiden zu besiegen und zur höheren Zivilisation zu führen. Die heutige Situation darf man wohl als eine ganz andere empfinden. Die Mehrheit des Episkopats Afrikas ist heute autochthon und schwarz. Missionare im klassischen Sinne gibt es eigentlich kaum noch. Das heißt aber nicht, dass sich damit alles automatisch zum Besseren gewendet hätte. In Ländern, in denen das bürgerliche und staatliche Leben zusammengebrochen ist ebenso wie die Ökonomie, suchen die Gläubigen an Stelle der nicht mehr funktionierenden öffentlichen Verwaltungen kirchliche und himmlische Hilfe, was den Vertretern der Kirche besondere Macht verleiht. Damit ist natürlich auch dem Missbrauch Tür und Tor geöffnet. So konnte sich ein anglikanischer Geistlicher in Simbabwe einfach selbst zum Erzbischof ernennen. Afrika ist wahrscheinlich der Kontinent mit den meisten selbst ernannten Bischöfen und Erzbischöfen auf der Welt.

Das Entscheidende spielt sich im Alltag ab. Bischöfe dürfen als herausgehobene Christen eigentlich nicht den demonstrativen Wohlstand und Luxus lieben und auf ihn angewiesen sein. Dieses Gebot wird in Afrika oft ins Gegenteil verkehrt. Dennoch sind die Kirchen heute zum großen Teil der letzte Hort der Hoffnung für die Armen und die Ärmsten. In manchen Ländern Afrikas, in denen es weder formale noch wirkliche Demokratie geschweige denn einen Rechtsstaat gab bzw. gibt, förderten die Kirchen das Wohl des Volkes oft erfolgreicher als säkulare Organisationen. Auch die Arbeit der deutschen Missionswerke, die nach dem Zusammenbruch des Nazireiches ihre Arbeit in Afrika wieder aufnahmen, gilt meistens als besser als die neu gegründeter säkularer Initiativen. Die kirchlichen Werke *Misereor, Missio, Brot für die Welt* und *Dienst in Übersee* sind auch deshalb im Zweifelsfall oft erfolgreicher, weil sie kompetente Partner vor Ort haben, denen man einiges zutrauen kann.

Ich will hier nicht im Einzelnen die Arbeit der Missionsgesellschaften und der Kirchen beschreiben. Aber ich möchte einige Beispiele aus verschiedenen Ländern Afrikas vorstellen: zum einen aus der völlig chaotischen – sowohl staatlich wie kirchlich als auch zivilgesellschaftlich – Demokratischen Republik Kongo (dem ehemaligen Zaire) und zum anderen positive Beispiele aus Mauretanien und dem Sudan. Im folgenden Kapitel werde ich dann das Versagen der Katholischen Kirche in Ruanda erörtern. Sie hat es nicht geschafft, in dem katholischsten Land Ostafrikas den Völkermord zu verhindern.

Die Kirche im Kongo

Es kann, außer berufen zu werden, durchaus noch andere Gründe geben, in die Kirchenlaufbahn einzutreten. Sie bieten etwas, das man in der Regel in Afrika sonst nicht so leicht bekommt: Unterkunft und Vollverpflegung. Davon kann ein Afrikaner in der sogenannten Demokratischen Republik Kongo sonst nur träumen. Dazu kommt noch die kirchliche Karriereleiter. Es ist also der Andrang in den Priesterseminaren und den Konventen der Orden nicht nur Ergebnis echter Berufung, sondern auch rein ökonomischer Überlegungen – wie es sie in Europa im Mittelalter ja auch gab. Die religiösen Motive werden zudem auch dadurch in den Hintergrund gedrängt, dass die totale Perversion eines Staates nicht ohne Folgen bleibt für die Kirche. Die Kirchenhierarchie hat die Versuchung der Macht zu bewältigen, der sie häufig erliegt. Im Kongo habe ich wie überall auf der Welt nur wenige mutige Bischöfe gefunden, vor allem unter dem schrecklichen Regime des Präsidenten Mobutu Sese Seko.

Am 18. November 1999 musste der Vatikan eigens einen apostolischen Nuntius nach Kinshasa schicken, der den Priestern und Bischöfen von insgesamt 25 Millionen Katholiken ins Gewissen reden sollte. Die Moral des Klerus ließ ebenso zu wünschen übrig wie die aller Staatsbeamten, die Budgets der Kirche wurden hemmungslos von den Geistlichen geplündert, die Nonnen wurden durch sexuelle Belästigungen bis hin zu erzwungenen Abtreibungen gequält, katholische Priester hatten in der Regel eine oder mehrere Konkubinen mit, in extremen Fällen, gleich mehreren Kindern. Der Vatikan bat daher sogar die westlichen Botschaften, restriktive Kriterien bei der Vergabe von Touristenvisa für den Klerus des Kongo anzuwenden. In einigen Diözesen befand sich nämlich bereits ein Drittel des Klerus außerhalb des Landes, um dort Fundraising zu betreiben.

Man hat im Kongo zudem einen großen Markt an kleinen und kleinsten Kirchen, wo sich die Gläubigen untereinander die totale Loyalität versprechen. Es gibt Wunderheilungen anstelle von Hospitälern, die ihren Dienst nicht mehr tun. Der berühmteste Vertreter dieser selbst ernannten Kirchen war der berühmte Pastor Fernando Kutino, der Gründer der großspurig so genannten «Kirche des Sieges». Kutino war zur Zeit Mobutus ein Drogenhändler gewesen, kannte sich also mit dem süßen Gift solcher Heilmittel aus und ernannte sich für seine Kirche zum «Erzbischof». Seine strengen Regeln sahen für die Missachtung von Geboten Strafzahlungen in Form von Geld, Edelsteinen, Schmuck, Brillen oder Schuhen vor. Damit hatte er so viel Erfolg, dass er bald mit ansehnlichen Limousinen und einem privaten Düsenflugzeug auftauchte. Er hatte sogar seinen eigenen Fernsehsender.

Barbara Bönnemann, die Frau des damaligen deutschen Botschafters in Kinshasa, hat einmal eine Geschichte miterlebt, die die Arroganz des Klerus besonders schön zeigt. Sie war 1994 mit der Fluglinie «Shabair» in einer Boeing 727 unterwegs von Kinshasa nach Goma. Normalerweise dauert dieser Flug von der Hauptstadt des Landes nach Goma, der Hauptstadt der nördlichsten Provinz Kivu-Nord, zweieinhalb Stunden. Wenn man allerdings Pech hat, dann steigt seine Exzellenz, der Erzbischof von Kisangani, Monsignore Monsengwo, zu, und dann sind die normalen Flugzeiten sowie das Flugziel ganz ungewiss. So an diesem Morgen Anfang August 1994. Die Passagiere der ersten sechs Reihen werden nach hinten gesetzt «ohne die Chance der Widerrede». Zivile Sicherheitsbeamte und vier bewaffnete Milizionäre mit Sonnenbrille filzen die Gepäckstücke, untersuchen die Gepäckablagen und verstauen die zahlreichen Koffer des Erzbischofs. Nach dieser Prozedur, die mehr als eine Stunde dauert, steigt der freundlich lächelnde Monsignore in seiner weißen Soutane ein. Nach 40 Minuten verlängert sich die Flugreise weiter, indem die Boeing 727 außerplanmäßig auf dem Flugfeld der Stadt Isiro aufsetzt. Eine Blaskapelle spielt auf, der Erzbischof nimmt eine Militärparade ab und verschwindet mit seiner Entourage in den wartenden Limousinen. Das Flugzeug steht derweil in der prallen Äquatorsonne, bis der Erzbischof wieder an Bord erscheint. Die Klimaanlage schafft es nicht mehr, die Innentemperatur zu senken. Nach Stunden fliegt die Maschine weiter zum Zielort Goma. Man landet im Dunkeln, alle Übernachtungsmöglichkeiten sind ausgebucht. Zum Glück sei, sagt Barbara Bönnemann, die französische Armee da gewesen. Sie hat eine Nachtflugerlaubnis und nahm viele Passagiere mit nach Bukavu.

Dann macht sich die Beobachterin Bönnemann auf den Rückflug, der laut Flugplan ebenfalls zweieinhalb Stunden dauern soll. Doch wieder kommt es zu einem unvorhergesehenen Halt, nun in Kisangani. Dieses Mal geht es noch ruppiger zu zugunsten der VIPs von Kirche und Staat: Die Passagiere müssen alle hinaus, bekommen ein gelbes Kärtchen und müssen im Transitraum warten. Barbara Bönnemann weigert sich, auch mit Berufung auf ihren Diplomatenausweis. Sie bleibt mit Erfolg im Flugzeug und ist der einzige Passagier, der in der leeren Boeing nach Isiro mitfliegt. Wieder vollzieht sich hier das gleiche Ritual. Nach der Sicherheitsüberprüfung steigt der Erzbischof mit Bodyguards, Beamten seiner Behörde und dem Nuntius der römisch-katholischen Kirche ein. Die Maschine fliegt zurück nach Kisangani, um die dort zurückgelassenen Passagiere wieder einzusammeln. Als 20 Passagiere

6 Seine Exzellenz, der Erzbischof von Kisangani, Monsignore Laurent Monsengwo.

aus Goma nicht mehr mitkommen und lautstark auf der Rolltreppe protestieren – sie haben schließlich ein gültiges Ticket und den Preis bezahlt –, schaut der Erzbischof aus dem Fenster und schüttelt sein geistliches Haupt. So benimmt sich eine Kirche, die völlig vergessen hat, worauf sie verpflichtet ist. Wer noch nicht aus der Kirche ausgetreten ist, tut es jetzt.

Auf dem Flug zurück nach Kinshasa diskutieren der Erzbischof Monsengwo und der Nuntius die Denkschrift der Katholischen Kirche in Zaire *Justice et Liberation*. Später erfahre ich, dass sie an einer Bischofsweihe teilgenommen haben und dass der Erzbischof von der katholischen Kirche in Deutschland unterstützt wird.

Es gibt auch positive Beispiele

Ich möchte als Ausgleich von einem nicht repräsentativen Bischof in Afrika erzählen, der mein ganzes Wohlwollen hat, weil er bescheiden, ohne Hofstaat und Assistenten, ohne Fahrer und Bodyguard in seiner Diözese herumfliegt und -fährt: Monsignore Martin Happe, der als Bischof der landesweiten Diözese Nouakchott in Mauretanien sich beliebt gemacht hat. Immer wenn ich ihn und das dortige Projekt der Grünhelme e. V. besucht habe, wurde ich um drei Uhr nachts von ihm selbst abgeholt. Er hat keinen Fahrer und hält das für eine Selbstverständlichkeit. Die katholische Kirche ist eine Kirche der Ausländer in der Islamischen Republik Mauretanien. Aber der Bischof hat es durch Respekt gegenüber den Gebräuchen des Landes, durch Einfachheit und Demut geschafft, für die kleine Kirche einen guten Freiraum zu schaffen. So hatte er beim Tode des weltweit geachteten Johannes Paul II. ein Totenamt in der winzigen Kathedrale von Nouakchott zelebriert, und siehe da: Die Regierung der Islamischen Republik Mauretanien schickte doch zwei Minister, die aus Respekt für den toten Papst der Liturgie bis zum Ende beiwohnten und sich in das Kondolenzbuch der Diözese einschrieben.

In Duala, der größten Stadt Kameruns, gibt es den Kardinal Christian Tumi. Auch er ist ein Muster an Selbstlosigkeit und an Mut. Vor allem an Letzterem leidet die katholische Kirche Mangel. Er war und ist ein großer Widersacher des Staatspräsidenten Paul Biya. Der deutsche Botschafter in Kamerun bis 2008, Volker Seitz, hat ihn oft besucht und dem Autor von lebhaften Debatten berichtet. Tumi sei ein Bischof «zum Anfassen», ohne alle Berührungsängste. Er betreibt gegen alle wiederkehrenden Drohungen aus den Kreisen des Regimes auch einen eigenen Radiosender, der die Regierung heftig kritisiert.

Die größte Krankheit in afrikanischen Ländern ist die Anpassung an schlechte Verhältnisse. Man darf sich nicht anpassen, sondern muss gegen sie kämpfen. Ich habe zwei Bischöfe kennengelernt, die beide in Versuchung waren, das Bischofsamt wie eine auszeichnende Würde vor sich herzutragen, die dieser Versuchung aber widerstanden. Der eine ist ein indigener Bischof im Sudan, er ist von seiner Herkunft Araber und stellt damit das ganze arabisch-islamistische Regime in Khartoum in Frage. Bischof Macram Max Gassis ist ein Tausendsassa, ein Wirbelwind, ein unglaublich charmanter Kommunikator des Evangeliums. Er wurde Bischof in einer der flächengrößten Diözesen der Welt, in El Obeid in der sudanesischen Provinz Kordofan. Nach dem bis heute weiterwirkenden Militärputsch des Obersten Omar al-Baschir (1989) und der *National Islamic Front* von Hassan al-Turabi wurde der Bischof die Persona non gratissima im Norden des Sudan. Er zog sich nach Nairobi in Kenia zurück, wo er wie viele andere aus den Nachbarstaaten Äthiopien, Somalia und Sudan unterkam. Als Sudanese arabischer Abstammung stellt der Bischof für das Regime in Khartoum einen Skandal dar. Als Araber hat er Muslim zu sein, aber er ist nicht nur Christ, sondern katholischer Priester und sogar noch römisch-katholischer Bischof.

1997 war ich mit dem Bischof Macram Max Gassis unterwegs in den Nuba-Bergen, zu Fuß bei 34 Grad im Schatten. In dem Ort Gidel ruht sich der Bischof aus im Innenhof des Kommandanten der sudanesischen Befreiungsarmee SPLA, Jussuf Kwar. Der umgängliche SPLA-Kommandant der Region mit Namen Mohammed Tutu sitzt rauchend neben ihm. Wir machen auf dem Weg nach Kauda, dem einzigen etwas größeren Ort der Berge, Rast unter Baobab- und Mahagonibäumen, in einer Art Oase. «Wie ich es genieße, bei meinen Leuten zu sein!», ruft der Bischof ein über das andere Mal aus. Vor einem berauschenden Sonnenuntergang gibt es das hier übliche sudanesische Essen: Durrabrei, Reis, Kifa, dunkle fettgebackene Fladen. Man isst wie fast überall auf der Welt mit den Fingern, die vorher in einer Art Zeremonie gewaschen werden. Die Sonne geht unter, nebenan ruft der Muezzin.

Warum kommen hier die Muslime und die Christen so gut miteinander aus? Weil sie beide Schwarzafrikaner sind. Die schwarzafrikanischen Muslime sind im fundamentalistisch regierten Sudan Muslime zweiter Wahl, eben Neger! Der Schwarzafrikaner – das ist die Botschaft der arabischen Führung – darf nicht meinen, dass er durch die Annahme des Islam auch die Würde und den Rang eines Arabers erreicht. Auch in der sudanesischen Armee sind die Muslime aus den Nuba-Bergen Soldaten zweiter Wahl, im Zweifelsfall Kanonenfutter. Die Nuba-Berge sind neben Äthiopien das zweite Gebiet, in dem ich eine ganz harmonische Beziehung von

Muslimen und Christen erlebt habe. Als ich mit dem Bischof zusammen in Lumon ankam, erschien schon der Vertreter des Imam, der den Bischof für den Abend zum Ramadan-Fastenbrechen einlud. Am folgenden Tag stiegen wir auf einen Berg zu einer Tukull-Moschee. Dort warteten wir auf den Sonnenuntergang und brachen gemeinsam das Brot über der berauschenden Naturkulisse der Berge.

Anschließend überraschte mich der Bischof mit der Frage, ob wir uns vorstellen könnten, in den Nuba-Bergen bei seinen Christen und Muslimen als Mediziner tätig zu sein. Ich konnte mir das nicht vorstellen, aber der Bischof zeigte uns den Weg. Von dem Grenzort und Grenzflughafen Lokichokio aus mit einer privat gecharterten Maschine, einer Cessna Havilland oder einer DC-3, bis mitten in den Sudan zu den Füßen der Nuba-Berge, Flugzeit drei Stunden, dann von dort zu Fuß in die verschiedenen Täler. In den nächsten drei Monaten nach dem Fußmarsch wandelte sich das Bild allerdings total. Die Gegend wurde von den Regierungstruppen überrollt, die aus dem Norden einmarschiert waren. Diese Regierung will die schwarzafrikanische Bevölkerung in Camps arabisieren und islamisieren. In Peace Camps bei Dilling und Kadugli, aber auch in Debbie und Babanussa versucht sie, sie mit 10 000 Sudanesischen Pfund (1 US-Dollar = 1500 Sud. Pfund) und einem T-Shirt zu bezirzen.

Bischof Macram Max Gassis ist seitdem ein Bischof ohne Land. Er kann nur noch den äußersten südlichen Zipfel seiner Diözese in den Nuba-Bergen erreichen. Ihr größter Teil liegt jetzt zu seiner größten Wut im Herzen des Fundamentalismus. Der Vatikan liebt natürlich Bischöfe, die sich so undiplomatisch gegen das Regime in Khartoum äußern und die gemeinsame Sache machen mit der SPLA, nicht besonders. Wenn es nach den vorsichtigen Kirchendiplomaten gehen würde, hätte man in El Obeid schon längst einen neuen Bischof eingesetzt, einen Apostolischen Administrator hat der Vatikan in der Diözese schon ernannt.

Es gibt im Sudan einen weiteren mutigen einheimischen Bischof, der Entscheidendes geleistet hat: Bischof Paride Taban ist bei seiner Gemeinde geblieben während der Belagerung von Torit durch die sudanesische Armee. Er hat die Entbehrungen der Belagerung, des Lebens im Unterstand mit den eigenen Gläubigen ausgehalten. Für ihn stand gar nicht zur Debatte, sich aufgrund der Privilegien des Bischofspurpurs evakuieren zu lassen. Im Gespräch mit einer Delegation der französischen Bischofskonferenz sagte er etwas, was die Verantwortung der Kirchen für afrikanische und bettelarme Bevölkerungen gut beschreibt: «Ohne die Kirchen würden die wirklich tiefen Interessen des sudanesischen Volkes einfach vergessen. Die Kirchen repräsentieren die einzige Hoffnung der Zivilbevölkerung, die nicht sehr viele Unterschiede macht zwischen den einzelnen machtgierigen Politikern. Diese Bevölkerung, die vom Kriege der letzten 14 Jahre erschöpft und gequält wurde und die heute gebieterisch den wirklichen Frieden fordert.» Nur ist jetzt das Öl der König des Sudan, und die Staaten richten sich in ihrer Haltung zu den Menschenrechten allein an dem Zugang zum Öl in Benthiu aus.

Die Kirche muss politischer werden!

1994 fand noch unter dem unvergessenen Papst Johannes Paul II. in Rom eine Sondersynode für Afrika statt, die der Frage nach dem «Wesen, der Reichweite, den Kriterien der Inkulturation des christlichen Glaubens im afrikanischen Kontext» gewidmet war. Die Debatte um die «Inkulturation» wird in der katholischen Kirche noch lange nicht realistisch genug geführt. In den Vorbereitungsdokumenten, die einen historischen Rückblick auf die Mission und die Geschichte der Kirche brachten, wurde der Sklavenhandel nicht erwähnt.[7] Auch fragt man sich, wie den afrikanischen Synodalen im vornehmen Rom zumute gewesen sein muss, denn im Grunde bedeutet für einen Afrikaner, auch für einen purpurtragenden Bischof, der Weg in die Hotels Europas eine Flucht in den Luxus. Synoden oder Sondersynoden für Afrika müssen im kaputten Afrika stattfinden, auch um die Kraft der Kirchen, die Kraft ihrer Verkündigung, die Kraft ihrer Liturgie vor der ganzen Gesellschaft sichtbar zu machen.

Eine Sondersynode in Afrika würde deutlich machen, wie sehr die Kirche in Afrika bedroht ist durch den Reichtum ihrer Hierarchie wie auch durch die Akademisierung der Verkündigung. Kardinal H. Thiandoum von Dakar im Senegal war sicher auf dem richtigen Wege, als er, immer noch zu wissenschaftlich in der Diktion, aber im Inhalt verständlich, vortrug: Die Synode handele über die Inkulturation im «Rahmen einer Theologie der Inkulturation». Das bedeute, dass Inkulturation mehr sei als eine einfache Anpassung an kulturelle Ausdrucksweisen – was ja, nebenbei gesagt, schon eine große Leistung wäre –, diese konventionelle Form wurde die typisch missionarskirchliche und eurozentrische «Theologie der Anpassung» genannt. Jetzt aber solle die Theologie tiefer gehen: «Sie umfasst die vielen Arten, wie der Glaube verstanden und in der Lebenspraxis erfahren werden kann. Sie ist ein allumfassender Prozeß, der sich letztlich als das Werk des Heiligen Geistes erweist, der den Gläubigen zur vollen Erkenntnis der Wahrheit führt.»[8]

Dabei müsste sich die Kirche auch der Realität der Gesellschaft und den Massen an hilfsbedürftigen Afrikanern stellen, die an Aids leiden. Dass der Pfarrer Stefan Hippler, der sich um diese Menschen in einer Klinik in Kapstadt kümmert, offenbar im Dezember 2008 von der kirchlichen Hierarchie an einem Auftritt in der ARD-Fernsehtalkshow «Beckmann» gehindert wurde, spricht Bände. Die Kirche hat Angst vor Kondomen, auch wenn es stimmt, dass es nicht nur um Kondome gehen kann. So lässt sie die Menschen in Afrika im Stich. Die Kirche muss politischer werden und als solche politische Kirche den Prozess der Befreiung der afrikanischen Nationen und Stämme regelrecht vorantreiben. Dass sie zum Beispiel dem Regime in Simbabwe den Triumph lässt, durch eine schäbige Indiskretion des Geheimdienstes den entscheidenden Gegner des Regimes, Erzbischof Pius Ncube, auszuschalten, ist beängstigend. Weil der Vatikan dazu schweigt, konnte der Bischof vom Geheimdienst kaltgestellt werden. Von diesem Tag an fehlte der Opposition der Kopf und die führende charismatische Gestalt, die weder der Oppositionsführer Morgan Tsvangirai noch der Bischof von Harare sein kann.

Afrikaner finden in dem Tal der Tränen, in dem viele leben müssen, oft Trost im Jenseits, das aber in ihrer Vorstellungswelt eng verbunden ist mit dem Diesseits. Als säkularisiertem und distanziertem Europäer fällt einem auf, dass für die Menschen hier das Jenseits und das Diesseits nicht so getrennt sind. Das kann jedoch oft zu einem gefährlichen Eskapismus führen, der sich in einigen Sekten breitmacht. Ich selbst habe sowohl die Kraft der Religion wie auch ihren totalen Niedergang erlebt, je nachdem, ob ich europäischen Missionaren oder einheimischen Priestern begegnet bin. Da aber das religiöse Bedürfnis der Afrikaner oder, mit Max Weber gesagt, die religiöse Musikalität, so weit geht, dass sie sogar darüber hinwegsehen, wenn die katholische Kirche ein Mitmacher ist, ein Kollaborateur schlechter Regime, ist die katholische Kirche in Afrika noch nicht zusammengebrochen.

4
Das Versagen der Kirche beim Völkermord in Ruanda

Von dem Arzt Dr. Mutombe aus Zaire bekam ich einen Witz erzählt, der in Ruanda spielt. Obwohl es in Ruanda eigentlich keine Witze gibt, keine Komödien und keine Komödianten, so gab es doch diese witzige Geschichte. Allerdings kippt sie innerlich: Während man lacht, gerinnt das Lächeln schon wieder und vereist. Darin unterscheidet sich dieses geheimnisvoll ernste Land von fast allen anderen afrikanischen Ländern. Also: In Ruanda gab es Arbeiterpriester. Ein Priester, der in einer Fabrik gearbeitet und sich zusätzlich Geld verdient hatte, war bei der Einschätzung am Ende des Monats ungerecht eingestuft worden. Das hätte ihm eine gehörige Gehaltsrückstufung und Geldeinbuße eingebracht. Daraufhin rannte er zum Fabrik-Kontor und hatte wütend gleich seine ruandische Kalaschnikoff mitgenommen: seine Machete. Als er in das Büro hineinrannte, ganz erregt und bedrohlich mit seinem Buschmesser herumfuchtelte, da redeten die Umstehenden auf ihn ein: Halt, langsam, er sei doch nun Diener und Priester der Kirche, was er denn mit dem Messer jetzt machen wolle?! Da sagte der Priester immer noch in höchstem Erregungszustand: «Je suis pasteur à l'Eglise. Ici c'est autre chose» – «In der Kirche bin ich Pfarrer, aber hier ist das was ganz anderes!»

Man nimmt in Ruanda die Merkmale der Katholisierung und Missionierung des Landes schnell wahr. Viele Ruander tragen katholisch-europäische Heiligennamen. In der Rubrik «Vornamen» der Visa- und Passanträge finden sich z. B. «François Xavier», Franz Xaver, der berühmte Jesuiten-Missionar in Indien, oder «François Assisi». Daran erkennt man ein katholisches Taufregister. Oder es gibt ganz lange Vornamen, wenn manche Eltern exotische Mystiker der katholischen Kirche zu Namenspatronen ihrer Neugeborenen gemacht haben: «Jean de la Croix», also der «Heilige Johannes vom Kreuz», der große spanische

Mystiker, oder auch «Jean Marie Vianney» – die drei Namensbestand-
teile des berühmten, fast heiligen Pfarrers von Ars bilden einen ruandischen Vornamen. Bei den Vornamen gibt es kaum etwas Authentisch-
Afrikanisches oder gar Namen auf Kinyarwanda, der hier gesproche-
nen Bantu-Sprache. Sie sind alle unserem christlich-abendländischen
Kulturkreis entnommen. Fast alle, denn es gibt ja auch eine kleine mus-
limische Minderheit in Ruanda mit entsprechend anderen Rufnamen.
Das war das Erste, was mir auffiel. Äußerlich hat die katholische Kirche
alle Bastionen besetzt, bis hin zu den Taufnamen. Dennoch hat sie nicht
einmal versucht, den Völkermord zu verhindern

In Ruanda töteten von April bis Juni 1994 Angehörige der Hutus
75 Prozent der Minderheit der Tutsis. Der Massenmord an einer Million Bürger wurde – wie nachträglich feststeht, aber auch damals schon
deutlich war – vom Regime in Kigali organisiert, nachdem das Flugzeug des Präsidenten Juvenile Habyarimana am 6. April beim Landean-
flug auf Kigali abgeschossen worden war. Dieser Massenmord wurde
nicht einmal versteckt, er fand von Anfang an ganz offen auf den Straßen, Plätzen, an den Flüssen, in Kirchen und Schulen ohne eine
Schamschwelle statt. Am 15. April 1994, genau acht Tage nach dem Beginn des Massenmordens, gab es einen feierlichen Hirtenbrief der ruandischen Bischöfe. Also acht Tage nach dem Ausbruch des grässlichsten
Völkermordes nach Auschwitz. Selbst in dieser Erklärung haben die Bischöfe noch die Rolle der Armee gepriesen. Der Text der Bischofskonferenz wirkt nicht nur katastrophal, sondern zynisch: «Die katholischen
Bischöfe bitten inständig die Autoritäten, die ja die Sicherheit der Personen und der Sachen gewährleisten sollen, alle diejenigen zu neutralisie-
ren, die den Frieden beunruhigen, dessen die Bevölkerung so sehr bedarf. Die katholischen Bischöfe preisen und loben die Armee Ruandas,
die sich diese Sicherheitsprobleme zu Herzen nimmt. Sie, die Bischöfe
Ruandas, bitten die Armee, weiter jedermann zu schützen ohne Unterschied der Ethnie, der Partei und der Gegend, aus der jemand kommt.»
So etwas zu diesem Zeitpunkt noch zu sagen, schreibt der Leiter der
Jesuiten-Hochschule in Nairobi, P. Augustin Karekezi, «war mehr als ge-
schmacklos».[1] Das ist ein blasphemischer und heuchlerischer Text. Jeder
wusste am 15. April, dass schon an die 50 000 Menschen, und zwar Tutsis
und einige oppositionelle Hutus, ermordet worden waren. Und zwar von

eben dieser Armee und der von der Armee mit Waffen ausgerüsteten Miliz der Interahamwe und der Impuzamugambi – jeder konnte das wissen.

Allein um ihr Gesicht zu wahren, aus Angst und Feigheit haben die Bischöfe, die wussten, dass die Völkermordregierung gleichsam gleich um die Ecke logierte, nicht einmal die verschlüsselte Sprache der Enzyklika gewählt. Sie haben einfach das Gegenteil dessen gesagt, was die Realität war – aus Angst um ihr Überleben.

Selbst als unmittelbar danach die Kirchen durch Massenmorde geschändet wurden und das Blut in den Kirchenräumen und in den Sakristeien in Strömen floss, haben die Bischöfe ihre Stimme nicht erhoben. Während religiöse Institute (wie gleich am 7. April das Institut Christi in Kigali), Kirchen, Klöster, Gemeindezentren, Priesterseminare und katholische Schulen in den Mordstrudel der Armee und der Milizen sowie der aufgehetzten Hutu-Bevölkerung gerieten, nahmen die Bischöfe unter Führung von Monsignore Thadee Nsengiyumva Partei für die Völkermörder. Karekezi erklärt dieses Versagen mit den «haarsträubend engen Beziehungen, die die katholische Kirche zu einer chauvinistischen Diktatur» unterhalten habe.

Die überwiegende Mehrzahl der weißen Missionare und der weißen Nonnen wurde ganz selbstverständlich evakuiert, egal, ob sie protestantische Pfarrer mit Familie, Professoren oder Militärgeistliche der belgischen Blauhelme waren: In dieser Grenzsituation waren die Missionare und Nonnen nicht mehr Christen und Vertreter Gottes, sondern Belgier, Franzosen, Amerikaner, Deutsche, d. h. Träger des Reisepasses der Bundesrepublik Deutschland. Sie konnten sich in Sicherheit bringen. Doch so wie der Soldat und der Polizist eine höhere Gefährdung des eigenen Lebens in Kauf nehmen muss, so auch die Priester, die Hirten sind, Pastores für ihre Herde. Die katholischen und christlichen schwarzen Ruander mussten dableiben und, wenn sie Tutsis waren, sich abschlachten lassen. Ganz wenige Weiße nur harrten aus, weil sie das als ihre Pflicht ansahen: bei ihrer Herde, bei ihren Christen in den Pfarreien zu bleiben. Ich weiß nur von den beiden «Weißen Vätern» Otto Mayer und Pater Hermann Schultz, die in Ruanda bei ihren Gemeinden geblieben sind und sich nicht haben evakuieren lassen. Otto Mayer hat eines der bewegendsten Dokumente hinterlassen, ein Tagebuch aus den Tagen nach dem 6. April 1994.

Viele «Weiße Väter» sind dagegen bis heute überzeugt, dass das Unheil in Ruanda allein mit der Ruandischen Patriotischen Front (RPF), der Partei der Tutsis, und ihren Soldaten gekommen ist, die seit 1990 unter Paul Kagame gegen das Hutu-Regime in Ruanda kämpften. Unter dem jahrzehntelang diktatorisch regierenden Präsidenten Juvenile Habyarimana sei alles wunderbar gelaufen. Der eigene Erzbischof war ja im Zentralkomitee der Einheitspartei, für die Kirche, deren Personal sich weitgehend aus Hutus zusammensetzte, lief alles hervorragend. Für die Massenmorde, auch für das massenhafte Ersäufen von Zigtausenden von Ruandern im Akagera-Fluss seien letztlich die Rebellen der Patriotischen Front verantwortlich.

BBC berichtete damals in einem Radiobericht aus Ruanda: Tutsi, die in ihrer Bedrängnis bei einem Pfarrer Zuflucht gesucht hatten, wurden von ebendiesem Pfarrer eigenhändig getötet. Ähnliches habe ich von glaubwürdigen Zeugen gehört. Immer wieder wird in dem muslimischen Viertel in Kigali erzählt, die einzige Religionsgemeinschaft, die sich bei der Rettung von Tutsis hervorgetan habe, seien die Muslime gewesen. Die Muslime hätten sich sehr mutig verhalten und viele Tutsis versteckt, sie hätten das auch sehr unprätentiös getan. Ihre Zahl war gering, aber sie haben in gewisser Weise die Religion, den menschlichen Rang der Religion, der Bindung an Gott in den Augen der Ruander gerettet. Ähnliches leistete übrigens auch die bei uns meist belächelte und nicht gut beleumundete Sekte der «Zeugen Jehovas». Allerdings war ausgerechnet einer der fürchterlichsten Anstifter zum Abschlachten, der Chefredakteur der extremistischen Hetzzeitung *Kangua*, Hassan Ngeze, ein Muslim. Er hat noch aus dem Exil bedauert, dass die «Endlösung» nicht geschafft wurde. Jetzt sitzt er in Arusha in Tansania, wo seit 1995 der Internationale Strafgerichtshof für Ruanda tagt, und wartet auf seinen Prozess.

Mit CAP ANAMUR in Ruanda

Erst der militärische Sieg der RPF unter Paul Kagame beendete das grauenhafte Abschlachten der Tutsis. Am 19. Juli 1994 wurde eine neue Regierung der RPF und einiger Hutu-Kräfte, die sich später als schwach entpuppten, gebildet und von der internationalen Staatengemeinschaft zunächst noch stillschweigend, später offiziell anerkannt. Noch bevor der Völkermord zu Ende ging, war ich nach Ruanda gekommen, um zu erkunden, wie CAP ANAMUR helfen könnte. Zunächst gingen wir in die Provinz Byumba im Nordosten Ruandas, die schon unmittelbar nach dem Beginn des Mordens im April 1994 von der RPF erobert worden war. Bei diesen ersten Besuchen im Norden Ruandas habe ich die Institution Kirche als völlig verängstigt wahrgenommen. Mit schlechtem Gewissen, würden wir sagen. Die Provinzhauptstadt Byumba ist immerhin ein Ort mit einem Bischof. Er liegt wie fast alles in Ruanda auf Hügeln – wie kann es anders sein in dem Land der 1000 Hügel? In der Mitte der Stadt thront die mächtige Kirche, die sich wie eine Art Wehrburg aus dem Haufen der kleinen einstöckigen Häuser erhebt. Daneben die mit einer kräftigen Mauer umgebene Pfarrei und das Bistumszentrum. Dort hatte sich damals die RPF eingerichtet. «Man hat uns diese Räume zur Verfügung gestellt», wurde mir mitgeteilt, aber man spürte, die RPF-Leute sagten das eher aus Verlegenheit. Die Kirche war nicht mehr präsent, die RPF hatte die Räume einfach übernommen.

Als ich unmittelbar nach dem Ende des Mordens zum ersten Mal nach Gisenyi im Nordwesten des Landes kam, die Provinz, die mit als letztes von der RPF erobert wurde, war die Verbindung zwischen Kirche und Völkermördern ebenfalls deutlich zu spüren. Gisenyi glich damals einer leeren Geisterstadt, da alle Hutus auf Befehl ihrer Völkermordregierung über die Grenze nach Goma gezogen waren, der Hauptstadt der kongolesischen Provinz Nord-Kivu. Auch hier ging ich auf das riesengroße Gelände der reichen Kirche, und auch hier war der Pfarrer nicht da. Ich fragte den Diakon Jean Baptiste, wo er denn jetzt sei. Jean Baptiste war der Wächter für die Hilfsgüter und Medikamente, die wir von Deutschland in fünf Lkws nach Gisenyi gebracht und in den leeren Gemeindesälen der Pfarrei untergebracht hatten: «Il n'est pas là.» («Er ist nicht da.»)

Ja, aber wo ist er denn? – «À Goma».

Ist er dort mit der Bevölkerung rübergegangen, als die Regierung den Befehl dazu gegeben hatte?

«Non, la fuite était à titre individuel!» («Nein, er ist ganz aus eigenem Entschluss dorthin geflohen.»)

Eine typische Ent-Schuldigungs-Rede. Natürlich war der Pfarrer auf Befehl der Völkermörder in den benachbarten Kongo gegangen, der damals noch den Namen Zaire trug.

Lea Ackermann, die uns damals begleitete, verdanke ich Beobachtungen aus dem Inneren der ruandischen Kirche nach dem Völkermord. Im August 1994 flogen wir zusammen mit einer russischen Frachtmaschine via Kairo und Entebbe nach Kigali. Lea Ackermann ist eine Nonne, eine sogenannte «Weiße Schwester», Angehörige des weiblichen Zweigs der berühmten «Weißen Väter», des mächtigen Bollwerks der Katholischen Kirche in Ruanda. Früher hat sie in Nairobi und Mombasa gute Arbeit für Prostituierte geleistet, die den westeuropäischen Touristen als Sexopfer zur Verfügung stehen, und geriet darüber mit der Regierung des Daniel Arap Moi in Konflikt. Lea Ackermann ist bekannt in der ruandischen Kirche. Sie hat als Leiterin der katholischen Mittelschule sowie der höheren Frauenfachschule in Nyanza von 1967 bis 1972 durchgängig in Ruanda gearbeitet. Über ihre fünf Jahre im Land schrieb sie ein instruktives Buch, das für diese Periode ruandischer Zeitgeschichte als ein Standardwerk gelten kann.[2]

«Ich komme zum Haus der Benibikira in Nyamirambo, rufe und suche nach den Schwestern. Das Haus ist abgesperrt, überall Spuren der Verwüstung. Eingeschlagene Fenster, eingetretene Türen, Papier am Boden zerstreut, Stofffetzen, Spuren von Feuer, Zerstörung. Ich suche in der Nachbarschaft und finde gegenüber dem Kloster auf der anderen Straßenseite vier Schwestern und einen Priester. Die Schwestern haben sich in einem Privathaus eingemietet.» So berichtet Schwester Lea Ackermann – die Wunden bluten oft noch, sind noch lange nicht vernarbt – von dem, was sie wahrnahm, als sie im August 1994 für eine Versammlung nach Nyamirambo kam, an der auch der Erzbischof von New York teilnahm. Die Kritik der Anwesenden am Verhalten der Kirche ist heftig: «L'église a échoué» («Die Kirche hat versagt»); «Christen haben andere Christen getötet»; «Wir Priester haben nichts verhindert», «Wir haben das Morden nicht gestoppt»; «Waren wir nicht mutig genug, Märtyrer zu sein?», «Die Missionare haben uns in dem Moment verlassen, wo wir sie am nötigsten gebraucht hätten!» «Tausende von Menschen sind umgebracht worden, und wir waren nicht da.»[3]

Kein Schuldeingeständnis

Doch diese selbstkritischen Stimmen setzten sich nicht durch. Die katholische Kirche ging nach dem Völkermord den Weg der Anpassung an die realen Verhältnisse. Bis heute hat sie über ihr Scheitern in Ruanda nicht gesprochen, schon gar nicht öffentlich: «Confessing is a tactical error», zu deutsch «Ein Schuldeingeständnis ist ein taktischer Fehler», heißt es in den Flüchtlingslagern im Kivu, wo ja auch die katholischen Hutu-Priester und Hutu-Bischöfe vertreten sind, die gemeinsam mit der Völkermordarmee und -regierung in das Nachbarland flohen. Dass die katholische Kirche als Vermittlerin oder gar Ratgeberin auftreten könnte nach dem Völkermord, hält P. Augustin Karekezi SJ für undenkbar: «Zuerst muß die Kirche sich der Wahrheit stellen!»[4]

Man hat für den 14. August in der Ruandischen Kirche für jedes kommende Jahr einen Gebetstag eingeführt. In den Aufrufen für diesen Gebetstag gibt es kein Wort der Selbstkritik, der Zerknirschung und Trauer darüber, dass die Kirchengebäude entheiligt, desakralisiert wurden. Für viele Tutsis, die sich als Christen in der Hoffnung dorthin begaben, dass der Kirchenraum sie schützen würde, waren die Kirchengebäude eine Falle. Sie waren ein exzellenter Ort, um auf engstem Raum ganz viele Menschen zu erschlagen. Besseres konnte den Völkermördern, auch – nominell – Christen, gar nicht passieren.

Nach der Investitur der neuen Regierung fing sich die Kirche institutionell wieder. Einige wenige weiße Missionare kamen wieder zurück, Bischöfe wurden wieder eingesetzt, die drei Bischöfe, die im Mai 1994 in Kabgayi von Soldaten der RPF ermordet worden waren, wurden als Märtyrer gefeiert. Und es gab für die Abgesandten des Vatikans nichts Wichtigeres, als mit den neuen Machthabern über die Rückgabe des kirchlichen Eigentums zu verhandeln. Ich habe die böse Vision: Der Papst wird bei seinem nächsten Ruandabesuch, wenn es denn einen in absehbarer Zeit geben kann und wird, die drei Bischöfe selig oder heilig sprechen, bevor die katholische Kirche Ruandas ein Wort der Reue geäußert hat. So wie der katholisch-polnische Papst am 3. Oktober 1998 in Zagreb im Beisein eines ebenso unbußfertigen und für Morde an der muslimischen Bevölkerung Bosniens verantwortlichen Präsidenten Franjo Tudjman den durch das faschistische Ustascha-Regime belasteten Kardinal Stepinac selig gesprochen hat.

Will die katholische Kirche noch eine gesellschaftlich produktive und heilsame Rolle spielen, wird sie so nicht weitermachen können. Sie wird beherzigen müssen, was der deutsche protestantische Theologe Dietrich Bonhoeffer im Gefängnis Plötzensee vor seiner Hinrichtung durch die Schergen Adolf Hitlers sagte: «Nur wer für die Juden schreit, darf auch gregorianisch singen.»[5] So müsste es auch für die Kirche in Ruanda jetzt heißen: Nur wer für die Tutsis schreit, wenn sie verfolgt und in Todesangst leben, darf in die Kirche gehen. Nur wer jetzt für die Tutsis und die versöhnungsbereiten Hutus schreit, darf sich weiter ein Christ nennen.

5
Deutschland und Afrika

«Der Erwerb von Kolonien für Deutschland ist mit dem Verhalten eines verarmten polnischen Edelmannes zu vergleichen, der sich in Seide und Zobel hüllt, aber zunächst ein Hemd braucht.»[1] In diesen drastischen Vergleich fasste Reichskanzler Otto von Bismarck 1871, das Deutsche Kaiserreich war nach dem Sieg über Frankreich gerade aus der Taufe gehoben, seine Haltung gegenüber Kolonien. Am liebsten wäre es ihm gewesen, das Reich hätte ganz auf sie verzichtet. Noch 1881 stellte er fest: «Solange ich Reichskanzler bin, treiben wir keine Kolonialpolitik.»[2] Das war damals eine Position von bemerkenswert weitschauender politischer und geschichtlicher Klugheit. Leider ist der spätere Fürst ihr schon kurz danach untreu geworden. Auch wir Deutschen haben daher eine koloniale Vergangenheit, der wir uns stellen müssen.

Deutschland hatte keine optimalen Voraussetzungen für den Kolonialismus und für eine ausgreifende Kolonialpolitik. Zum einen war das Deutsche Reich zwar nicht *landlocked*, aber seine Seehäfen waren zur Hälfte in der Ostsee, auf Skandinavien, Russland und Osteuropa ausgerichtet. Zum anderen wurde es erst sehr spät zu einem Nationalstaat. Als die anderen europäischen Nationen, die Briten vor allen anderen, aber auch Spanier und Portugiesen, Niederländer und Franzosen, in vielen Teilen der damals bekannten Welt ihre Claims absteckten, war Deutschland in eine Vielzahl kleinerer Staaten zersplittert, die zur Bildung eines Kolonialimperiums nicht in der Lage waren. Als der Drang nach Kolonien in den 1880er Jahren schließlich einsetzte, wurde er für die Deutschen daher zu einem Hinterherrennen. Der einzige Kontinent, der für größere koloniale Ambitionen überhaupt in Frage kam, war Afrika, wo noch einige «vakante Gebiete» existierten.

«Mit Bibel und Flinte»

Die bis heute am intensivsten mit uns Deutschen verbundene ehemalige Kolonie ist Namibia, das einstige Deutsch-Südwestafrika. Das riesengroße Land mit einer verschwindend kleinen Bevölkerung war lange Zeit durch eine stürmische See und die gefährliche Wüste Namib vor weißen Kolonialisten und Eroberern geschützt gewesen. Erst im 19. Jahrhundert nahmen es Missionare und Händler auf sich, von Südafrika her in das Innere von Namibia vorzustoßen. Der englische Forschungsreisende Francis Galton konnte 1853 noch schreiben, dass bis dahin gerade einmal zehn Missionare, ebenso viele Händler und fünf bis sechs davongelaufene Matrosen die Ländereien zwischen Angra Pequena und Gross Barmen besucht hatten.

Am 8. Januar 1705 läuft aus dem holländischen Hafen Texel ein Schiff mit dem Namen «Union» aus. An Bord ist Peter Kolb, der den Auftrag eines preußischen Barons hat, astronomische und meteorologische Studien an dem damals bekannten Kap der Guten Hoffnung durchzuführen, wo sich heute die Stadt Kapstadt befindet. Erst 50 Jahre zuvor, 1652, hatten Holländer dort einen Stützpunkt für ihre Handelsschiffe auf dem Weg zu der Weltregion errichtet, die man damals Hinterindien nannte. Nach stürmischer Fahrt erreicht die Union am 12. Juni 1705 die Tafelbai am Kap der Guten Hoffnung, einen wunderbaren natürlichen Hafen.

Die Einheimischen wurden von Anfang an betrogen, da die europäischen Kaufleute die Schwarzen nicht respektierten. Zum Beispiel hatten die Holländer versprochen, für das Land, das sie kauften, Waren im Wert von 800 Pfund Sterling zu liefern. Es kamen aber nur Güter im Wert von 6 Pfund, 12 Schillingen und 4 Pence an. Peter Kolb hingegen war einer von denen, die es in der Kolonialgeschichte auch immer wieder gab. Neben seinen astronomischen Messungen interessierte ihn das Volk der Nama, dessen Siedlungsgebiet sich auf das heutige Südafrika und Namibia erstreckte, und er nahm mit großer Offenheit und Menschenfreundlichkeit wahr, was diese auszeichnete: «Ich mache den Anfang mit dem Kürschner-Handwerk, welches sie ganz vollkommen verstehen. Sie können die Schaffelle wie andere Felle wenigstens ebenso gut bereiten, sich diese so nett und zierlich zusammennähen und ihnen die richtige Form geben, wie es ein Kürschner in Deutschland machen kann. Es geschieht beides auf eine Art, die einem Kürschner fremd vorkommen dürfte.» Beeindruckt beschrieb Kolb auch ihre ganz andere handwerkliche Methode in der Eisenverarbeitung: «Sie nehmen ein Stück Eisen und suchen einen Stein, der sehr fest und hart ist. Auf diesen legen sie das Eisen und schlagen es so lange mit einem anderen Stein, der ihnen anstelle eines Hammers dienen muss, bis sie es in die ihnen beliebende Form gebracht haben. Sodann schleifen sie es an einem Stein und polieren es so schön, dass man meinen möchte, es habe ein rechter deutscher Waffenschmied verfertigt.»[3]

Ganz anders waren die Eindrücke des ersten großen Kaufmannes, der 1883 nach Namibia oder Deutsch-Südwestafrika kam und die jetzt Hottentotten genannten Nama beobachtete, des Bremer Kaufmannes Lüderitz: «Der Hottentote ist das faulste, unverschämteste und frechste Subjekt, das man sich denken kann, und es sieht wirklich so aus, als ob Gott Land und Leute im Zorn erschaffen hat. Das Volk verhungert lieber, ehe es sich zur ernstlichen Arbeit entschließt, und mir sagte neulich ein Missionar, dass man beim besten Willen das Fluchen nicht lassen könne, wenn man mit diesem Pack zu arbeiten hat.» Leider teilten viele der ankommenden Kolonialisten eher Lüderitz' Meinung als das Interesse eines Peter Kolb.

1842 kamen die ersten deutschen Missionare nach Namibia, die zur Rheinischen Mission gehörten. Die Missionsgesellschaften entwickelten sich leider oft zu Wegbereitern wirtschaftlicher Ausbeutung. Wie es in einem berühmten Sprichwort so schön heißt: «Als du hierherkamst, hattest du die Bibel, und wir hatten das Land. Jetzt haben wir die Bibel, und du hast das Land.» Damals war man in Europa und in Deutschland noch völlig überzeugt von der eigenen Überlegenheit. Die Christen hielten ihren eigenen Glauben für den einzig richtigen und zeigten wenig Verständnis für die vor Ort schon lange tradierten afrikanischen Religionen, die sie schlicht als «Aberglaube und als Teufelswerk» abtaten. Das Spottgedicht *Bibel und Flinte* von 1898 nimmt sehr schön Mentalität und Methoden der deutschen Kolonisten aufs Korn:

«Was treiben wir Deutschen in Afrika?
Hört, hört!
Die Sklaverei wird von uns allda zerstört.
Und wenn so ein Kaffer von uns nichts will,
Den machen wir flugs und ewig still.
Piff paff, piff paff, hurra!
O glückliches Afrika!

Wir pred'gen den Heiden das Christentum,
Wie brav!
Und wer's nicht will glauben, den bringen wir um.
Piff paff!
O selig die Wilden, die also man lehrt
Die christliche Liebe mit Feuer und Schwert.
Piff paff, piff paff, hurra!
O glückliches Afrika.

Wir haben gar ‹schneidige Missionär›,
Juchhei!
Den Branntwein, den Krupp und das Mausergewehr.
Die drei
So tragen die Kultur wir nach Afrika.
Geladen! Gebt Feuer! Hallelujah!
Piff paff, piff paff, hurra!
O glückliches Afrika!»

Die Missionare hatten damals ein Handelsmonopol für europäische Waren und brachten verschiedene Produkte in das Blickfeld der Afrikaner, die diese bis dahin noch nicht gekannt hatten. Es ist ja nicht nur ein Klischee, sondern durchaus Realität, dass die europäischen Kolonisten zwei Dinge als Handelsware mitbrachten, die Afrika nicht unbedingt gebraucht hatte: Das eine ist der Fusel, der Alkohol, das andere sind Waffen, Gewehre. Besonderes Interesse hatten sie aber auch im späteren Deutsch-Südwestafrika an der Ausbeutung von Rohstoffen. Schon 1852 wurden die großen Kupfervorkommen in der Bucht von Angra Pequena und später in der Nähe von Tsumeb entdeckt, die die Grundlage für das erhoffte Kupfergeschäft boten. Die Händler und Kolonisten schlossen die ersten Pachtverträge mit afrikanischen Häuptlingen, um sich die Schürfrechte zu sichern. Kupfervorkommen wurden auch bald in der Mitte Namibias bei den Rehoboth und am Swakop entdeckt. Es wurden die ersten Minengesellschaften gegründet. Schon damals gab es eine skrupellose Ausbeutung von exotischen Produkten, die in Europa immer beliebter wurden. Die Straußenfedern wurden immer weniger, ebenso das Elfenbein, das bald aus dem Handel verschwand. Der Missionar Carl Hugo Hahn wollte 1864 die Afrikaner zu praktischer Arbeit erziehen und baute Produktionswerkstätten auf. In Otjimbingwe entstand eine europäische Kolonie unter der Führung der Mission. Das Projekt scheiterte jedoch. Die Herero hatten kein Interesse, europäische Arbeitsformen zu übernehmen.

Stattdessen setzte eine Gegenbewegung ein, die den Beweis für eigene geschichtliche Ursprünge afrikanischer Selbstbestimmung liefert. Der Häuptlingssohn Jonker Afrikaner berief nach langen Jahren verlustreicher Stammeskriege eine Friedenskonferenz ein in Hoachanas, an der neben dem Häuptling der Nama auch der Oberste des Volks der Hereros, Maharero, teilnahm. Die Häuptlinge vereinbarten am 9. Januar 1858 einen Friedensbund und einen Stammesbund. Damit wird die Legende zerstört, nach der erst die Deutschen die Voraussetzungen für ein nationales Bewusstsein geschaffen hätten. In Artikel 1 des Stammesbundes von Hoachanas heißt es: Kein Häuptling mit seinem Volk soll das Recht haben, sich bei einem Streit zwischen ihm und einem anderen Häuptling selbst zu verteidigen, sondern er soll verpflichtet sein, die Angelegenheit vor einen unparteiischen Gerichtshof zu bringen. Und in Artikel 10 (von insgesamt 12) wird verfügt, dass jährlich Tag und Datum eines Monats festgesetzt werden sollte, an dem eine allgemeine Zusammenkunft aller Häuptlinge und ihrer Ratsmänner stattfinden würde zur Beratung über das Landes- und Volkswohl. Der Vertrag von 1858 zeigt, wie weit die eigenen Bemühungen der Afrikaner damals schon gediehen waren, welche Formen von Schiedsgerichtsbarkeit und Herrschaftsorganisation damals schon existierten.

Der Beginn des deutschen Kolonialreiches in Afrika

Eine offizielle deutsche Kolonie wurde Deutsch-Südwestafrika erst relativ spät. Im Frühjahr 1884 unternahm Bismarck die ersten Schritte zu einem eigenen deutschen Kolonialimperium. Den historischen Beginn für das dann glücklicherweise nur kurzfristige deutsche Kolonialabenteuer legte er am 24. April 1884 selbst: Der Reichskanzler wies in einer Depesche den deutschen Konsul in Kapstadt an, die vom Bremer Kaufmann Adolf Lüderitz in Südwestafrika nördlich des Oranje-Flusses erworbenen Gebiete unter den offiziellen Schutz des Reiches zu stellen. Gleichzeitig wurde der berühmte deutsche Afrikaforscher Gustav Nachtigal beauftragt, einige Gebiete in Westafrika unter deutschen Schutz zu stellen. Am 5. Juli 1884 gelang es Nachtigal, Togo in Besitz zu nehmen, am 14. Juli folgte Kamerun. In Kamerun waren die Briten gerade einmal fünf Tage zu spät gekommen. Als der englische Konsul Hewett am 19. Juli 1884 mit seiner HMS Flirt ankam, wehte dort bereits die deutsche Flagge. Das brachte dem Konsul den Spitznamen «Too late Hewett» ein. Im Februar 1885 bestätigte das Reich zudem die von Carl Peters, einem brutalen Abenteurer mit pathologischen Zügen, in Ostafrika mit einigen Herrschern abgeschlossenen Schutzverträge. Innerhalb von wenigen Monaten waren die Grundlagen für das spätere deutsche Kolonialreich in Afrika gelegt worden, zu dem noch Deutsch-Neuguinea in der Südsee sowie später Samoa und die Enklave Kiautschou in Nordchina hinzukamen.

Damit war Bismarck überraschend von seiner wohlbedachten Linie abgewichen. Wieso es 1884/85 zu diesem Schwenk kam, darüber ist seitdem viel spekuliert worden. Vordergründig ging es um den Schutz deutscher Kaufleute, die in den späteren Schutzgebieten aktiv waren und deren Interessen insbesondere durch britische Konkurrenten bedroht waren. So hatte Bismarck bereits im Februar 1883 in London darum gebeten, den deutschen Siedlern in Südwestafrika denselben Schutz zu garantieren wie britischen Staatsbürgern. Als eine Reaktion ausblieb, ließ er im August anfragen, ob und mit welcher Begründung London Ansprüche auf die Südwestküste Afrikas erhebe. Als nur eine unbefriedigende Antwort kam, insistierte er im Dezember auf einer rechtlichen

7 «Jedem sein Teil»: Bismarck als «ehrlicher Makler» auf der Berliner
Kongokonferenz, frz. Karikatur von 1885.

Untermauerung möglicher britischer Ansprüche. Doch die Regierung
in London schwieg. Erst als im März 1884 immer noch keine Antwort
vorlag und er auf britischer Seite Annexionsabsichten und den Willen
zur Ausdehnung des eigenen Kolonialreiches auch in West- und Zentralafrika zu erkennen meinte, zog Bismarck die Notbremse und berei-
tete die Schutzermächtigung für Lüderitz vor.

Dass der gewiefte Taktiker Bismarck mehr unfreiwillig in das
Kolonialabenteuer hineingestolpert sein soll, erscheint jedoch kaum
glaubwürdig. Darüber, was die tieferliegenden Motive für sein Handeln gewesen sein mögen, gibt es unterschiedliche Auffassungen. Relativ unbestritten ist die Sorge um künftige Absatzmärkte für die

deutsche Exportindustrie gerade in den Zeiten konjunktureller Flaute, wie sie das Reich seit 1882 durchmachte. Zudem war die Position des Kaiserreichs innerhalb des europäischen Mächtekonzerts Mitte der 1880er Jahre so günstig wie nie zuvor, sodass außenpolitische Spielräume für den Erwerb von Kolonien zu bestehen schienen. Weitergehende Interpretationen unterstellen Bismarck, bewusst neue außenpolitische Konstellationen angestrebt zu haben, die auf einen Ausgleich zwischen Deutschland und Frankreich auf dem Boden gemeinsamer Kolonialinteressen hinausgelaufen wären. Eine andere Schule hält dagegen innenpolitische Gründe für ausschlaggebend. Bismarck habe gesellschaftliche Konflikte nach außen ablenken und zudem durch die in der Bevölkerung populäre Kolonialpolitik seine eigene Stellung festigen wollen.

Warum auch immer Bismarck gegen seine ursprüngliche Überzeugung den Forderungen der Kolonialenthusiasten nachgab, fest steht, dass er das Engagement des Reiches in den Schutzgebieten nach Möglichkeit in Grenzen halten wollte. Die Firmen – so dachte der Reichskanzler kameralistisch ganz vernünftig – sollten die Schutzgebiete in Eigenregie verwalten und für ihren Schutz selbst zahlen, schließlich würden sie ja auch den finanziellen Nutzen ziehen. Doch diese Position ließ sich angesichts der Größe der beanspruchten Territorien und der Konkurrenz mit den anderen Kolonialmächten nicht durchhalten. In Westafrika wurde für Togo und Kamerun schon wenig später eine Reichsverwaltung eingerichtet. Auch in Südwestafrika und Deutsch-Ostafrika musste sich das Reich nach einiger Zeit mit einer eigenen Bürokratie engagieren.

Für Bismarck besaß das deutsche Kolonalimperium allerdings immer eine untergeordnete Bedeutung. Sein eigentliches Interesse galt den Bündnissen und Machtverteilungen in Europa selbst. Nie hätte er die prekäre Position des Deutschen Reiches in der Mitte Europas für koloniale Abenteuer gefährdet. «Meine Karte von Afrika liegt in Europa», beschied er 1888 einem energischen Vertreter des Kolonialgedankens.[4] Er hatte noch die Klugheit zu sehen, dass es keinen Sinn hatte, sich durch das Ausgreifen nach Afrika gravierende Schwierigkeiten mit den anderen Kolonialmächten einzuhandeln. Vor dem Reichstag gab er eine weitsichtige Erklärung ab: Die Freundschaft mit England sei für das Deutsche Reich wertvoller als der Besitz ganz Ostafrikas.

Als der Kanzler im März 1890 entlassen wurde, bedeutete dies das Ende seiner relativ maßvollen und verantwortungsbewussten Kolonialpolitik. Nun bestimmte der bramabasierende Kaiser Wilhelm II. die Richtlinien. Bismarck war von der nationalistischen Presse in Deutschland immer als zu nachgiebig gegenüber den Briten kritisiert worden. Der britische Premierminister, Lord Salisbury, sollte schnell spüren, wie unberechenbar der junge Kaiser war, als im Mai 1890 über Uganda und Äquatoria, d. h. den Sudan, und die Aufteilung der Einflusszonen verhandelt wurde. Das deutsche Außenministerium rückte von Bismarcks klarem Versprechen ab, dass diese nicht in der deutschen Interessenssphäre lägen. Carl Peters hatte in der Zwischenzeit ein Abkommen mit dem König Mwanga unterzeichnet, das Deutschland eigentlich den Besitz Ugandas sicherte.

Um dies zu verhindern, bot Salisbury am 13. Mai 1890 Helgoland an. Im Gegenzug sollte die deutsche Regierung alle weiteren britischen Wünsche akzeptieren: das britische Protektorat über Sansibar, den Zugang von Uganda zum Tanganjikasee und den Löwenanteil am Njassaland. Der Kaiser war erst einmal dafür, und Helgoland brachte ihm Sympathie ein. Königin Victoria murrte zunächst, es sei immer schlecht, etwas aufzugeben, was man bereits besitze. Doch Salisbury konnte sie mit den drei neuerworbenen Schutzgebieten Sansibar, Uganda, Äquatoria beruhigen. Der Vertrag brachte England eine Vormacht in Ostafrika ein. Deutschland erhielt neben Helgoland noch den Caprivi-Zipfel, der Deutsch-Südwestafrika einen Zugang zum Sambesi einräumte. Mit dem Helgoland-Sansibar-Vertrag schien ein Schlussstrich unter die deutsch-britischen Rivalitäten gezogen zu sein. Doch kam es unter Kaiser Wilhelm II. zu immer neuen Reibereien mit den Briten.

Schreckbilder deutscher Kolonialpolitik

Der Aufbau der deutschen Kolonien ging nicht ohne Konflikte vor sich. In allen Kolonialgebieten musste immer wieder Militär eingesetzt werden, um den Herrschaftsanspruch der Europäer durchzusetzen. Das

Deutsche Reich bildete hier keine Ausnahme. Einer dieser Kriege hat sich jedoch durch seine Grausamkeit besonders in die deutsche Kolonialgeschichte eingeschrieben. 1904 kam es in Deutsch-Südwestafrika zur Katastrophe, zum Völkermord an den aufständischen Hereros. Da Berlin eine Niederlage fürchtete, wurden die deutschen Truppen verstärkt und der verhandlungsbereite Gouverneur Theodor Leutwein entmachtet. Das Kommando führte nun Generalleutnant von Trotha, der die Hereros im August 1904 am Waterberg vernichtend schlug. Anschließend setzte der von der Politik nicht mehr gezügelte General eine gnadenlose Strafexpedition in Gang. Pessimistische Schätzungen gehen davon aus, dass von ehemals 80 000 Hereros nur 15 000 überlebten. Bis heute hat Deutschland sich dafür nicht so entschuldigt, wie es nötig wäre. Im selben Jahr der Schande erhoben sich auch noch die Namas, die man Hottentotten nannte, unter ihrem legendären Kapitän Henrik Witbooi. Sie waren nur ein kleiner Haufen gegen eine deutsche Schutztruppe von 14 500 Mann, aber schon damals wurde klar, wie schwierig es für eine reguläre Armee ist, ein Guerillaheer zu bezwingen. Die letzten Kampfhandlungen endeten erst im März 1907 in der Kalahari. Auch das Volk der Nama wurde um nahezu die Hälfte dezimiert.

Ein anderes Schreckbild deutscher Kolonialpolitik ist Carl Peters, der ja noch manchmal in deutschen Städten auf den Straßenschildern verewigt ist. Von allen, die sich den Weg durch die afrikanische Wildnis schlugen, war er der Brutalste. Im Rahmen seiner Versuche, dem Deutschen Reich neben Ostafrika auch noch Uganda und Äquatoria zuzuschustern, zog er 1889 mit seiner Truppe vom Fluss Tana in Kenia los. Er hatte eine Expedition mit 100 somalischen Soldaten geplant, die mit modernen Gewehren bewaffnet sein sollten, dazu 600 Träger, um die üblichen Handelswaren zu transportieren. Doch als er an der Küste eintraf, verfügte er nur über 60 Träger und 27 Soldaten. Er besaß keinerlei Handelswaren, keinen einzigen Ballen mit amerikanischem Tuch, keinen Alkohol und keine überzähligen Waffen. Er musste also kämpfen.

Thomas Pakenham berichtet, dass Peters von einem Rausch ergriffen wurde, wenn er Afrikaner tötete.[5] Am 6. Oktober 1889 ging er auf einen Kral des Galla-Stammes zu, mit dem er noch vor Kurzem einen Freundschaftsvertrag unterzeichnet hatte, und begann, wie aus Herzenslust zu morden. Dann zog er im November in das Gebiet der

8 Brutaler Kolonialpionier: Carl Peters in Deutsch-Ostafrika, 1889.

Wadsagga. Im Dezember schon war er am oberen Tana-Tal angekommen, in dem Gebiet der Kikuyu, das von dem Schneegipfel des Mount Kenia überragt wird. 15 Kikuyu wollten mit dem vorab ausgezahlten Lohn flüchten, worauf Peters sie alle zur Abschreckung erschießen ließ. Er zog weiter zu den Massai-Gebieten, also in die Regionen, die bisher selbst bestausgerüstete Expeditionen umgangen hatten. Er hatte die Vorstellung, die Massai frontal anzugreifen, überfiel ein Lager in Elbejet, wobei 33 Massai und sieben von Peters Leuten umkamen. Durch den Helgoland-Sansibar-Vertrag wurden seine Bemühungen allerdings zunichtegemacht, was Peters jedoch nicht davon abhielt, nun in Deutsch-Ostafrika Grausamkeiten zu begehen.

Forscher, Entdecker, Unternehmer

Es gab allerdings durchaus auch erfreuliche Erscheinungen in dieser Zeit. Die Deutschen schickten neben Generälen auch viele sehr engagierte Zivilisten nach Afrika. So die Verwaltungsbeamten, die manchmal auch gute Wissenschaftler waren, wie den Gouverneur von Deutsch-Ostafrika, Graf Götzen, der als Erster Ruanda ganz durchquerte und sogar vom König der Ruander empfangen wurde. Zu den berühmten deutschen Forschern zählte auch der Zoologe Franz Stuhlmann, der als Mitglied der Emin-Pascha-Expedition die Nordostecke des Landes besuchte. 1892 betrat der Kartograf und Ethnologe Oscar Baumann (1864–1899) für ganze vier Tage den Südosten Ruandas. Der Eindrucksvollste von allen war Richard Kandt (1867–1918). Der von der Reichsregierung geschickte Resident ließ sich erst am Kivu-See nieder und verlegte dann das Zentrum der deutschen Residentur in ein Kaff namens Kigali, eine Stadt, von der uns 2008 erklärt wurde, er habe sie gegründet.

1911 kam Hans Meyer, der Namensgeber des berühmten Konversationslexikons, zu botanischen und zoologischen Forschungen. Ihm war bereits 1889 als «erstem Menschen» (was so viel heißt wie als erstem Europäer) die Besteigung des 6000 m hohen Kilimandscharo geglückt, der bis heute eines der begehrtesten Tourismusziele ist. Diesmal führte Hans Meyers Reise auch nach Ruanda, und er erlebte als «aufgeklärter Kolonialist» das Residentursystem, das mit ganz wenigen Deutschen und nicht weniger Soldaten arbeitete im Sinne der indirekten Herrschaft. Aber wir wissen natürlich, dass es keinen wirklich aufgeklärten Kolonialismus gegeben hat, weil das Ziel nicht sein sollte, die Menschen und Völker aus der Unmündigkeit zu befreien. Im besten Fall war das Land mit seinen Rohstoffen dazu da, von deutschen und europäischen Firmen ausgebeutet zu werden. Auch galt dieses Afrika in seinen merkwürdig ungestalteten Gebieten und halbwegs angedeuteten Staatsgrenzen nur bedingt als Partner oder als gleichberechtigt, sondern als Handels- und Tauschmasse.

Die Kolonien waren allerdings kein so grandioser Wirtschaftserfolg, wie es ihre Befürworter erwartet hatten. Es gab verschiedene Modelle für die Ausbeutung Afrikas: Zum einen gab es die Plantagenwirtschaft mit Monokulturen, dann gab es die Großfarmen in den Gebieten, in denen man sich bis zu 12 000 qkm Land auf einen Schlag unter den Nagel reißen konnte. Und es gab die Ausbeutung der Rohstoffe sowie den Export von Waren aus einheimischer Produktion in die Kolonien. Die Tatsache, dass einzelne deutsche Handelsgesellschaften Gewinne produzierten, konnte nicht verdecken, dass gesamtwirtschaftlich gesehen der Austausch mit den Kolonien für Deutschland nicht erheblich war. Nur 2 Prozent der deutschen Kapitalinvestitionen gingen hierhin, «Importe machten nicht einmal 0,5 Prozent der Gesamteinfuhren des Reiches aus – darunter vor allem agrarische Produkte wie Baumwolle, Kautschuk oder Kaffee. Bodenschätze spielten kaum eine Rolle, mit Ausnahme der Diamanten, die seit 1908 in Südwestafrika abgebaut wurden.»[6] Für den deutschen Handel waren nichtdeutsche Regionen wie Südafrika, Ägypten und Marokko wichtiger als die deutschen Kolonien. Diese waren daher wie von Bismarck befürchtet für den deutschen Staat ein Zuschussgeschäft. Nur Samoa und Togo, also die kleinsten Einheiten, konnten sich selbst versorgen und hatten einen ausgeglichenen Haushalt.

Der Erste Weltkrieg beendet die deutsche Kolonialzeit

Der Erste Weltkrieg brachte das Ende des deutschen Kolonialreichs. Die Schwäche der Achsenmächte wurde in den Kolonien zuerst erkennbar. Am 9. Juli 1915 mussten sich die deutschen Verteidiger von Südwestafrika einer zehnfachen Übermacht aus Südafrika ergeben. Kamerun hielt sich noch, musste aber 1916 auch aufgeben. Die Mehrzahl der Schutztruppe ging damals auf spanisches Gebiet, in die Kolonie Rio Muni, das heutige Äquatorialguinea, über und ließ sich dort internieren. Die Schutztruppe in Ostafrika hielt sich bis zum Ende des Krieges, sie war auf 3000 weiße und 12 000 schwarze Kämpfer angewachsen. Unter Führung des legendären Generals Lettow-Vorbeck musste aber auch sie am Ende nach Mosambik zurückweichen.

Der Versailler Friedensvertrag enthielt neben anderen Bestimmungen auch Aussagen über die deutschen Kolonien. Der US-Präsident Woodrow Wilson hatte in seinen 14 Punkten «eine freie, weitherzige und unbedingt unparteiische Schlichtung der kolonialen Ansprüche» (Punkt 5) gefordert. Davon blieb aber in der Schlussakte nichts übrig. Deutschland habe, so hieß es da, auf dem Gebiet der kolonialen Zivilisation entscheidend versagt. Aus «humanitären Gründen» sei es nicht zu verantworten, 14 Millionen Menschen von Neuem einem Schicksal zu

9 Schwarze Hilfstruppen, sog. Askaris, in Deutsch-Ostafrika um 1914/15. Die letzten Askaris erhielten noch bis Ende der 1990er Jahre Rentenzahlungen der Bundesrepublik Deutschland.

überlassen, von dem sie durch den Krieg befreit worden seien – als wenn die anderen Kolonialmächte mit ihren Kolonien pfleglicher umgegangen wären als die Deutschen. Die ehemals deutschen Kolonien wurden dann in einem «*huge scramble*» (Lord Milner), einer Art von Kuhhandel, unter dem Dach des Völkerbundes an die Sieger als Mandatsmächte verteilt.

Deutsche Afrikapolitik nach 1945

In der Zeit der Weimarer Republik trauerten viele Deutsche den Kolonien hinterher. Und in der Zeit des Nationalsozialismus erreichte der deutsche Imperialismus und massenmörderische Rassismus seinen absoluten Höhepunkt, auch wenn Afrika dabei nicht im Vordergrund stand. Erst später sollten die Deutschen realisieren, dass der Verlust des Kolonialreiches auch Vorteile brachte. Die Voraussetzungen für das, was man nach dem Zweiten Weltkrieg wieder eine deutsche Afrikapolitik nennen konnte, waren dadurch um ein Vielfaches besser und günstiger als die der Siegerstaaten in Europa. Deutschland musste sich nicht mit Unabhängigkeitsbestrebungen seiner Kolonien auseinandersetzen, keine Kriege ausfechten. Durch die alliierte Besatzung Deutschlands gab es jedoch in den ersten Nachkriegsjahren zunächst keine eigenständige Außenpolitik. Erst nach 1955 konnte langsam eine solche entstehen.

Haben wir nach 1945 unseren Blick auf Afrika verändert? Oder hat das koloniale Erbe auch noch nach dem Zweiten Weltkrieg weitergewirkt und unseren Umgang mit dem Kontinent bestimmt? In jedem Fall ist die deutsche Afrikapolitik während des Kalten Krieges mehr durch unsere eigenen Probleme und Interessen geprägt worden als von den Bedürfnissen der afrikanischen Länder. Dies zeigt sich etwa an den Auswirkungen, die die sogenannte Hallstein-Doktrin in den 1950er- und 1960er-Jahren auf die westdeutsche Politik gegenüber dem südlichen Kontinent hatte. Benannt war sie nach Walter Hallstein, dem außenpolitischen Berater des ersten Bundeskanzlers Konrad Adenauer, und bestand in der Drohung, dass die Bundesrepublik ihre Beziehungen zu allen Ländern abbrechen würde, die die DDR anerkannten. Diese Politik war eigentlich eine Nicht-Politik, eine Nicht-Diplomatie, die auf Belohnung und Bestrafung setzte. Schaute eines der Länder Afrikas zu intensiv oder vielleicht gar interessiert nach Ost-Berlin, dann sah sich die Bundesrepublik aufgerufen, dieses Land zu bestrafen. Sie versuchte damit ihren Alleinvertretungsanspruch durchzusetzen, in allen Staaten der Welt, auch solchen, die mit dem Zweiten Weltkrieg, der Teilung der Welt und Deutschlands nichts am Hut hatten. Die einfachste Strafe, die sich dazu anbot, war «Liebes-Entzug», der Entzug von Hilfen und Geschenken. Und dafür war die Entwicklungspolitik das probate Instrument.

Der langjährige Staatssekretär im Auswärtigen Amt, Paul Frank, erzählte einmal von einer Botschafterkonferenz, die der damalige Außenminister Willy Brandt nach Abidjan einberief. Paul Frank wollte von den anwesenden deutschen Botschaftern in zwei Sätzen hören, was sie als ihre Hauptaufgabe in ihren Gastländern empfänden. Alle bis auf einen hätten ohne jedes Zögern gesagt: zu verhindern, dass sich die DDR in meinem Gebiet einrichtet. Die Abwehrreaktionen gegen eine drohende Anerkennung der DDR waren den Beamten völlig in Fleisch und Blut übergegangen. Paul Frank schreibt in seinen Erinnerungen: «Die Botschaften in aller Welt wetteiferten miteinander, wer das Gras zuerst wachsen hörte. Eine falsche, meist von sowjetischen Beamten in das Jahrbuch der Vereinten Nationen hineingeschmuggelte Nomenklatur der DDR löste ganze Offensiven von Worten und Papieren aus.»[7]

Dieser Politik, so muss man in der Rückschau sagen, war natürlich ihr Scheitern vorauszusagen. Entweder es gelang, die Regierungen davon abzuhalten, die Existenz der DDR anzuerkennen, dann musste aber der dafür zu zahlende Preis ständig steigen. Oder die Forderung scheiterte, was eine Selbstisolierung der Bundesrepublik zur Folge hätte. Durch diese Politik wurde das Instrument der Entwicklungspolitik oder -hilfe letztlich zerrüttet. Denn man hatte im Grunde keine wirkliche Förderung dieser Staaten vor, sondern wollte ihre Regierungen im Rahmen des deutsch-deutschen Systemkonflikts instrumentalisieren.

Durch die Hallstein-Doktrin erhielt z. B. der Sudan eine zentrale Rolle in der deutschen Afrikapolitik. Mitte der 1950er Jahre kam es zu heftigen Kämpfen zwischen Ägypten und dem Sudan. Der Sudan erreichte am 1. Januar 1956 seine staatliche Unabhängigkeit und die Loslösung aus dem britischen Kolonialreich. Im Jahr zuvor war in Bonn die Hallstein-Doktrin verkündet worden. Die Bundesrepublik dehnte ihre Unterstützung für den Sudan auf Polizei, Armee und Waffenlieferungen aus. 1958 wurden die ersten sudanesischen Polizisten beim Bundeskriminalamt in Wiesbaden ausgebildet. Im selben Jahr kam es im Sudan zu einem Militärputsch des Generals Ibrahim Abboud. Es war dies nach 1952 in Ägypten der zweite große afrikanische Militärputsch. Die Bundesregierung reagierte mit den im Kalten Krieg bewährten Waffenlieferungen an das Militär. Es kam bald zu einer Vereinbarung über die Ansiedlung einer Munitionsfabrik durch die Geisenheimer Fritz Werner GmbH in Sheggara. Da die Firma Fritz Werner zu 100 Prozent Staatseigentum war, handelte es sich eigentlich um ein zwischenstaatliches Projekt. Diese Art von Entwicklungshilfe geschah noch vor der Gründung eines eigens dafür zuständigen Ministeriums. Die Munitionsfirma wurde mit Mitteln aus dem ERP-Topf *(European Recovery Program)* aufgebaut, und das Bundeswirtschaftsministerium übernahm die Ausbildung sudanesischer Offiziere bei Fritz Werner.

Nach dem Mauerbau im August 1961 verwendete man die Entwicklungshilfe noch stärker als politische Belohnung, um eine Anerkennung der DDR zu verhindern. Der Sudan wurde für die Deutschen zu einem Schlüsselland. Man beschloss am Parlament vorbei eine Ausrüstungshilfe im Umfang von 120 Millionen DM. Laut Erich Schmidt-Eenbom hat kein Land in Afrika jemals mehr erhalten: «In Verbindung mit großzügigen Ausbildungsprogrammen wurde die sudanesische Armee komplett neu ausgerüstet und dadurch überhaupt erst in die Lage versetzt, eine gewaltsame Lösung des Süd-Sudan-Konflikts anzustreben.»[8] Der damalige Verteidigungsminister Franz Josef Strauß wollte die Staaten Afrikas (und andere Drittweltländer) mit solcher Art von militärischer Hilfe an den Westen binden. Berücksichtige man den Ruf des deutschen Soldaten und seine Leistungen, so biete sich hier eine ausgezeichnete Möglichkeit, über ideelle und materielle Mithilfe am Aufbau kleinerer Streitkräfte dieser Länder eine Ausgangsstellung zu schaffen, die eine grundlegende Basis für politische und wirtschaftliche und militärpolitische Beeinflussung dieser Länder darstelle. Die Bundesrepublik stand mit dieser Ausrichtung ihrer Afrikapolitik aber keineswegs allein. Im Kalten Krieg wurde Afrika zu einer der Regionen, in denen die rivalisierenden Machtblöcke ihre Stellvertreterkriege ausfochten. Bürgerkriege wurden geschürt, korrupte Regierungen unterstützt und hochgerüstet, solange sie auf der richtigen Seite zu stehen behaupteten – viele der heutigen Probleme auf dem Kontinent haben ihre Wurzeln in dieser Zeit.

Deutsche Dankbarkeit für Mogadischu

Wie sehr unsere eigene Perspektive im Umgang mit Afrika im Vordergrund steht, zeigt auch die Sonderrolle, die Somalia in der deutschen Afrikapolitik spielt. Die Deutschen empfinden eine emotionale Dankbarkeit gegenüber den Somalis wegen eines Ereignisses, von dem die überwiegende Mehrheit jener noch nie etwas gehört hat. Im «deutschen Herbst» 1977 wurde die Lufthansa-Maschine «Landshut» mit zahlreichen deutschen Touristen an Bord auf dem Flug von Mallorca nach Frankfurt am Main von einem palästinensischen Terrorkommando entführt, um die in Stammhein inhaftierten RAF-Terroristen freizupressen. Nach mehreren Zwischenstopps landete die entführte Maschine schließlich in Mogadischu, wo sich die Lage zuspitzte. Am 18. Oktober stürmte eine schwerstbewaffnete und glänzend ausgebildete Antiterroreinheit der Deutschen, die GSG 9, die Maschine, ohne dass auch nur einer der Touristen dabei sterben musste. Für diese Aktion gab es eine lang anhaltende Dankbarkeit den Somalis und dem somalischen Staat gegenüber, die sich auch materiell ausdrückte. Der damalige deutsche Bundeskanzler Helmut Schmidt versprach dem Präsidenten von Somalia, Mohammed Siad Barre, Hilfe, die sich auch auf die Lieferung von Rüstungsgütern bezog. Das war zwar gegen das Gesetz, nach dem die Bundesrepublik nie Waffen in sogenannte Spannungsgebiete liefern durfte. Aber dieses Gesetz wurde zugunsten Somalias ausgehebelt, die allgemeine Dankbarkeitswelle machte das möglich, keine Partei im Bundestag schritt dagegen ein. Die Öffentlichkeit erfuhr davon erst sehr viel später.

Aber wir waren damals völlig irrwitzig in der Einschätzung des Landes. Es kann auch sein, dass sich das somalische Volk selbst noch nicht einschätzen konnte. Denn es machte das, was alle Völker bei ihrer Entstehung machen, nämlich die Bürger der eigenen Herkunft und Sprache möglichst zu sich heim ins Land holen. «Greater Somalia» lautete der Slogan, auf den wir bei den verschiedensten Gelegenheiten verwiesen wurden. Die Flagge Somalias mit dem schönen UN-Blau als Hintergrund hatte fünf Sterne, und es wurde uns mit großer Emphase erklärt, dass die fünf Sterne für die verschiedenen Clans und Stämme Somalias stünden. Zwei der Stämme seien jetzt schon innerhalb des Staatsgebiets von Somalia, die anderen drei Sterne lägen außerhalb und müssten zurückgeholt werden. Das sei die somalische Irredenta – da sie aus ihrer Kolonialzeit noch sehr stark italienisch geprägt waren, kannten die gebildeten Somalis das italienische Wort. In das «Greater Somalia» sollten die Somalis des nördlichen Nachbarlandes Djibouti hineinkommen, die ja nur wegen der französischen Basis eine Eigenstaatlichkeit erreicht hatten. Dazu die somalischen Stämme in dem riesigen ostäthiopischen Gebiet, das wie eine Nase in das somalische Territorium hineinreicht und insgesamt größer ist als die wiedervereinigte Bundesrepublik. Und die angrenzenden Gebiete im Norden Kenias, wo es auch mehrheitlich Somalis gebe. Also eine für die Stabilität der Region bedrohliche Vision, die aber von deutschen Politikern sehr gern zustimmend aufgenommen wurde, auch von Volkmar Köhler, der sich damals zu einem der wenigen echten deutschen Afrikapolitiker entwickelte.

Uns Deutschen wurde erklärt, wir müssten die Somalis doch mit ihrem Herzenswunsch nach Vereinigung aller Somalis besser verstehen als andere, da wir doch auch geteilt seien. Dass sich die Einigungsbestrebungen in einem Kampf aller Stämme gegen alle anderen Stämme aufgelöst und sich in das Gegenteil verkehrt haben, hat bisher aber noch nicht dazu geführt, dass die Fehler der deutschen Somaliapolitik einmal aufgelistet worden wären.

Als nach dem Ende des Kalten Krieges und der Vertreibung des somalischen Diktators die Verhältnisse chaotisch wurden, konnten die UNO und der UN-Sicherheitsrat eine militärische Mission beschließen, ohne eine Regierung fragen zu müssen, weil es keine Regierung mehr gab. US-Präsident Bush sen. beorderte damals eine US-Streitmacht nach Somalia, die – wie noch allgemein bekannt – so in Mogadischu an Land gehen musste, dass die US-Zuschauer das zur sogenannten *prime time*, d. h. zu den US-Abendnachrichten, mitbekamen. Auch eine deutsche Streitmacht nistete sich mit großer Behäbigkeit in Djibouti für die Versorgung ihrer Truppe in Belet Huen ein. Und die Bundeswehrsoldaten bekamen ein Handbuch mit nach Somalia, in dem sie unter anderem vor den deutschen Landminen gewarnt wurden, die die Regierung Schmidt geliefert hatte.

Gibt es eine deutsche Afrikapolitik?

Nach dem Ende des Kalten Krieges ist allerdings keinesfalls das goldene Zeitalter der deutschen Afrikapolitik angebrochen. Es wurde sogar immer unklarer, wer für diese überhaupt zuständig war. Das Auswärtige Amt hatte seine Politik, das Verteidigungsministerium hatte mit seiner Ausrüstungshilfe in verschiedenen Ländern Afrikas auch seine eigene Politik. Dann kam das Bundesministerium für wirtschaftliche Zusammenarbeit und Entwicklung (BMZ), das sich in ganz Afrika niederließ, aber eigentlich keine Politik machte. Es verstand sich unter vielen Ministern und Staatssekretären eher als Mittel zur Exportförderung der deutschen Wirtschaft. Der große Doyen der Entwicklungswissenschaftler, Franz Nuscheler, sah sich damals veranlasst zu einer Warnung, die leider bis heute ihre volle Gültigkeit behalten hat: «Wenn sich ein ‹Entwicklungshilfeminister› als ‹Exportminister› betätigt, kann die Armutsbekämpfung nicht Vorrang haben.»⁹ Und der Wissenschaftler Hanns W. Maull beschreibt das nur vornehmer, wenn er die Ausrichtung der Entwicklungspolitik nach exportwirtschaftlichen Gesichtspunkten in die von ihm diagnostizierte «Merkantilisierung der deutschen Außenpolitik» einordnet.¹⁰ Eine wirkliche deutsche Afrikapolitik, die diesen Namen verdient hätte, gab es seit 1945 nicht. Die Entwicklungspolitik in Afrika war nur ein Reflex des Belohnens und Bestrafens von Regierungen, die sich entweder dem deutschen Begehr fügten oder aus der Reihe tanzten. Von dieser Verbiegung hat sich das, was wir immer noch Entwicklungspolitik nennen, bis heute nicht erholt.

Wie soll es weitergehen mit Deutschland und Afrika? Wenn man die heutigen Debatten beobachtet, dann muss man wohl zu dem Schluss kommen, dass es in der deutschen Öffentlichkeit ein Bewusstsein für Afrika nicht wirklich gibt. Nicht zuletzt deshalb bin ich der Meinung, die deutsche Afrikapolitik sollte lieber die Kontakte zu wenigen Staaten pflegen, vor allem zu solchen, zu denen die deutsche Öffentlichkeit eine Beziehung hat. Die Deutschen kennen alle Äthiopien, sie kennen auch Namibia, sie kennen Ghana und Ruanda. Aus ganz unterschiedlichen Gründen, so ist z. B. Äthiopien bekannt geworden durch die Arbeit von Karlheinz Böhm und seiner Organisation Menschen für Menschen. Tansania kennt man als ehemalige Kolonie Deutsch-Ostafrika, Ruanda wegen der Gorillas, der Virunga-Berge, wegen Diane Fossey, des Völkermords und auch wegen der jetzt 25 Jahre währenden Partnerschaft zwischen dem Bundesland Rheinland-Pfalz und Ruanda. Und Ghana ist für viele Deutsche nicht nur die gelingende Demokratie neben Südafrika, sondern auch Heimat vieler guter Fußballspieler in Deutschland, an der Spitze Gerald Asamoah von Schalke 04.

Vergebene Chancen

6
Afrika in der Unabhängigkeit

Die Welle der afrikanischen Unabhängigkeitserklärungen begann im Jahr 1960 wie mit einem Paukenschlag. Gewiss, der Sudan war schon dran gewesen, ebenso die Goldküste, die 1957 Ghana wurde. Aber die Hauptmasse der Staaten hat es erst 1960 geschafft. Doch trotz der formalen Souveränität haben sich die meisten afrikanischen Völker bis heute nicht befreit. Das steht erst noch bevor. Ihnen wurde die staatliche Souveränität anstandshalber und widerwillig gewährt. Anschließend kamen dann aber Regierungen, Usurpatoren, Herrscher mit dem Label des Befreiers und entwickelten das untrügliche Gefühl, dass diese Staaten in den kolonialen Grenzen ihnen persönlich gehörten. So haben sie einen kolonialen Kontinent weiterbestehen lassen, nicht einen befreiten.

Der Kongo

Ein Beispiel für einen misslungenen Weg in die Unabhängigkeit, bei dem allerdings der Westen seine Hände gehörig im Spiel hatte, ist der Kongo, die ehemalige belgische Kolonie. Das Land eroberte sich seine Freiheit nicht durch Revolution, auch wenn es in den 1950er Jahren verstärkt Widerstand gegen die belgische Herrschaft gegeben hatte, sondern wurde überstürzt und völlig unvorbereitet in die Souveränität entlassen. Die Belgier folgten dem allgemeinen Trend zur Entkolonialisierung und überreichten die Unabhängigkeit gewissermaßen auf dem Silbertablett. Sie wollten den Kongo einfach loswerden, wenn sie ihn schon nicht halten konnten. Als der Staat, der kaum einer gewesen war, nach der Unabhängigkeit sogleich auseinanderfiel, sollte die ganze Welt mithelfen, ihn wieder zusammenzuschweißen. Die UNO griff ein und erlebte ihr erstes Desaster.

Paul Frank, damals Politischer Direktor im Auswärtigen Amt, hat die deutsche Beteiligung protokolliert, die unter der Überschrift «Hallstein-Doktrin» stand. Die Bundesregierung hatte 1960 bloß davon gehört, die Regierung der DDR würde erwägen, an einem großen Nationalbankett zur Feier der Unabhängigkeit teilzunehmen. Das ließ gleich alle Alarmglocken in der damaligen Hauptstadt Bonn schrillen. Paul Frank wurde sofort nach Leopoldville gesandt, das kurze Zeit später den Namen Kinshasa bekam. Er sollte die neue Regierung des Patrice Lumumba von diesem verhängnisvollen Wege abbringen. Dafür brachte er einen Koffer voller Geschenke aus dem Füllhorn der Entwicklungshilfe mit. Paul Frank war eigentlich Referent für Westeuropa und den Maghreb, von Schwarzafrika hatte er keine Ahnung. Als er mit einem Propellerflugzeug Mitte Juni 1960 in Leopoldville ankam, befand sich das Land in einem merkwürdigen Schwebezustand. Es gab noch einen belgischen Generalgouverneur, dazu einen belgischen Botschafter.

Die Kongolesen erhielten die Unabhängigkeit wie ein Spielzeug, und ihre Elite benahm sich auch so. Manche hatten das Empfinden, nach der Unabhängigkeit würde die Welt zu ihren Füßen liegen, alles würde ihnen zur Verfügung stehen. «Die Afrikaner erwarteten die Unabhängigkeit wie ein Spielzeug, das noch viel Freude bereiten werde», schrieb Frank, dem jede patriarchalische Mentalität fremd war. Er schilderte nur die Lage. Er hatte zunächst eine längere Audienz bei dem Botschafter de Ridder, der sich erschrocken zeigte. Die Belgier könnten ja gar nichts mehr im Sinne der Bundesregierung tun. Und wenn sie es tun würden, wären die Kongolesen automatisch anderer Meinung. Zwischen dem belgischen Generalgouverneur und dem kongolesischen Exekutivkomitee bestand kein Vertrauensverhältnis, wie sollte das auch anders sein? Der «labile und unzuverlässige Charakter der Kongolesen», so wurde Paul Frank mitgeteilt, schränke alle Zusagen schon dadurch ein, dass sie 24 Stunden später als nichtexistent erklärt werden könnten. Vom belgischen Generalgouverneur Cornelis hörte Frank dann einen kolonialistischen Ton pur. Cornelis wollte den Aktionsradius des deutschen Diplomaten beschneiden, da seine Mission den Kongolesen schmeichle. Als Frank fragte, wie sich der Generalgouverneur Mitte Juni 1960 die weitere Entwicklung vorstelle, bekam er die geschichtsträchtige Antwort: «Die weitere Entwicklung? Das kann ich Ihnen sagen. Wir sind durch die internationale Entwicklung gezwungen worden, den Kongolesen die Unabhängigkeit zu gewähren, obwohl sie darauf in keiner Weise vorbereitet sind. Wir werden sie ihnen geben, diese Unabhängigkeit. Aber ich sage Ihnen voraus, in spätestens vier Wochen werden sie auf den Knien angerutscht kommen und uns bitten, die Macht wieder zu übernehmen, weil sie mit dem bis dahin entstandenen Chaos einfach nicht fertig werden!»[1]

Ein genuin afrikanischer Führer: Patrice Lumumba

Paul Frank übte damals klare Kritik an der Haltung der westlichen Kolonialmächte: Die Menschen und die Völker wählten auch dann die Freiheit, wenn sie mit Armut verbunden sei. Seiner Meinung nach habe der Westen diese Grundwahrheit nie begriffen und deshalb so viele Fehler gemacht, die sich erst später bemerkbar machen sollten. Es gelang Paul Frank, über einen Freund von Patrice Lumumba an diesen heranzukommen. Mpolo hieß der junge Afrikaner, der eine Massenorganisation für die kongolesische Jugend aufzubauen im Begriff war. Im Gespräch mit Mpolo bot Paul Frank das an, was die deutsche Politik damals überall versprach, Geldzusagen, kleine Geschenke, die die Zuneigung erhalten sollten. VW-Busse, Ambulanzwagen, Lautsprecheranlagen.

Patrice Lumumba war damals schon der Geheimtipp der kongolesischen Zukunft. Als er im Jahr darauf ermordet wurde, benannte die Sowjetunion die Moskauer Universität nach ihm. Das Gespräch war furchtbar schwierig, weil Lumumba etwas tat, was ganz ungewöhnlich im Kontakt mit Afrikanern ist: Er schwieg, er setzte sich Paul Frank gegenüber und sagte kein Wort. Das lange Statement des Deutschen schien ihn gar nicht zu berühren. Habe die Bundesrepublik verdient, dass die Kongolesen durch unbedachte Schritte die Teilung Deutschlands zementierten? Hatten sie das Recht dazu? Nachdem Paul Frank alles gesagt hatte, was zu sagen war, gab es eine schreckliche Stille. Dann aber, nach langem Zögern, sagte Lumumba von oben herab: «Sagen Sie Ihrem Bundeskanzler, ich bin kein Kommunist!» Paul Frank antwortete: «Ich glaube Ihnen, wenn Sie sagen, Sie seien kein Kommunist. Aber überall in Leopoldville sagt man mir, ich soll mich vor Lumumba in Acht nehmen, er sei ein Kommunist!» Nun hätte er, Lumumba, die einzigartige Gelegenheit, diese Gerüchte zu widerlegen. Er bräuchte nur öffentlich zu erklären, dass er gegen die Anerkennung der DDR sei. «Dann weiß jeder, dass Sie kein Kommunist sind.» Patrice Lumumba nahm, ohne ein weiteres Wort zu verlieren, das Telefon, wählte die Nummer des Generalgouverneurs Cornelis und sagte: «Herr Generalgouverneur, nehmen Sie bitte zur Kenntnis, dass ich in der fraglichen Sitzung des Exekutivkomitees, in welcher die Einladung der Sowjetzonendelegation zur Unabhängigkeitsfeier besprochen worden ist, nicht anwesend war. Nehmen Sie deshalb jetzt offiziell zur Kenntnis, dass ich mit der Einladung und Anerkennung der Sowjetzone nicht einverstanden bin. Es ist nicht die Sache der Kongolesen, die Teilung Deutschlands zu vertiefen. Ich werde meine Freunde in diesem Sinne unterrichten!» Sagte es und hängte ein.

Die Ermordung Lumumbas

Die ehemalige belgische Kolonie war auch der Theaterboden, auf dem die Welt zum ersten Mal sehen konnte, wie die UNO scheiterte, der große Hoffnungsträger. Sie war beherzt zur Tat geschritten und hatte Soldaten in den Kongo geschickt, als eine sezessionistische Regierung unter Moise Tschombe sich mit belgischer Unterstützung darangemacht hatte, die Kupfer- und Diamanten-Provinz Katanga von dem übrigen Land Kongo abzuspalten. Die UNO sollte der Sezession ein Ende machen, durfte aber nicht wirklich die Sezessionsregierung bekämpfen. Tschombe versteckte sich zunächst im britischen Konsulat, ging dann nach Nord-Rhodesien, heute Sambia, und konnte dort nicht von der UN verfolgt werden, weil die Regierung des Landes auf seiner Seite stand, und das, obwohl die britische Regierung, dessen Kolonialministerium noch für Rhodesien zuständig war, dem UN-Einsatz zugestimmt hatte. Weiße Rhodesier tauchten plötzlich in Katanga auf, in den Uniformen der Katanga-Polizei. Sogar Dag Hammarskjöld – einer der eindrucksvollsten Generalsekretäre der UN – schaltete sich in die Gespräche ein. Er kam eigens nach Leopoldville. Tschombe akzeptierte im Prinzip einen unmittelbaren Waffenstillstand und war einverstanden,

10 Patrice Lumumba (re.) spricht mit Generalstabschef Mobutu (li.),
17. Juli 1960.

Hammarskjöld unter bestimmten Bedingungen in Ndola an der Grenze
zwischen Rhodesien und der Katanga-Provinz zu treffen. Hammarskjöld lehnte natürlich die Bedingungen für das Gespräch ab. Dennoch
flog er am 17. September um 17 Uhr von Leopoldville nach Ndola ab,
wo Tschombe, Kimba und Lord Alport, der britische Hochkommissar
in Rhodesien, auf ihn warteten. Weshalb er damals abgestürzt ist und
man nur noch die Trümmerteile des Flugzeuges im Regenwald fand, ist
bis heute ungeklärt.

Aber vorher schon hatte die Weltgemeinschaft versagt, als sie den
charismatischen Politiker und Ministerpräsidenten Patrice Lumumba
nicht schützen konnte. Lumumba war den USA nicht genehm, die in
ihm wegen seiner Kontakte zur Sowjetunion einen «Kommunisten»
witterten, und die Belgier fürchteten um ihren Einfluss auf die Bodenschätze des Landes, die Lumumba verstaatlichen wollte. Also unter-

stützten beide Länder die Verschwörer, die sich um den Generalstabschef Joseph-Désiré Mobutu sammelten. Im September 1960 wurde Lumumba entmachtet und unter Hausarrest gestellt. Nach einer missglückten Flucht war sein Schicksal besiegelt. Am 17. Januar 1961 soll er in ein Gefängnis nach Katanga verbracht worden sein. Aber dort ist er gar nicht angekommen, denn er wurde auf dem Flug zu Tode geprügelt. Tschombe wollte das Flugzeug nicht landen lassen. Deshalb nahm der Gefangenentransport Kurs auf Bakwanga, die Hauptstadt von Süd-Kasai. Die kongolesische Wachmannschaft stürzte sich auf den Premierminister und schlug ihn mit Gewehrkolben halb tot. Die Szenen der Misshandlung waren so unerträglich, dass die beiden belgischen Piloten drohten, an ihren Ausgangspunkt zurückzufliegen. Lumumba war bereits zusammengebrochen. Doch als die Piloten zur Landung ansetzten in Bakwanga, war das Rollfeld durch UNO-Blauhelme aus Ghana blockiert, also zogen sie die Maschine hoch und setzten – nachdem sie die Genehmigung des Innenministers Katangas, Munongo, erstritten hatten – zur Landung in Elisabethville an. Patrice Lumumba wurde als zuckendes Bündel aus dem Flugzeug auf die Landebahn geworfen. Die Leiche des Premierministers wurde dann von einem Lkw der Katanga-Gendarmerie in einer Grube mit ungelöschtem Kalk versenkt, damit von ihm nichts übrig bleiben sollte.

So ging man mit der Person des gewählten Premierministers um, aber sein Mythos fing danach an, ins Unendliche zu wachsen. Die UNO konnte später gerade noch die Sezession von Katanga verhindern. Sie konnte aber nicht verhindern, dass das reiche Land in die Hände des dem Westen wohlgefälligen Mobutu fiel, eines der mächtigsten Kleptokraten der Welt, der das Land so kaputt- und armregiert hat, dass niemand bis heute weiß, wie es wieder zu einer auch nur bescheiden regulierten Staatlichkeit kommen kann. Der Kongo bleibt bis heute das Land am Abgrund und das große Sorgenkind für den gesamten Kontinent.

Ich kam am 24. November 1995 nach Kinshasa, als sich zum 30. Mal der Tag jährte, an dem Mobutu durch einen Militärputsch die Macht eroberte – seit 1972 nannte er sich in aller Bescheidenheit nur noch Mobutu Sese Seko Kuku Ngvbendu Wa Za Banga, zu deutsch etwa: «Der alles erobernde Krieger, der von Triumph zu Triumph eilt».

Ich erlebte das Land, das den Anspruch erhebt, der ihm nicht streitig gemacht wird, das kaputteste und korrupteste Land des kaputten Kontinents Afrika zu sein. Die Korruption hat sich hier zu einer Art Staatsform entwickelt: «Débrouillez Vous», das kann man frei übersetzen mit «Bedient euch». Das Land hat keine richtige Staatlichkeit mehr. In meinem Pass sind gleichzeitig zwei Visa-Stempel. In der Botschaft in Bonn bekam ich das offizielle Visum, vor Ort wurde das abgewiesen, ich sollte das hier gültige erwerben. Man konnte in der Hauptstadt Kinshasa und auf dem Land nicht mehr telefonieren. Die Straßen waren kaputtgegangen, durch den urwaldähnlichen Wildwuchs wie auch durch Zerstörung. Man kann sich nicht einmal vorstellen, wie viel Geld aus westlichen Gebernationen, aus gut meinenden Entwicklungshilfebudgets in dem unendlichen Regenwaldbecken des Kongo versickert ist. Das schließt nicht aus, dass hier und dort noch irgendetwas steht, aber das meiste ist verschwunden.

Mobutu war nur genial im Ausspielen seiner Karten im Kalten Krieg. Er ließ nie einen Zweifel daran, dass er der Freund und Verbündete der Amerikaner und des Westens sei. Nach Ende des Kalten Krieges kam der US-Außenminister James Baker nach Kinshasa und redete dem Herrscher aller Kongolesen – nein, nicht ins Gewissen, das hatte er nicht, sondern nur in den Terminkalender. Er müsse jetzt unbedingt und schnell «Demokratie machen», das heißt für einen Westler immer: Wahlen festlegen. Im August 1992 wurde Etienne Tshisekedi von der Nationalen Konferenz zum Ministerpräsidenten gewählt. Es gab große Begeisterung, die aber vorschnell war, da Tshisekedi im Grunde auch zur alten Garde gehörte. Schon am 6. Februar 1993 befahl Mobutu die Absetzung Tshisekedis und setzte den ihm persönlich willfährigen Fausto Birindwa als neuen Regierungschef ein. Daraufhin beriefen die westlichen Länder ihre Botschafter ab und dachten, das würde die Kongolesen interessieren. In Wahrheit war es ihnen aber egal. Die Bundesregierung drohte, sie würde die Entwicklungshilfe stoppen. Sie bewilligte dann aber 124 Millionen DM für den Staat Zaire, der seit 1997 Demokratische Republik Kongo heißt, die ausdrücklich nicht als Entwicklungshilfe deklariert wurden, es aber doch waren. Es sollten damit Straßen und Wälder in den beiden Kivu-Provinzen wieder aufgebaut werden, also in der Re-

11 Rupert Neudeck mit Kindern in Kasika, Kongo, wo die Organisation Grünhelme e. V. eine Schule baut.

gion, in der die Hunderttausende von Flüchtlingen aus Ruanda sitzen und die Landschaften entwalden. Damit versuchte die Bundesregierung auch, die Beziehungen zwischen Ruanda und Zaire wieder zu kitten.

Immer wieder setzten die westlichen Regierungen darauf, dass ein Gauner durch einen besseren ersetzt würde. Das Gaunersystem ging aber munter weiter. Um dem Land zu helfen, muss eine ganz neue Form von Unterstützung kommen, die immer gleich im ländlichen Raum und an der Peripherie einsetzt. Sie muss die Dörfer privilegieren, auf die Erneuerung des Schulsystems setzen, auf große Infrastrukturmaßnahmen mit Beteiligung von einheimischen handwerklichen Arbeitskräften, auf Dorfbanken, die Mikrokredite vergeben können nach der Methode von Mohammed Yunus. Dazu müsste man definieren, was Entwicklungs- und was Not-Hilfe ist, was den Bedürfnissen der Ärmsten direkt zugutekommt.

Bilanz der Unabhängigkeit

So schlecht wie im Kongo sind die Völker der kolonialen Hemisphäre nicht immer und überall auf die Unabhängigkeit vorbereitet worden. Dennoch ist die Bilanz 50 Jahre nach dem Ende der Kolonialreiche alles andere als positiv. Die Mehrzahl der afrikanischen Staaten wurde bei ihrer Entlassung aus dem Kolonialstatus in eine sicher begehrte, aber völlig illusionär eingestufte Staatlichkeit hineingepresst, von der möglicherweise große Teile der Bevölkerungen kaum etwas wissen. Staatlichkeit habe ich in Afrika meist als künstliches Unterfangen erlebt, das nicht in der Bevölkerung verankert ist. Oft gibt es in diesen auf den willkürlich gezogenen kolonialen Grenzen beruhenden Ländern weder eine funktionierende Verwaltung noch ein Staatsvolk, das sich mit dem Staat identifiziert. Vielfach sind alte Stammesrivalitäten bestehen geblieben und haben die Entwicklung behindert. Die bisherigen Präsidenten und Regierungen Kenias etwa haben alle ihren eigenen Stamm bevorzugt und ihn als ihre Machtbasis gebraucht. Das fing mit Jomo Kenyatta an, setzte sich bei Daniel Arap Moi fort und hörte auch mit dem sogenannten Reformpräsident Kibaki nicht auf. Nur wenige haben aktiv versucht, die alten Stammesidentitäten in einer neuen nationalen Identität aufgehen zu lassen, wie etwa Julius Nyerere, der ein tansanisches Volk neu erschaffen wollte. Damit fehlen den afrikanischen Staaten wesentliche Eckpfeiler, auf denen die modernen westlichen Gesellschaften ruhen. Die Versuche, von außen *nation* oder *state building* zu betreiben, waren meist zum Scheitern verurteilt, auch deshalb, weil dies oft bedeutete, den afrikanischen Ländern unsere voraussetzungsreichen und kulturell gewachsenen Konzepte und Modelle überzustülpen.

Kein anderer Kontinent ist in den letzten Jahrzehnten so oft und so heftig von Bürgerkriegen heimgesucht worden wie Afrika. Es gab sie etwa in Angola, Äthiopien, Burundi, Kongo/Zaire, der Elfenbeinküste, Liberia, Mali, Mosambik, Nigeria, Ruanda, Senegal, Sierra Leone, Somalia, Sudan, dem Tschad und Uganda. Die Standards oder – wie man sich im diplomatischen Verkehr ausdrückt – die Benchmarks, die

erreicht werden müssen, um einem Land eine gedeihliche und pros-
perierende Zukunft zu ermöglichen, werden meist nicht erreicht. Es
können die Voraussetzungen theroretisch noch so gut sein wie etwa
in Somalia. Es gab dort ein Volk, eine Sprache, eine Religion, ein ge-
schlossenes Territorium, einen Erbfeind und zwei Nebenfeinde. Nach
europäischem Geschichtsverständnis waren damit alle Voraussetzungen
geschaffen, dass dieses Land hätte prosperieren und sich entwickeln
müssen. Aber das war nicht so. Es zerbrach unter den Attacken der Moderne, die das traditionelle Webmuster der Hirtendemokratie zerstörten, unter dem tödlichen und bis heute nicht überwindbaren Gegensatz
der großen Stämme und Clans.

Wirtschaftlich waren die Startbedingungen der afrikanischen
Länder zunächst gar nicht schlecht. Hohe Preise für Rohstoffe und
landwirtschaftliche Erzeugnisse ermöglichten einigen von ihnen in den
1960er und 1970er Jahren einen gewissen Aufschwung. In anderen
führten verfehlte wirtschaftspolitische Experimente allerdings schon
bald nach der Unabhängigkeit zu großen Problemen, so etwa die for-
cierte Industrialisierungsstrategie Kwame Nkrumahs in Ghana oder das
Konzept der sozialistischen Dorfgemeinschaften Nyereres in Tansania.
Insgesamt stieg das Bruttoinlandsprodukt pro Kopf im subsaharischen
Afrika zwischen 1965 und 1980 jedoch durchschnittlich um 1,5 Prozent
im Jahr. Doch in den 1980er Jahren kehrte sich dies um. Jetzt fiel das
Bruttoinlandsprodukt im Schnitt um 1 Prozent.[2] Seitdem befindet sich
die übergroße Mehrheit der afrikanischen Staaten in einer Krise, aus der
sie bis heute nicht mehr herausgekommen ist. Von der zunehmenden
wirtschaftlichen Globalisierung des letzten Jahrzehnts hat der Kontinent kaum profitieren können. Die «unterste Milliarde» der ärmsten
Menschen der Welt lebt heute in Afrika.[3]

Der Sonderfall Äthiopien

Nicht überall auf dem Kontinent fällt die Bilanz jedoch gleich aus.
Einige Länder stechen als Ausnahmen aus unterschiedlichen Gründen
aus der Masse der 53 Staaten hervor. Einer dieser Sonderfälle ist Äthiopien, das alte Abessinien, das – neben Liberia – als einziges Land in Af-

12 Kampf gegen die Wüste durch Auffangen von Regenwasser: In der Nähe von Jigjiga in der äthiopischen Provinz Somalia Regional State.

rika die Kolonisation ganz vermeiden konnte. Äthiopien hatte sich aber wehren müssen. 1898 wurde eine erste Invasion der Italiener bei Adua siegreich abgewehrt. Noch später, 1936, schlug Mussolini, der faschistische Herrscher Italiens, los, um sich des Landes doch noch zu bemächtigen. Aber auch das gelang nicht, sodass der damalige äthiopische Kaiser, der *Negus Negesti*, nach seinem Exil 1941 wieder im Triumph in sein Land zurückkehren konnte. Er blieb allerdings der letzte Kaiser, denn 1974 wurde er gestürzt von einem links-marxistischen Regime, das durch die Ostblockstaaten, vor allem durch die Sowjetunion unterstützt wurde.

Dieses Äthiopien verfügt zwar bis heute über keine gute und verantwortliche Regierung, aber es hat in einer Mischung aus reicher Geschichte, an christlich-islamischer Mischkultur und funktionierender Infrastruktur einen Grad an Entwicklung erreicht, der seine Airline zum «Pride of Africa» werden ließ. Die Ethiopean Airlines ist bisher neben der südafrikanischen SAA die einzige afrikanische Fluglinie, die sich auf dem Weltmarkt behaupten kann. In Addis Abeba kann man dreimal die Woche nach Peking und nach Washington, D.C. fliegen, nach London, Brüssel, Frankfurt, Rom, Moskau sowieso und natürlich auf dem afrikanischen Kontinent in jede Richtung, sei es Johannesburg, Duala, Harare, Dakar, Luanda, Nairobi. Das Land hat das Flair einer selbstbewussten und zu Recht auf seine Errungenschaften stolzen Kultur. Es hat als eines der wenigen afrikanischen Länder neben Ägypten, Tunesien, Marokko und Südafrika eine große touristische Attraktion entwickelt und entfaltet. Äthiopien bietet eben nicht nur Naturdenkmäler, Regenwälder, Berglandschaften und Tierparks, sondern auch Kulturgeschichte und zeitgeschichtliche «Events» wie das Schlachtfeld von Adua, das Grabmal der Königin von Saba in Axum, die christlichen Höhlenkirchen in Lalibela und vieles mehr.

Die Maghreb-Staaten

Auch die Maghreb-Staaten spielten in Afrika immer eine besondere Rolle, weil sie über das Mittelmeer stärker an die europäischen Länder angebunden waren als alle anderen, südlicher gelegenen Staaten. Marokko wird schon als das wichtigste Versuchsgelände der Europäischen Union angesehen für eine «Europäisierung ohne Kolonisierung», aber auch für eine Europäisierung, ohne EU-Mitglied zu werden. Marokko hat seine starke Stellung nicht zuletzt aufgrund der Tatsache bekommen, dass die Beziehungen zwischen Berbern und Arabern sich gut oder zumindest besser als in Algerien entwickelt haben.

Der amerikanische Politikwissenschaftler Parag Khanna behauptet, präislamische kulturelle Attribute hätten die Entwicklung in den arabischen Staaten des Maghreb gehemmt und verhindert, dass sich demokratische Institutionen jenseits der Adelsfamilien entwickelten. «Arabische Staatschefs vergöttern sich selbst mit den allgegenwärtigen Porträts, die in jeder Basarbude von Rabat bis Kairo hängen. In solchen patriarchalischen Systemen geht es den Staatsführern, die nicht wissen, ob sie am nächsten Morgen noch lebendig aufwachen, vor allem um Machterhalt, nicht um Demokratie.»[4] Das könnte man allerdings, meine ich, umstandslos auf alle Führergestalten Afrikas anwenden. Die meisten arabischen Autokraten müssen erst noch jene Modernisierung fördern, die die südostasiatischen Militärregime bereits durchführten und damit allmählich dieselben Kräfte stärkten, die letztlich ihre Macht untergruben.

Es gibt in allen Staaten des Maghreb nur bedingt eine Demokratie, sie existiert zwar formal, ist aber im Grunde nichts wert. In Tunesien herrscht ein diktatorisches Regime um den Präsidenten Ben Ali, der sein Land nicht aus den Fingern lässt. Ein Sonderfall ist Marokkos König Mohammed VI. Er scheint auf dem Wege in eine andere westliche Moderne zu sein. Er gab dem für seine berüchtigte Folterpolitik bekannten Innenminister seines Vaters den Laufpass und setzte eine «Wahrheitskommission» ein, die 2005 in einem Bericht 40 Jahre Menschenrechtsverletzungen aufzuarbeiten versuchte.

Algerien hatte anfangs eine große Lobby in der Welt, ist aber ein erstes Opfer des islamischen Fundamentalismus geworden. Die algerische Politik reagierte auf den Wahlsieg der *Front of Islamic Salvation* (Islamische Heilsfront) im Dezember 1991 mit dem Verbot der Partei, ließ ihren Sieg für nichtig erklären und begann damit eine unsäglich blutige Folge von kleinen Bürgerkriegen, in die auch die staatliche Armee involviert war.

Man hat über Libyen geschimpft, aber es bleibt das wichtigste Land im Maghreb, zumal sich sein Herrscher Gaddafi als sehr flexibel erwiesen hat. Seine Versprechungen, niedergelegt in seinem berühmten «Grünen Buch», waren nicht nur Makulatur, sondern haben sich für die wenigen Einwohner als Realität erwiesen. Es gibt eine kostenlose Gesundheitsversorgung und ein kostenloses, allen zugängliches Bildungssystem. Libyen ist mit einem statistischen Pro-Kopf-Einkommen von 7000 US-Dollar mit Abstand das reichste Land der Region. Gaddafis unberechenbare politische Aktionen, die Unterstützung von Befreiungsbewegungen von Irland bis zu den Philippinen trugen ihm jedoch den Ruf eines unkalkulierbaren Politikers ein. Im Namen des Panarabismus und des Panafrikanismus wollte er z. B. 1974 eine Staatenunion mit Tunesien eingehen und riss dazu selbst mit einem Bulldozer einen Zaun nieder, der die Grenze markierte. Im Namen des Panafrikanismus warb er Millionen afrikanische Arbeiter an, die er dann aber nicht gut behandelte. Dazu jagte er sein Land in einen völlig sinnlosen Krieg mit dem Tschad um die Tibesti-Berge, um dabei eine Niederlage einzustecken.

Mangel an elementarer Bildung, an Ausbildung, an universitärer Bildung ist das Menetekel der Maghreb-Länder wie auch der übrigen afrikanischen Staaten. Nicht zuletzt dadurch stehen so viele junge Menschen mit geballten Fäusten in diesen Ländern herum und haben keine Arbeit. Seit Jahren gehen junge Tunesier, Libanesen, Ägypter und Algerier auf der Suche nach Arbeit auch in die Ölindustrie nach Libyen. Aber die Länder des Maghreb gehören im Vergleich mit dem Rest Afrikas doch eher zu denen, bei denen man als Beobachter eine verlässliche Staatlichkeit erkennen kann. In dem, was sich dann bis nach Südafrika weiter erstreckt, gibt es wenig Vergleichbares.

Südafrika – Hoffnung für den Kontinent?

Als bedeutender Faktor der Weltwirtschaft zählt in Afrika nur die Republik Südafrika, die als Einzige ihre Globalisierungsaufgaben erfüllt und den weltweiten dynamischen Markt erreicht hat. Nur Südafrika hat den Anteil der eigenen Landwirtschaft so heruntergefahren, wie das in unseren modernen Staaten üblich ist. 1980, also noch zur Zeit der Apartheid, steuerte die Landwirtschaft noch 6 Prozent zum Bruttosozialprodukt bei. 2002 waren es sogar nur noch 3,4 Prozent. Stärker am BSP waren die Erzminen (8 Prozent), aber auch der verarbeitende Sektor mit 25 Prozent und die Tourismusindustrie beteiligt. Südafrika ist natürlich von der Natur begünstigt, da es außer Erdöl wirklich alles an Bodenschätzen hat, was man sich wünschen kann. Neben der Gewinnung von Gold, das sich 1886 in der Nähe von Johannesburg gefunden hatte, gab es später, als die Goldschürfung sich erschöpfte bzw. in großer Tiefe nicht mehr rentabel war, den Export von Diamanten, für die die südafrikanische Firma de Beer geradezu das Weltmonopol innehatte. Dazu kamen Fundstellen mit Platin.

Südafrika ist auch insofern ein Sonderfall, als das Land in gar keiner Weise auf unsere milden Entwicklungsgaben angewiesen ist, im Gegenteil. Es konnte bisher seine Schulden bezahlen, das Budgetdefizit liegt bei 2,2 Prozent. Die Hilfe von außen kommt – hauptsächlich durch kirchliche Beiträge – auf 2 Prozent des Gesamtbudgets. In Südafrika gibt es 58 000 km geteerte Asphaltstraße und 21 000 km Eisenbahnstrecke. Allein diese Eisenbahninfrastruktur macht 26 Prozent des gesamten afrikanischen Streckennetzes aus. Und dazu muss man noch sagen, dass die Linien in Südafrika funktionieren, was man von denen im übrigen subsaharischen Afrika, also südlich des Maghreb, nicht sagen kann. Es gibt auf 1000 Einwohner schon 130 Telefonverbindungen, im übrigen Afrika gerade 19 auf 1000.

Aber die Nagelprobe kommt noch. Noch ist Südafrika als Regenbogengesellschaft nicht gewonnen. Man könnte eher von einem Nebeneinander von vier verschiedenen Völkern sprechen: den Schwarzen, den Weißen, den Coloureds und den Indern. Zudem hat das Land seine gute Infrastruktur, die es zu einem Mitglied der G8 werden lassen könnte, in der bitteren Kolonialzeit und in der noch bittereren Apartheidzeit erworben. Es führt kein Weg daran vorbei, das voll anzuerkennen. Allgemein war am Ende der Apartheid das Herausjagen der weißen Minderheit aus dem Land prognostiziert worden. Ich höre noch Peter Scholl-Latour reden, der damals ganz sicher war, dass die Weißen ins Meer gejagt würden. Solche Prognosen geben uns Auskunft sowohl über die Vergangenheit wie über den Wert von Prognosen. Denn natürlich war die Erwartung von Wut und Rache ganz realistisch, aber es kommt in der Geschichte manchmal anders.

Derjenige, der die Befürchtungen am Ende der Apartheid widerlegte, ist nicht mehr an der Macht: Nelson Mandela. Sein Nachfolger, Thabo Mbeki, hat die ethnische Karte gezogen. Er hat die übelsten Vorurteile hoffähig machen wollen, indem er behauptete, die Aids-Epidemie sei nicht einem Virus geschuldet. Und die Medikamenten-Cocktails, die in reichen Ländern angeboten würden, enthielten Gifte. Das war nur ein Jahr, nachdem Mandela 1999 die Macht abgegeben hatte und Mbeki bei allen als ganz große Hoffnung galt, angefangen von George W. Bush bis zur deutschen Bundesregierung.

Ernste Fragen stellen sich auch im Zusammenhang mit den Zahlen für Aus- und Einwanderung sowie der grassierenden und kaum noch einzudämmenden Kriminalität. Seit 1994 sind in der Republik Südafrika jährlich 20 000 Menschen ermordet worden. Es gab 15 000 bewaffnete Überfälle auf Autos, davon 60 Prozent allein in den beiden Provinzen (den reichen wohlgemerkt) um Durban und Johannesburg.

Nun gibt es nicht mehr die nach Rassen getrennten *group areas*, aber es gibt die moderne Nach-Apartheid-Version davon: eingemauerte und schwerstbewehrte Wohnkomplexe, die es in dieser Ausdehnung noch nirgends in Afrika gegeben hat. Es gibt eine ganze Armee von privaten Sicherheitsfirmen, man spricht von 200000 Angestellten. 700 davon sind Firmen, die bei Alarmruf zur sogenannten *armed response* kommen, zur «bewaffneten Antwort», 2900 Firmen bewachen die Gelände von Privathäusern und Privatfirmen. Das Einkommen und der Umsatz dieser Firmen werden auf bis zu fünf Milliarden Euro geschätzt, genauso hoch wie der Umsatz der Mobilfunk-Industrie. Zwischen 1994 und 1999 wurden 1400 Sicherheitsagenten dieser Firmen getötet. Die Mischehen haben keinen erkennbaren Zuwachs gefunden. Es gibt mehr Auswanderung als Einwanderung. Das Land ist nicht zimperlich darin, Ausländer scharenweise auszuweisen, wohlgemerkt panafrikanische Brüder und Schwestern, wie jüngst die Simbabwer, die zu Hunderttausenden sich aus ihrem am Boden liegenden Land in das verheißungsvolle Südafrika bewegten. Gleichzeitig erleben wir einen gefährlichen Exodus der diplomierten, gut ausgebildeten Bürger, nicht nur der weißen. Im ganzen Land gibt es nicht mehr als 18000 Mediziner, in einigen Ecken Südafrikas fehlt jede medizinische Versorgung: In der Ex-Transkei zählt das Hospital des Mount Fletcher gerade noch zwei Ärzte für 250000 Einwohner. Allein in den Jahren 2000 bis 2002 sind 5700 Doktoren ausgewandert. Die wegen ihrer Aids-Politik berüchtigte Ministerin Manto Tshabalala-Msimang hatte einst großspurig angedroht, sie werde keine Ärzte aus Kuba mehr ins Land lassen. Aber während 430 Ärzte nach Südafrika kamen, praktizierten 1500 südafrikanische Ärzte in Kanada.

Die schwerste Krise kam nach dem Rücktritt von Thabo Mbeki. Nach der unwürdigen Demontage des Präsidenten durch seine eigene Partei gelangte der machtgierige Jacob Zuma an die Macht. Du liebliches Regenbogen-Südafrika – gute Nacht. Der Korrespondent Arne Perras schrieb am 22. September 2008 in der *Süddeutschen Zeitung*: «Die junge Demokratie Südafrikas ist in ihre schwerste Krise seit dem Ende der Apartheid geraten. Zuma will um jeden Preis ganz nach oben.

Auf ihn zählen die armen Massen in Südafrika. Wenn er also antritt, dann wird er auch triumphieren.» Das Auffällige an Zuma sei, dass er der Masse als Projektionsfläche diene. «Die Armut am Kap wird nicht über Nacht verschwinden, der Kampf gegen das Elend erfordert Disziplin, Augenmaß und Geduld. Ob Zuma diesen Aufgaben gewachsen ist, mag man bezweifeln. Bisher ist der Mann vor allem durch Verstrickung in einen großen Korruptionsskandal aufgefallen – und durch sein mangelndes Urteilsvermögen. Wer als Vorsitzender der nationalen Aids-Kommission ohne Schutz mit einer infizierten Frau schläft und dann seine Rettung unter einer warmen Dusche sucht, disqualifiziert sich selbst. Auch für das Amt des Staatschefs.»

Afrika fehlt *leadership*

Vieles kommt in Afrika darauf an, ob sich verantwortliche Regierungen durchsetzen oder halten können. Auch das Schicksal Südafrikas wird sich daran entscheiden. Die meisten Staaten Afrikas sind ohne wirkliche Vorbereitung und oft überstürzt in die Unabhängigkeit entlassen worden. Wie das Beispiel des Kongo zeigt, spielten zudem die ehemaligen Kolonialmächte und die Kontrahenten der Systemkonfrontation im Zeichen des Kalten Krieges immer wieder eine unheilvolle Rolle, da sie die neuen Staaten als Figuren auf dem Schachbrett betrachteten, auf dem sie ihren globalen Konflikt ausfochten. Waffenlieferungen an Diktatoren und Bürgerkriegsarmeen destabilisierten den Kontinent, und brutale Regime wurden unterstützt, solange sie auf der richtigen Seite standen. Dennoch lässt sich nicht alles auf die äußeren Bedingungen schieben. Die Unabhängigkeit war auch eine Chance, die Afrikas Staaten erhielten und die sie schlecht genutzt haben. Die Afrikaner müssen sich den Selbstvorwurf des Nigerianers Wole Soyinka gefallen lassen, dass sie sich um ihre Identität nicht ausreichend bemüht haben, dass sie die falschen Führer zu ihren Sprechern gemacht haben, was dann Ende 2008 damit endete, dass einer von ihnen – in diesem Fall Robert Mugabe – erklärte: «Simbabwe gehört mir.»

7
New Breed of Leadership

«2002 fuhr ich ein Straßenprojekt in einem der ärmsten Viertel der Hauptstadt von Gabun, Libreville, ab – und war in Begleitung des Ministers für Planung», so erinnert sich der langjährige Weltbank-Mitarbeiter Robert Calderisi. «Es war dies der erste Besuch des Ministers in dieser armen Gegend. Noch überraschender für mich war es, dass er später am Tag auch noch zum ersten Mal den größten Hafen seines Landes betrat. Er war nunmehr Planungsminister in seinem Lande für 14 Jahre, er war vorher sogar Premierminister gewesen und hatte es nie für notwendig gefunden, eine der Hauptarterien für den Verkehr und Handel des Landes zu besuchen. […] Der einzige Grund, weshalb er heute sein (klimatisiertes) Gebäude verließ, war nur die Tatsache, dass ich an diesem Tag von dem zweitwichtigsten Mann der Weltbank begleitet wurde.»[1]

Auch bei mir haben die Erfahrungen mit afrikanischen Völkern und Regierungen immer wieder zu allergrößten Enttäuschungen geführt. Als ich am Morgen des 18. Juli 1988 den bescheidenen Führer der eritreischen Befreiungsbewegung EPLF in einem Unterstand zwischen Nacfa und Afabet traf, da war mir ganz klar, dass ich mit Issayas Afewerki einen der modernsten, bescheidensten und charismatischsten Führer in Afrika erlebt hatte. Heute fliehen bereits wieder 40 000 Eritreer aus diesem Land, das einst als größter Hoffnungsträger des Kontinents erschien, als es aus eigener Kraft seine Unabhängigkeit erreicht hatte. Afewerki ist in diesen Jahren einer der ordinärsten afrikanischen Tyrannen geworden, der seinem Volk eine Härtekur nach der anderen verordnet. Und an eines denkt er überhaupt nicht: an einen Abgang und daran, jemanden aufzubauen, der ihn ablösen könnte. Die gleiche Entwicklung nahmen in dieser Übergangszeit, als der Ost-West-Konflikt zu Ende ging, Meles Zenawi in Äthiopien und Yoweri Museveni in Uganda.

Meles Zenawi, Äthiopien

Wir waren damals sicher, dass mit Meles Zenawi jemand an der Spitze von Afrikas ältestem unabhängigen Staat stand, dem an Intelligenz kaum jemand gleichkam. Ich traf ihn später einmal, 1994. Ich verstand mich gut mit dem damaligen Botschafter Winkelmann, der es ermöglichte, dass ich ein Interview mit dem Präsidenten führen konnte, der später Premierminister wurde.

Das, was mir der junge, aufmerksame Zenawi damals ins Mikrofon sagte, war so verdammt hoffnungsträchtig für das Land. Er war umfassend informiert, hatte nichts von einem albanischen Kommunisten an sich. Die TPLF, die *Tigray People's Liberation Front*, sollte ja in der Schlussphase – so hörten wir – abhängig gewesen sein von dem härtesten Steinzeitkommunismus, den es damals noch unterhalb der Roten Khmer in Kambodscha und der chinesischen Kommunisten gab: dem albanischen Kommunismus unter der wahrscheinlich größenwahnsinnigen Gestalt von Enver Hoxha.

Meles Zenawi kannte sogar die Baader-Meinhof-Gruppe und wusste von der Gefährdung unseres deutschen Staates in der Zeit der RAF. Er wusste, dass die Parteien seines Landes noch nicht so weit waren, die Demokratie auch intellektuell zu verinnerlichen. Sie dachten immer noch an eine gewonnene Wahl als an eine gewonnene Kriegsschlacht, die in gewisser Weise die Vernichtung des Gegners voraussetzte, um siegreich zu bleiben. Der Grundgedanke der Demokratie, dass die heutige Opposition morgen, bei der nächsten Wahl, an die Regierung kommen könnte, das sei der Mentalität eines Volkes sehr fremd, das eine lebendige und wirksame Demokratie noch nicht kennengelernt hatte. Aber genau das hat er selbst dann nicht beherzigt. Meles Zenawi hat 2005 nach den ersten freien Wahlen die gesamte Opposition ins Gefängnis geworfen. Er hat vorher eine der wichtigen Oromo-Parteien schlicht verboten. Und er hat dann – das war das Schlimmste, und das wird ihm sein Volk auch nicht verzeihen – auf eine blamable und brutale Art seine Staatspolizei und die Armee auf zivile Demonstranten gehetzt und viele seiner Landsleute ohne Bedauern abknallen lassen. Meles Zenawi hat seinen eigenen Stamm der Tigray so bevorzugt, dass jeder Äthiopier das heute weiß.

Die Stadt, die noch mehr vom Ökonomie-Boom des gut ausgebildeten Landes profitiert hat als die Hauptstadt Addis Abeba, ist die Met-
ropole der Tigray, Mekelle.

Yoweri Museveni in Uganda

Yoweri Museveni, der siebte Sohn seiner Mutter – so lernten wir seinen
Namen etymologisch aufzulösen –, war ebenfalls ein ganz großer Hoffnungsträger, wirklich die Neugeburt einer afrikanischen Führungskraft. Er hatte das geschafft, was man allen afrikanischen Völkern wünschen möchte: Er hatte sein Volk aus eigener Kraft befreit, auch durch
die Moral seiner eigenen Guerilleros. Er hatte damit den Satz Napo-
leons wahr gemacht, dass es beim Militär nur zur einen Hälfte auf die
Ausrüstung und zur anderen Hälfte auf die Moral der Soldaten oder
Freiheitskämpfer ankommt.

Museveni hatte, wie es in der bis heute nicht beglaubigten, aber
schönen Legende seiner Bewegung heißt, nach der Machtübernahme
der neuen Führung unter Milton Apollo Obote, die Tansanias Staatschef Julius Nyerere mit seiner Armee mehr von oben eingesetzt denn
von unten legitimieren hatte lassen, mit nicht mehr als 27 Männern den
Befreiungskampf im Busch begonnen. Ein gewaltiger historischer Entschluss für das afrikanische Land mit dem mächtigen Namen Uganda.
Er verließ freiwillig die Bars und Protokollsäle der Botschaften in Kampala, er teilte das Leben seiner Soldaten von der *National Resistance
Army* NRA. Deren Kampf war deshalb notwendig geworden, weil der
neue Präsident mit einer total verlotterten und brutalen Armee eine Gewaltherrschaft über das Land ausübte, die in dem an Gewalt und Brutalität gewöhnten Afrika ihresgleichen suchte.

Museveni gewann weniger durch die Kraft der Waffen als durch
die Kraft der Moral seiner Leute. Unvergessen – ich werde das nie
vergessen, weil wir es eines Abends über das Radio hörten, in der
Abenddämmerung in mörderischer Umgebung. Das NRA-Radio berichtete, ein junger Soldat der Untergrundarmee NRA sei drakonisch
bestraft worden, weil er einem Bauern eine Ziege gestohlen hatte. Das
war für die ganze Bevölkerung ein Signal. Diese und ähnliche Mel-

dungen deuteten darauf hin: Hier war nicht nur jemand, der die Macht wollte. Hier war jemand, der mit seiner hervorragend disziplinierten Befreiungsarmee das Land von der ausufernden Brutalität und der totalen Ungesetzlichkeit heilen wollte, die Idi Amin und Milton Obote gesät hatten. So war es denn ja auch, der Sieg fiel der NRA wie eine reife Frucht in den Schoß. Niemand konnte die Befreiung und Eroberung von Kampala am 30. Januar 1986 aufhalten. Die erste Rede von Yoweri Museveni in den nächsten Tagen war so elektrisierend, dass ich mich erinnere, wie wir sie in unserem Autoradio hörten und nicht anders konnten, als so lange am Straßenrand stehenzubleiben, um diese große Programmrede eines großen afrikanischen Führers zu Ende zu hören.

Doch auch Museveni ist den Weg aller afrikanischen Staatschefs gegangen, oder um die Ausnahmen nicht zu beleidigen: fast aller. Er hat das Land – «the pearl of Africa» (Winston Churchill) – zwar wirklich wieder vom Kopf auf die Füße gestellt, aber auch er kann sich offenbar nicht vorstellen, dass jemand anderer ebenfalls in der Lage wäre, das Land zu führen. Er hat die Geschicke seines Landes bis heute in der Hand gehalten und gedenkt das wohl in gut afrikanisch-patriarchalischer Weise bis an sein Lebensende zu tun. Er hat sich mit seiner Frau allerdings einer christlichen Gruppierung angeschlossen, die ein ewiges Leben verspricht.

Zudem tut er sich wie alle afrikanischen Potentaten schwer mit der Opposition. Bei der Wahl 2001 hatte er einen Gegenkandidaten, Kizza Besigye, und schon das empfand er ganz offenbar als eine Undankbarkeit seiner Ugander. Die Verfassung, die 1995 verabschiedet und angenommen wurde, sah vor, dass ein Präsident nur zwei Mal wiedergewählt werden darf. Doch Museveni setzte ein Referendum durch und ließ die Verfassung ändern, sodass er im Februar 2006 noch einmal gewählt wurde. Es gab damals Unruhe in Uganda, Kizza Besigye wurde ins Gefängnis gesteckt und kam nur auf Druck der internationalen Staatengemeinschaft kurz vor den Wahlen wieder frei. Museveni gewann die dritte Wiederwahl und ist nun bis 2011 im Amt bestätigt. Museveni wird jedoch ein milderes Urteil finden als die meisten anderen lebenslangen Präsidenten, weil er sein Land wirtschaftlich tatsächlich vorangebracht hat, was jeder nachvollziehen kann, der sich heute nach Kampala begibt. Er hat auch nie den Versuchungen totalitärer Herrschaft nachgegeben, sondern eher eine aufgeklärte Präsidentenautokratie geschaffen.

Gutgläubige US-Amerikaner

Aufgrund dieser Enttäuschungen kann ich auch leichter die vielen Betrügereien verstehen, denen schwarze US-amerikanische Delegationen in Afrika aufgesessen sind. Sie wollten sich lieber täuschen lassen, als auf die Hoffnungsträger zu verzichten. Der Journalist und frühere Afrika-Korrespondent der Zeitung *Washington Post* Keith Richburg hat uns viel von seinen Begegnungen mit afrikanischen Führern erzählt, auch von den Illusionen schwarz-amerikanischer Kreise, mit denen er dort immer wieder zusammentraf. 1992 stürzte ein 26-jähriger Militär mit nicht mal hohem Rang, aber dafür mit klingendem Namen, Valentine Strasser, den amtierenden Präsidenten von Sierra Leone. Er wurde damals Afrikas jüngster Diktator. Richburg hat die Szene der Usurpation voller Heuchelei und Angeberei gut beschrieben, auf die der US-Schlager gut passen würde: «Yes, I am the great pretender ...»

Es war beim jährlichen Gipfeltreffen der Staatsoberhäupter der OAU in Dakar, der Hauptstadt Senegals. Der junge Kerl hielt – wahrscheinlich zum ersten Mal in seinem Leben – eine Pressekonferenz ab. «In seiner überweiten grünen Militäruniform wirkte sein Körper wie aufgeblasen, als hätte er gerade Gewichte gestemmt, und er trug ein schwarzes Barett und die unvermeidliche Ray-Ban-Sonnenbrille, für die sowohl Diktatoren als auch Leibwächter wie auch Einwanderungsbeamte in ganz Afrika eine besondere Vorliebe zu haben scheinen.» Ihn, Keith Richburg, den US-amerikanischen schwarzen Journalisten, ergriff das Gefühl, dass da im Grunde irgendein amerikanischer Teenager vor ihm stand, «der sich für Halloween verkleidet hatte und jetzt die Rolle eines mickrigen afrikanischen Despoten spielte».[2]

Seine Versprechungen waren Makulatur, wie andere Herrscher wusste er im nächsten Jahr nichts mehr davon: «Wir werden uns unermüdlich dafür einsetzen, unser Land so bald wie möglich wieder zu

13 Verkleideter Teenager: Regierungspropaganda in Sierra Leone.

einer Demokratie zu machen.» Genau das machte er natürlich nicht. Strasser wollte in seinem Land die Macht erobern und behalten und möglichst, wie die Mehrzahl afrikanischer Führer, 30 Jahre und länger an der Macht bleiben. Deshalb schämte er sich überhaupt nicht, als er die aus Apartheidzeiten hervorgegangene Schlägertruppe der *Executive Outcomes* aus Südafrika einfliegen ließ, damit sie in seinem Sierra Leone Tabula rasa machen sollten. Nein, er schämte sich nicht. Er regierte wie die meisten afrikanischen Chefs – *sans-gêne*, ohne Scham.

Die schwarze US-Gemeinde hatte ein ähnliches Gefühl, aber sie ließ sich gerne betrügen. Mundus vult decipi, sagten schon die Römer – die Welt will betrogen werden. Die Vertreter der afroamerikanischen Gemeinde tagten in Libreville mit einigen afrikanischen Führern. Sie hatten sich darauf eingerichtet, einige der Führer, koste es, was es wolle, als Hoffnungsträger zu feiern. Strasser präsentierte sich als Verfechter einer sauberen Regierung und sozialen Fortschritts. Jesse Jackson – so erinnert sich der Reporter Richburg – richtete eine irritierende Huldigungsadresse an den nigerianischen Usurpator Ibrahim Babangida, den

113

er sogar dem damaligen US-Präsidenten Clinton für eine offizielle Einladung ins Weiße Haus empfahl. Die versammelten US-Afroamerikaner schienen nicht zu begreifen, dass Diktatoren wie Babangida und Strasser nicht immer das tun, was sie verkünden.

Kibaki und Odinga, Kenia

Nach 24 Jahren war man den alten Mann von Kenia endlich losgeworden: Daniel Arap Moi. Das war ihnen, den sogenannten Politikern des Staates Kenia, nur gelungen, indem sie ihm garantiert hatten: Du kommst wegen des Diebstahls an Deinem Volk nicht vor das Internationale Tribunal in Den Haag, so wie das Deinem Nachbargangster Omar al-Baschir unterlief. Er muss heute mit seinen Auslandsbesuchen höllisch aufpassen, denn ehe er sich versieht, kann er irgendwo festgenommen werden. Genau, wie das einst in London dem chilenischen Diktator Pinochet geschah.

Im Januar 2003 hielt der neu gewählte Hoffnungsträger Mwai Kibaki – der dritte Präsident Kenias nach Jomo Kenyatta und dem besitz- und geldgierigen Daniel Arap Moi – seine Eröffnungsrede als Präsident: «Das ist ein kritischer Moment in der Geschichte unseres Landes. Die Aufgaben, die vor uns liegen, sind enorm, die Erwartungen sind hoch.» Aber er, Mwai Kibaki, der die alte KANU-Regierung und das KANU-System der Präsidentenpartei außer Kraft gesetzt hatte, wisse, dass er mit der Unterstützung aller Kenianer «alle unsere Probleme in Möglichkeiten umwandeln» könne: «Ihr habt mich gebeten, diese Nation aus der gegenwärtigen Wildnis und Malaise ins gelobte Land zu führen.» Dies werde er tun. Er werde – man kann sich nur die Augen reiben, wenn man das 2008 liest – «eine verantwortliche, transparente und innovative Führung anbieten». «Ich bin gewillt, alles, was ich besitze, in diese Arbeit zu stecken, denn ich empfinde sie als heilige Pflicht.»

Schrecklich betrogen wurden sie, die Kenianer. Und wir Europäer, wir haben uns wieder und wider besseres Misstrauen einlullen lassen. Nach fünf Jahren wurde im Dezember 2007 erneut gewählt, und die ausgezählten Stimmzettel deuteten auf einen Sieg des einstigen Mitkämpfers und jetzigen Rivalen von Kibaki, Raila Odinga, hin. Die Wahlen schienen schon an dem Tag der Auszählung grässlich manipuliert. Schließlich hatte man fünf Jahre lang eine ähnliche Korruption und Vetternwirtschaft erlebt wie vorher unter Daniel Arap Moi. Zwischen Kibakis Partei der Nationalen Einheit (PNU) und Odingas *Orange Democratic Movement* (ODM) hatte sich wohl die demokratiehungrige Bevölkerung klar zugunsten Odingas entschieden. Daraufhin ließ Kibaki einfach das Fernsehen sperren und sich im State House in Nairobis Innenstadt schnell zum zweiten Mal zum Präsidenten vereidigen. Viele Journalisten waren bei dieser Zeremonie nicht anwesend. Die deutsche ARD durfte mitspielen, weil eine der Mitarbeiterinnen der ARD Nairobi mit dem Sprecher Kibakis verheiratet ist. Der Korrespondent des *Spiegel*, Thilo Thielke, hat mit erkennbarem Abscheu die Szenerie dieser Usurpation der Macht durch Kibaki geschildert: Es sei eine groteske Kulisse gewesen: «Über dem kurzgeschnittenen lindgrünen Rasen kreise ein Polizeihubschrauber, auf Plastikstühlen hatten es sich unter einer grün-weißen Markise rund 200 Honoratioren bequem gemacht, etwas komfortabler saß eine handvoll Generäle in phantasievollen lamettabehängten Uniformen.» «Zwischen Kibakis Gästen lief leicht verstört Kenias oberster Richter in roter Robe und weißer Lockenperücke wie ein Relikt aus dem Kolonialmuseum herum. Sein Auftritt erreichte seinen Höhepunkt, als er dem etwas schwerfällig zu ihm hinüberwankenden Kibaki eine in schwarzes Leder eingeschlagene Urkunde überreichte.» Daraufhin durfte Kibaki eine Rede an das kenianische Volk halten und damit das «Schauspiel im Präsidentengarten» abschließen. Die Wahlen seien ein Vorbild gewesen für Demokratie auf dem afrikanischen Kontinent. Er rief die Menschen zur Versöhnung auf, denn alle Kenianer seien «Brüder und Schwestern, gehörten doch zu einer Familie». Kurz darauf ließ Kibaki die Live-Berichterstattung verbieten, das Land versank in bürgerkriegsähnlichen Zuständen.[3]

In den fünf Jahren dazwischen hatte Kibaki alle Illusionen über einen Kampf gegen die Korruption zunichtegemacht. Wieder waren wir voller Hoffnung gewesen. Warum eigentlich, frage ich mich, denn nach so vielen Enttäuschungen kann ich eigentlich solche Politiker nicht mehr ohne Misstrauen begleiten. Auch Kibaki bereicherte sich schamlos, obwohl er die Bekämpfung der Korruption sogar feierlich zu seiner Hauptaufgabe gemacht hatte. Die Beamten und Polizisten wurden dafür belohnt, wenn sie Fälle von Bestechung meldeten. Er wollte auch jedem Personenkult ganz abschwören. Aber schon kurz darauf erfand er eine 40-Cent-Münze mit seinem Konterfei. Bereits in den ersten anderthalb Jahren bis 2004 war also alles klar. Die Diebe um Kibaki hatten schon 150 Millionen Euro beiseitegeschafft – das waren in Kenia acht Prozent des Bruttoinlandsprodukts, dafür könnte man – wie der wütende britische Hochkommissar Edward Clay sagte – «1000 Mercedes S 350 kaufen oder 15 000 Klassenzimmer bauen lassen». Allein 125 Millionen Euro hätte die Kabinettstruppe der Firma Anglo Leasing and Finance Limited in den Rachen geschmissen. Diese sollte dafür Sicherheitsausrüstung und Labors liefern, damit in Kenia endlich fälschungssichere Pässe produziert werden könnten. Aber die Firma hat nie etwas geliefert, niemand wusste zu sagen, wer hinter ihr steckte. Es kann sein, dass sie sogar eine Gründung von Kabinettsmitgliedern war. Die 125 Millionen Euro wurden jedenfalls als «Kommission» deklariert.

Der britische Hochkommissar pflegte damals eine klarere Sprache als z. B. unser deutsches Ministerium für Wirtschaftliche Zusammenarbeit. Clay sagte: «Diese Regierung kann kaum von uns erwarten, dass es uns egal ist, wenn ihre Völlerei dazu führt, dass sie uns auf die Schuhe kotzen.»[4] Was aber tat unser großartiges, eigens für die Bekämpfung der Weltarmut gegründetes Ministerium? 2006 überwies es der Kleptokratenbande in Nairobi 29 Millionen Euro – unter anderem zur Bekämpfung der Korruption. 29 Millionen Euro – alles Geld von uns und Ihnen, liebe Leser, Steuerzahlergeld. Die damalige Staatssekretärin des BMZ, die mal angetreten war, «the new breed of Germany's» Entwicklungspolitikern zu sein, ließ am 25. August 2006, als schon niemand mehr in Nairobi irgendwelche Zweifel haben konnte über diese miserable Regierung, tatsächlich erklären: «Die Förderung guter Regierungsführung in Kenia ist ein Kernbereich der deutschen Entwicklungszusammenarbeit.»[5] Der Fokus der deutschen Unterstützung liege bei Korruptionsbekämpfung und der Reform der öffentlichen Finanzen. Damit leiste die deutsche Entwicklungszusammenarbeit einen Beitrag zu armutsorientierter und transparenter Haushaltsführung in Kenia. Kenia sei eines der politisch stabilsten Länder Ostafrikas. Zwei Jahre später stand Kenia am Abgrund.

Was geschieht mit unseren Staatsfrauen und -männern, wenn sie sich so leichtfertig irren? Wenn es einer kleinen Organisation einmal unterläuft, dass sie eine Subvention erst vier Wochen nach dem Datum, bis zu dem sie es hätte verwenden sollen, ausgibt, dann muss diese Organisation das Geld zurückgeben, sogar mit Zinsen. Wenn aber jemand so sträflich leichtfertig Millionen in irgendeinen Trichter tut und weiter fröhlich seines Amtes walten darf, ist auch bei uns etwas faul im Staate. Wenn die Staatssekretärin die Friedrich-Ebert-Stiftung (FES) gefragt hätte, wäre sie besser vorbereitet gewesen und hätte das Geld nicht einfach so verschwendet. Im Juli 2006 bereits hatten Fritz Kopsieker und Sophie Kraume in einer Studie der FES klare Worte zu den Verhältnissen in Kenia gefunden: «Neue Korruptionsskandale, ein brutaler staatlicher Übergriff gegen eine unabhängige Tageszeitung sowieso eine bizarre Affäre, in der Mitglieder der innersten Führungsriege des Landes und international gesuchte Betrüger gemeinsam verstrickt sind, haben dem Ansehen der Kibaki-Regierung großen Schaden zugefügt.»[6] Aber diese Stiftungen werden so wenig gehört wie die Botschafterberichte gelesen werden. Wozu geben wir Steuerzahler Geld für eine deutsche SPD-nahe Stiftung aus, wozu haben wir ein eigenes Ministerium neben dem Auswärtigen Amt, wenn eine so eklatante Verschwendung von Geldern geschehen kann?

Paul Kagame, Ruanda

Die folgende Geschichte hat uns der Korrespondent der *New York Times*, Stephen Kinzer, aufgeschrieben: Sie ist eine Geschichte über eine bewegende Anti-Korruptionshaltung. Paul Kagame war nach dem Sieg über die *genocidaires*, die Völkermörder, nicht mehr nur der hagere, asketisch-mönchische Befehlshaber seiner hochmotivierten Soldaten – er war zusätzlich auch noch Vizepräsident des Landes, seines Landes Ruanda, geworden. Kagame hatte sich zunächst zurückgenommen, weil er wusste und ahnte, dass die Hutus die beiden Hauptpositionen besetzen müssten: Den Präsidentenstuhl übernahm der RPF-Hutu Pasteur Bizimungu. Auf den Ministerpräsidentenstuhl setzte Paul Kagame den im Völkermord untadeligen Faustin Twarigamungu.

1997 wurde Kagame plötzlich sehr krank, es war ein Malaria-Anfall; er lag im Bett. Am Morgen um 10 Uhr riefen ihn seine Assistenten an und sagten ihm, dass der Finanzminister dem Premierminister eine Million US-Dollar in cash gegeben habe, um nach Europa zu fliegen und Mercedes-Benz-Autos zu kaufen. Vizepräsident Kagame nahm gleich das Telefon und rief den Präsidenten Bizimungu an. Wissen Sie es, sagte er ihm, oder wissen Sie es nicht, aber Sie haben gerade den Premierminister autorisiert, nach Deutschland zu fahren und dort Autos einzukaufen. Zunächst: Wer kann einem Minister einfach eine Million US-Dollar in bar geben? Und warum brauchen wir solche Luxuskarossen? Können unsere Minister nicht mehr arbeiten, weil sie keine Mercedes-Benz-Karossen haben? Ist das etwa eine unserer Prioritäten heute, dass wir für unsere Minister Luxuswagen kaufen? Ich weiß sehr wohl, dass wir Autos brauchen, aber das kommt erst nach anderen Prioritäten.

Sie diskutierten miteinander, und Kagame sagte abschließend: Sorry, Präsident, aber ich kann mit Ihnen nicht übereinstimmen. Der Präsident sagte dann, er solle den Finanzminister anrufen, das Geld also nicht freigeben. Als Kagame das tat, meinte der Finanzminister wiederum: Der Präsident hatte mich dazu autorisiert. Kagame erwiderte: Ich sprach mit dem Präsidenten. Ich werde so etwas nicht akzeptieren. Das kann ich mit meinem Gewissen nicht in Übereinstimmung bringen! Daraufhin rief der Premierminister ihn an und schrie fast in das Telefon: Haben Sie auch die Auszahlung der 100 000 US-Dollar gestoppt, die ich bekommen sollte, um mein Haus zu möblieren? «Ich war regelrecht verdattert», sagte Kagame. Aber er entschloss sich zu sagen: «Brüllen Sie nicht über die 100 000, die wird man Ihnen geben.»[7]

Das sei das Afrika-Problem, hat Paul Kagame immer wieder gesagt, und deshalb ist er auch ein für Afrika untypischer Regierungs- und Staatschef. Oder er ist wirklich der erste Hoffnungsträger. Für Leute wie Bizimungu gab es da nichts zu diskutieren, für die herrschenden Politiker in Afrika geht Macht und Geld schlicht zusammen. Politische Macht heißt Geld ausgeben können, Schuldscheine unterschreiben. Dazu gehört auch, einem Finanzminister Bargeld für einen Auslandsaufenthalt zu übergeben, das Geld samt der Goldreserven eigenhändig aus der Bank herauszuholen, wenn die eigene Herrschaft so gefährdet ist, dass man, wie der Äthiopier Haile Mariam Mengistu 1991, fliehen muss.

Der einstige deutsche Außenminister Klaus Kinkel sagte bei einem Besuch im Nach-Genozid-Kigali: Wenn einmal die gegenwärtige Regierung ganz stark und stabil geworden ist, dann wird sie der Hutu-Bevölkerung auch erlauben, an der Macht zu partizipieren. Nur eine starke Regierung wird sich in einem aufrichtigen Prozess der Versöhnung bewähren. Genau das war Kagames Wunsch vor allen anderen. Es brauchte eine ganz starke Regierung, um die Sicherheit im Lande zu gewährleisten, denn darauf hatten die Bewohner Ruandas einen grundlegenden Anspruch. Am 22. März 2000 traf sich ein Kreis von Verschwörern, einige führende Hutus, unter Beteiligung des Präsidenten Bizimungu und berieten sich in einem langen Treffen in Kigali. Sie schlossen einige Vereinbarungen, die den Boden für eine harmonischere Regierung hätten bilden können. Dann entschloss sich aber Bizimungu zurückzutreten und hielt eine sehr aufmüpfige Rede im Parlament. Dieses machte daraufhin den Vizepräsidenten mit 81 zu drei Stimmen zum neuen Präsidenten. Kagame schwur den Eid auf die Präsidentschaft am 22. April 2000.

Gleichzeitig setzte man Neuwahlen an für 2003. Bizimungu versuchte sich für diese Wahlen mit einer neuen Hutu-Partei zu positionieren. Das war der Moment, in dem er verhaftet und der Korruption angeklagt wurde. Bizimungu gab daraufhin in einem Interview wörtlich zu Protokoll: «Wenn die Dinge und Staatsaffären in diesem Land so weiterlaufen, dann wird sich die Hutu-Bevölkerung auf einen Krieg vorbereiten und in 15 oder 20 Jahren die Tutsis aus dem Land schaffen.»

Paul Kagame hatte mehr im Sinn für Ruanda. Er entwickelte einen Plan, der utopisch klang, aber dem Land eine Richtung gab: Vision 2020. Er gab der Regierung die Ziele und Eckpunkte vor, die sie bis 2020 erreichen sollte. Das Land brauche ein modernes Netzwerk von Straßen, Flug- und Eisenbahnverbindungen sowie Internet-Zugang. Es müsse sein Ausbildungssystem wesentlich verbessern, zumal in der Wissenschaft wie in der Informationstechnologie. Es müsse die Gleichberechtigung der Geschlechter fördern und private Investoren ins Land

14 Rupert Neudeck mit Paul Kagame, Oktober 2008.

locken. Die Wahlen am 25. August 2003 wurden keine Herausforde-
rung für Kagame, weil er die Partei seines Gegners Twarigamungu verbieten ließ. Also stimmten 95 Prozent der Bevölkerung für ihn. Das war
gewiss eine Schlappe, denn Kagame hätte sich der Konkurrenz sicher
aussetzen können. Aber wofür? Eher zu unserer Befriedigung. Für die
Bevölkerung ist es sicher besser, ihn als Präsidenten und Führer des
Landes zu haben. Es wurde eine neue Verfassung ausgearbeitet, die für
den Präsidenten eine Regierungszeit von zweimal sieben Jahren vorsieht.

Auch unter Paul Kagame ist nicht alles richtig gelaufen: Er hat
einige wirklich sehr gute Leute, oder sagen wir es noch vorsichtiger: den
Einzigen, der ihm von der Hutu-Seite Paroli bieten konnte, wohl verschwinden und ermorden lassen. Seth Sendashonga hatte sich 1997 als
Innenminister verabschiedet. Er warnte, für mich etwas übertrieben,
von Nairobi aus vor einem zweiten Genozid in Ruanda, dieses Mal an
den Hutu-Zivilisten. Es sei ein Versuch im Gange, die Hutu-Bevölkerung «systematisch zu eliminieren und alle die, die den Machthabern
das Gefühl geben, dass sie selbst der Bevölkerung eine Führung geben
könnten».[8] Am 10. Mai 1998 fuhr Sendashonga durch einen Vorort von

Nairobi, als einige Bewaffnete das Feuer auf seinen Wagen eröffneten. Er wurde sofort an Ort und Stelle getötet, ebenso wie der Fahrer des Wagens. Der erste Verdacht fiel natürlich auf Kagame. Dieser bestritt die Unterstellung, er habe den Befehl zu diesem politischen Mord gegeben. Aber wie Stephen Kinzer, also ein großer Sympathisant Kagames, es sagte: Es gab jeden guten Grund dafür, dass er den Befehl gegeben hatte. Sendashonga stellte eine politische und militärische Bedrohung dar für Kagames Regime. Kagame aber ist auf dem afrikanischen Kontinent eine absolute Ausnahme. Es gab bis 2009 noch den Präsidenten Marc Ravalomanana in Madagaskar, der gleichermaßen einen unbändigen Willen hatte, sein Land und seine Insel binnen kürzester Zeit nach oben und nach vorn zu bringen. Die Mehrzahl der afrikanischen Führer und Eliten aber halten Armut wie Reichtum für ein gottgegebenes Schicksal oder Geschenk. Das Parlament der Elfenbeinküste hat 1993 ohne jede Scham, was auch hieß ohne jede öffentliche Ankündigung, die eigenen Abgeordnetengehälter einfach erhöht. Daran waren die oppositionellen Abgeordneten mit demselben Eifer beteiligt wie die der Regierung. Der Oppositionsführer sagte damals auf die Frage, warum er denn in einem Land, in dem die Mehrheit der Bevölkerung mit 400 oder 500 US-Dollar im Jahr auskommen müsse, sein schon hohes Gehalt noch mal verdoppeln müsse: Sie bräuchten bessere Bedingungen für ihre Arbeit. Und er fügte hinzu – und das, obgleich dieser Abgeordnete Geschichtslehrer war –, dass kein großer religiöser oder politischer Führer in der Geschichte sein Volk aus dem Elend geholt habe, indem er selbst elend war: «Weder Moses noch Christus, noch Mohammed waren arm. Noch waren Marx, Engels, Lenin, de Gaulle, Mitterrand oder George Washington jemals arm.»

Abdullahi Yusuf, Somalia

Aus Somalia wurde uns Ende 2008 berichtet, von den Agenturen und auch in der *Süddeutschen Zeitung*, deren Reporter Arne Perras von Kampala aus eigentlich ein aufmerksamer Beobachter der afrikanischen Verhältnisse ist: «Somalias Präsident tritt zurück.» Was daran falsch ist:

Abdullahi Yusuf ist nur eine bezahlte, ausgeliehene Maske, die in den Nachbarländern – hauptsächlich in Nairobi – herumgeht wie ein brüllender Löwe und nach mehr Geld schreit. Abdullahi Yusuf wurde von der internationalen Staatengemeinschaft ausgehalten. Wenn man die internationale Staatengemeinschaft sagt, meint man meist die Europäische Union. Der deutsche Botschafter Walter Lindner, der damals der leitende EU-Botschafter in Nairobi war, hat mir bei einem Besuch sein Leid geklagt. Er müsse andauernd zum Flughafen hinausfahren, weil dieser sogenannte Präsident von Somalia wieder mal im Anflug sei. Seine Präsidentenwürde bestehe einzig darin, dass Äthiopien ihn gerne als Feigenblatt für seine Intervention gegen die Rebellen der «Union der islamischen Gerichte» haben wollte.

Aber Abdullahi Yusuf konnte sich nicht mal in der Hauptstadt Somalias blicken lassen. Seinen Rücktritt hat der sogenannte Präsident der sogenannten somalischen Übergangsregierung vor dem sogenannten Parlament in Baidoa angekündigt, und zwar am 28. Dezember 2008. Die Tatsache, dass diese Regierungen, diese *worst* oder *bad governments,* von der Staatengemeinschaft ausgehalten werden, dass ihre mageren Kassen durch Budgethilfe und andere Subventionen gefüllt werden, führt zu einer so selbstverständlichen Anspruchshaltung, dass der sogenannte Präsident von Somalia erklären konnte, die Weltgemeinschaft sei seiner Regierung nicht ausreichend zu Hilfe gekommen. Und weiter formulierte er als Vorwurf, dass der Großteil des Landes nicht in seiner Hand gelegen habe. Die Islamisten hatten in der Rebellion der vergangenen Monate immer mehr Gebiete Somalias unter ihre Kontrolle gebracht.

Die internationale Gemeinschaft macht hier – ganz ähnlich wie im Fall Palästinas – semantische Spiele, weil sie mit der Situation eines nicht existenten oder besetzten Landes nicht zurechtkommt. Bei Palästina muss sie noch mit der Weigerung des Staates Israel fertig werden, die Besatzung aufzuheben. In Somalia muss sie damit fertig werden, dass es zwar viele Waffen, aber keine staatliche Autorität mehr gibt. Deshalb haben die USA versucht, eine militärische Intervention der äthiopischen Armee zu veranlassen. Arne Perras schreibt in der *Süddeutschen Zeitung,* dass der Zusammenbruch der somalischen Übergangsregierung, die vor vier Jahren nach langen Verhandlungen in Kenia aufgebaut wurde, seit Längerem abzusehen war. Der Zusammenbruch war aber gar keiner, weil der sogenannte Präsident von der internationalen Gemeinschaft, sprich der EU, samt seinen Ministern und den Abgeordneten fürstlich dafür bezahlt wurde, *just for the show* in Nairobi zu sitzen und Regierung zu spielen. Der «Präsident» war so wenig einer, wie der Palästinenser Mahmud Abbas in Ramallah einer ist. Auch er wird nur von der internationalen Gemeinschaft gebraucht, um Pressekonferenzen zu organisieren, wenn Ausländer zu Besuch kommen. Der Rücktritt ist auch kein Rücktritt, wenn Journalisten ihn richtig beschreiben würden. Denn Abdullahi Yusuf war doppelt abhängig: von der Gnade der äthiopischen Armee und von den Geldern der Europäischen Union. Es klingt natürlich gut, wenn der Korrespondent eines deutschen Blattes schreibt: «Ohne den militärischen Rückhalt aus Addis Abeba war das schwache Kabinett unter Präsident Yusuf nicht überlebensfähig.» Das bedeutet ja, dass dieser sogenannte Präsident von dem äthiopischen «Erbfeind» im Westen, von der Armee des Erbfeindes, eingesetzt worden war. Es hieß, der Druck auf ihn sei in den vergangenen Monaten gewachsen. Das heißt übersetzt: Man wollte ihn loswerden, denn er hatte in seinem Land ja nichts verloren. Diplomaten hätten in ihm, so heißt es, eher ein Hindernis als einen Katalysator für den Frieden gesehen, weil er sich weigerte, auf einflussreiche Gruppen zuzugehen und sie in den politischen Prozess einzubeziehen. Alles an diesem Land Somalia ist jetzt nur noch Anspruch, Schein, aber nicht mehr Wirklichkeit. Die *Afrikanische Union* soll eine Friedenstruppe anstelle der Äthiopischen Armee in Somalia stationieren, schafft das aber nicht. Was macht man mit multilateralen Institutionen, die einmal übernommene Aufgaben einfach nicht implementieren können? Sie werden genauso auf die internationale Gemeinschaft schimpfen wie der von der EU ausgehaltene «Präsident Abdullahi Yusuf».

Somalia könnte demnächst der zweite Fall sein, in dem es trotz der alten Regel von der unbedingten Beibehaltung der bestehenden Grenzen einen weiteren souveränen Staat gibt, nämlich Somaliland. Das, was wir Somalia nennen, ist das zusammengeklebte Staatsgebilde zweier kolonialer Staaten. Als Erstes wurde Britisch-Somaliland 1960 in die Unabhängigkeit entlassen. Es bestand 14 Tage, wurde dann aber gleich mit dem jetzt ebenfalls in die Unabhängigkeit entlassenen Italienisch-

Somaliland vereinigt. Die Nord-Somalis bestehen auf ihrer Republic of Somaliland und würden vor dem Internationalen Gerichtshof in Den Haag sogar Recht bekommen. Ihre Diplomaten sind nur noch nicht geschickt genug, das der Welt und der afrikanischen Gemeinschaft schmackhaft zu machen.

Die immerwährende Enttäuschung: Omar Bongo, Gabun

Der im Juni 2009 verstorbene Omar Bongo hat in den 30 Jahren seiner Regierungszeit in Paris und in Nizza ordentlich hingelangt. Er hat insgesamt 33 große und sündhaft teure Immobilien in Paris im 17. Arrondissement eingekauft. Dazu kam die Suche nach dem Verwendungszweck von 390 795 Euro, die im Februar 2004 von der Regierungszahlstelle Gabuns ausbezahlt wurden. Man ist fündig geworden: Für diese Summe wurde ein Maybach 57 gekauft (die deutsche Konkurrenzmarke zu Rolls-Royce), für Madame la Présidente Edith-Lucie Bongo-Ondimba. Nach den Recherchen der Polizei in Paris hat der Fiskus in Gabun diesen Luxuswagen für die erste Dame des Landes bezahlt, einen Wagen, der sonst keine offizielle Funktion hat. Ebenso hat man für 75 858 Euro ein Auto vom Typ Mercedes mit Panoramadach für die Tochter des Präsidenten, Pascaline Bongo, aus Steuerzahlermitteln gekauft. Dies war jedoch nur ein Teil der Kaufsumme, der andere wurde vom französischen Anwalt des Präsidenten Bongo bezahlt. Das mag überraschen – aber «ich kann Geschenke an die Tochter des Präsidenten machen, den ich seit 20 Jahren kenne».

Das Wochengehalt des Präsidenten Bongo belief sich auf 14 940 Euro – zum Vergleich: das des Präsidenten von Kongo-Brazzaville auf 30 000 Euro. Die Immobilien Bongos liegen nach Auskunft des Berichtes der OCRGDF (*Office Central pour la Répression de la Grande Délinquance Financière* – Amt für die Verminderung der großen finanziellen Vergeudung) im 17., im 7. und im 8. Pariser Arrondissement, nachweislich die teuersten und die vornehmsten der Pariser Stadtviertel. Der Präsident verfügte über 33 Immobilien für sich und seine Großfamilie, dazu kommen 18 Appartements und Häuser, die er als Belohnung für seine Lakaien gekauft hat, wie z. B. den Außenminister Jean Ping sowie Söhne aus seiner Familie. Auch andere Staatschefs wurden in Paris fündig: Für 470 000 Euro erhielt die Ehefrau des Präsidenten von Kongo-Brazzaville, Antoinette Sassou Nguesso, ein Neun-Zimmer-Appartement im 17. Arrondissement. Sein Sohn Denis Christel kaufte in gleicher Wohnlage etwas für 1 600 000 Euro. Gestorben ist Omar Bongo nicht etwa in Afrika, sondern in einem Luxus-Hospital in Barcelona. Afrikanische Staatschefs, Minister und Ministeriale lassen sich zur medizinischen Behandlung nach Europa oder in die USA fliegen. Dass die eigene Bevölkerung keine zureichende Behandlung und Betreuung erfährt, ist diesen Führern und Ministern so egal, dass sie sogar überrascht sind, wenn man sie danach fragt.

Charles Taylor, Liberia

Charles Taylor hat das archaische Bild von Afrikanern, die Menschen zu allergrößter Brutalität aufhetzen, sehr gründlich bestätigt. Liberia war wirklich ein Land, in dem die Grausamkeit tobte. Man konnte sich z. B. das Video, in dem einer der Warlords sich brüstete, dem alten Diktator Samuel Doe die Ohren abgeschnitten zu haben, auf dem Schwarzmarkt besorgen. Die Plünderungswellen wurden durch den Verlust der Staatlichkeit angeheizt. Taylor konnte seine Bevölkerung am 19. Juli 1997 dazu bringen, dass 75 Prozent der Wähler, die damals registriert waren, für ihn stimmten. 13 Parteien waren zur Wahl angetreten. Zwei Wochen später wurde er zum Präsidenten gewählt. Die Einnahmequelle seiner Milizen waren die Diamanten. Der Schmuggel mit Diamanten verschaffte Charles Taylor ein finanzielles Polster, um mit seinen jungen Kalaschnikow-Trägern die Bevölkerung zu terrorisieren. Das größte Verbrechen beging er, als er die *small boys units* aufstellte, Gangs aus arbeitslosen Jugendlichen, die mit billigen Drogen aufgeputscht und gefügig gemacht wurden. Was geht im Kopf eines solchen furchtbaren Menschen vor, der sein eigenes Land verfallen lässt und den Ratten zum Fraß vorwirft?

Wir hatten damals eine Hilfsaktion geplant und waren mit einem Schiff vom Hafen von Freetown im Nachbarland Sierra Leone gestartet, um Monrovia zu erreichen, was uns auch gelang. Wir konnten dort auch arbeiten, aber immer mit dem schalen Bewusstsein, dass alles wieder gestohlen werden würde. Eine Regionalorganisation hatte eine Friedenstruppe geschickt, die ECOWAS schickte die ECOMOG. Die Masse der Schiffe und Soldaten stellte die Nigerianische Armee, bezeichnenderweise damals von einem der widerlichsten Militärdiktatoren namens Sani Abacha geschickt. Aber die ECOMOG-Soldaten bereicherten sich an allem, was in Monrovia und anderswo noch zu finden war. Die Abkürzung ECOMOG löste sich auf als: «Every Car or Mobile Gone». Nun ist der Alptraum, so hofft die Welt, so hoffen die Liberianer, vorbei. Es gibt eine starke gute kluge Frau, die das Land regiert, der man mehr und bessere, weniger korrupte Mitarbeiter beim Ausmisten des Augiasstalles wünschen möchte.

Eine Kathedrale für den König: die Elfenbeinküste

Der Sonnenkönig in Abidjan, Félix Houphouët-Boigny, hat in seiner in parlamentarischen Legislaturperioden nicht mehr auszurechnenden Königszeit eine Kathedrale in seinem Heimatbezirk in Yamassoukro bauen lassen, die größer und schöner noch sein sollte als der Petersdom in Rom. Selbst dem Papst war dieses Vorhaben nicht unheimlich, als er im September 1990 dieses gewaltige, blasphemische Gebäude einweihte. Es ist der Katholik Peter Scholl-Latour, der zu diesem Bauwerk die härtesten Worte fand, nicht unsere kirchlichen Vertreter, nicht Kardinal Lehmann, nicht Bischof Kamphaus. Man müsse Houphouët-Boigny des Größenwahns und der religiösen Geistesverwirrung bezichtigen, weil er diese kolossale Imitation des Petersdomes in die afrikanische Savanne hineinprojizierte. Das Innere der schneeweißen Basilika, die unserer Lieben Frau des Friedens geweiht ist, kommt dem Prunk des römischen Originals natürlich nicht gleich, aber die Fenster verleihen dem Heiligtum sakrale Pracht. Der Kirchenraum ist für 7000 Menschen geplant. Und er ist klimatisiert. Im Februar 1994 hat sich der Sonnenkönig der Elfenbeinküste hier sein Requiem feiern lassen, zu dem als Letzter der französische Staatschef Mitterrand einflog.

Robert Mugabe, Freiheitskämpfer und Staatschef seit 1980

Man muss bei den Staatsmännern in Afrika, die leider weiter so genannt werden, obwohl sie oft zu wirklichen Kriminellen degenerieren, die mit dem Wohlstand ihres Volkes eigensüchtig Unsinn treiben, drei Klassen unterscheiden:

(1) Es gibt solche, die einfach nur machtsüchtig sind, die diesen Kitzel ihr Leben lang nicht vergessen und vermeiden können, wenn sie ihn einmal in der Nase hatten. Zu dieser Sorte gehören Politiker wie Yoweri Museveni, Omar Bongo, Paul Biya, Eduardo dos Santos.

(2) Dazu kommen die wirklichen Kleptokraten, wobei Macht und Geldgier oft Hand in Hand gehen. Dafür ist der 30 Jahre lang regierende Staatschef des Zaire-Kongo ein sprechendes Beispiel, Mobutu Sese Seko.

(3) Dann gibt es drittens noch die Staatslenker, die einfach totalitäre Macht- und Gewaltinstinkte haben. Für diese dritte Kategorie darf der Staatschef des letzten in die Unabhängigkeit entlassenen Landes als exemplarisch gelten, Simbabwes Präsident Robert Mugabe.

Als durch einen Zufall im Mai 1960 der junge Robert Mugabe auf dem Rückweg von Ghana nach Rhodesien war, um seiner Familie die junge hübsche Sally vorzustellen, hatte er eigentlich geplant, nach Ghana – einem der ersten Länder in Afrika, die die Unabhängigkeit erreicht hatten – zum Abschluss seines Studiums zurückzukehren. Da nahm das Schicksal seinen Lauf. Er traf in der Kutuma-Mission seinen ehemaligen Lehrer Leopold Takawira, der mittlerweile bei der Oppositionspartei NDP (*National Democratic Party*) gelandet war. Takawira bat ihn, im Widerstand mitzuarbeiten und der Partei beizutreten. Robert Mugabe hatte sich noch gar nicht dazu entschlossen, als am 19. Juni im Morgengrauen die Polizei die Häuser von Takawira und zwei anderen NDP-Repräsentanten durchsuchte und die drei mit Berufung auf den *Act of Unlawful Organizations* festnahm. Am gleichen Abend schloss sich Mugabe den 7000 Demonstranten an, die von dem schwarzen Vorort Highfield ausgingen, um in Salisbury vor dem Büro des

Ministerpräsidenten zu demonstrieren. Am Eingang wurden sie von der Polizei mit voller Gewalt gestoppt. Die Menge war am nächsten Tag auf 40 000 angewachsen. Auf einer Plattform wurden Reden gehalten, und Robert Mugabe wurde als jemand, der studiert und in Afrika herumgereist war, gebeten, eine Rede zu halten. Es wurde die erste große politische Rede seines Lebens, und er bekam rauschenden Applaus. Er sprach von seinen Träumen für ein zukünftiges «Simbabwe» – den Namen hatte die Widerstandsbewegung schon für das künftig unabhängige Rhodesien ausgesucht.

Dieser Marsch der 7000, wie er später genannt wurde, schoss den jungen Mugabe geradezu in die nationale Widerstandsbewegung. Er verzichtete auf seinen Job als Lehrer in Ghana und trat der Bewegung bei, wurde ihr erster Sekretär für Öffentlichkeitsarbeit. Er bat Sally, die nach Ghana zurückgekehrt war, für die Hochzeit zurückzukommen. Im Februar 1961 heirateten sie, und Sally war ganz klar, dass sie als Ehepaar ein sehr schwieriges Leben würden führen müssen: «Ich wusste, dass ich nach dieser Hochzeit nicht am Zaun sitzen würde.»[9] Schon damals wurde Sally zu einer der beliebtesten Personen des Widerstandes wie später des Volkes von Simbabwe. Um sie herum waren immer Lachen und Freude, erinnerten sich die Menschen später.

Die Briten riefen 1961 zu einer Verfassungskonferenz nach Salisbury und luden auch die NDP ein. Diese nahm die Einladung unter ihrem Präsidenten Joshua Nkomo an. Die NDP-Führung war der Überzeugung, dass solche Konferenzen ihre gerechte Sache bekannt machen würden. Nkomo ließ sich auf einen ersten Kompromiss ein: Die NDP bekam 15 Sitze von 65 in der Verfassungskonferenz. Allerdings war klar, dass die rhodesische Regierung eine Autonomie unter der Führung der Weißen wollte, und die Briten wollten sich davon nicht distanzieren. Mugabe wurde Nkomos Gegner, er war radikaler, selbstbewusster, gewaltbereiter. Als im September 1962 ihre inzwischen ZAPU *(Zimbabwe African People's Union)* genannte Partei verboten wurde, kam Mugabe das erste Mal mit anderen Parteimitgliedern für drei Monate ins Gefängnis. 1963 verließ er die ZAPU und leitete den militärischen Arm des Ablegers ZANU. In der Zeit des Guerillakrieges verbrachte er über zehn Jahre im Gefängnis. Mugabes ZANU trug die Hauptlast des Befreiungskrieges in Ost-Rhodesien, während Nkomo in

West-Rhodesien kämpfte. Die ZANU bekam dabei Unterstützung von China und von Basen im mosambikanischen Hinterland.

Mugabe wurde zornig, als er mitbekam, dass Nkomo sich 1978 zu Verhandlungen mit Rhodesiens Premierminister Ian Smith bereitfand, um sich eine Position in einer zukünftigen Regierung zu sichern. Schon bei der Lancaster-Konferenz 1979 über die Beendigung des Bürgerkrieges wurden die Differenzen der beiden – Nkomo und Mugabe – deutlich. Bei den ersten Wahlen im Februar 1980 erlitt Nkomo eine entscheidende Niederlage. Er bekam nur die 20 Sitze des Matabelelandes. Das bedeutete, er würde in dem künftigen Simbabwe nur die Rolle eines Führers der Ndebele einnehmen. Nkomo war tief getroffen, kam in Tränen nach der Wahl in das Regierungshaus zu dem noch anwesenden Gouverneur Soames und erklärte: «Ich bin der Vater von Simbabwe. Warum haben sie mir das angetan?» Die ZANU erhielt die Mehrheit.

Mugabe strebte in den ersten Jahren eine Versöhnung des Landes an, die an das erinnert, was später Mandela geleistet hat: Versöhnung und keine Möglichkeit, zu der Bitterkeit der alten Tage zurückzukehren. Der heutige Erziehungsminister David Coltart zeigte mir das Telegramm, mit dem Mugabe es erreichte, dass die Studenten aus Kapstadt wieder nach Rhodesien, das jetzt Simbabwe hieß, zurückkehrten. Mugabe lud den alten Feind Ian Smith zu sich ins Haus ein. Er wollte auch den Chef des Geheimdienstes CIO gewinnen, Ken Flower, der ganz besonders berührt war, weil er ja zuvor mehrmals den Mord an Mugabe in Auftrag gegeben hatte. Mugabe setzte sogar Denis Norman, einen Weißen und ehemaligen Chef der *Commercial Farmers Union,* als Landwirtschaftsminister ein.

Es wurde eine Zeit wie eine Hochzeitsreise. Die Weißen mussten keine ökonomischen Sanktionen, keine Rationierung von Benzin oder die Einberufung zum Wehrdienst befürchten. Simbabwe wurde zum Star unter den afrikanischen Ländern, es wurde geradezu überschüttet mit Hilfe – die USA gaben ein Paket von 225 Millionen US-Dollar für drei Jahre. Bei einer Geberkonferenz im März 1981 bekam Simbabwe insgesamt Hilfe in Höhe von 636 Millionen Pfund zugesagt. Mit Südafrika ging Mugabe erst einmal aus guten Gründen pragmatisch um. Er machte klar, dass er die Weißen gut behandelte, aber auf der Seite der schwarzen Brüder in Südafrika stünde. Nach 18 Monaten der Unabhängigkeit erklärte Mugabe, dass die rassistischen Einstellungen im Land sich noch nicht geändert hätten. Er würde immer wieder hören, dass die schwarzen Arbeiter geschlagen würden. Und im gleichen Monat wurde die Abgeordnete Wally Stuttaford verhaftet unter dem Verdacht, die Regierung stürzen zu wollen.

Mugabe war schon im Oktober 1980 in Nordkorea gewesen und hatte um Hilfe gebeten in dem brutalsten kommunistischen Land, das es auf der Erde gab. Er hatte keine Berührungsängste mit dem totalitären Regime. Im August 1981 ließ er bekannt werden, dass ein Team von 106 Nordkoreanern seine neue Spezialarmee trainierte. Joshua Nkomo klagte Mugabe daraufhin an, er würde eine spezielle Partisanenarmee für sich selbst formieren, abseits der Nationalen Armee, um einen Ein-Parteien-Staat zu gründen. Leider hatte Nkomo damit Recht. Ende 1982 war Mugabes 5. Brigade fertig ausgerüstet und trainiert. Die Soldaten trugen eigene Uniformen, hatten eigenes Equipment, eigene Fahrzeuge. Sie waren fast alle Shona sprechende Ex-Milizen der Zanla, der *Zimbabwe African National Liberation Army*, die im Bürgerkrieg gekämpft hatten und loyal zu Mugabe standen. Mugabe nannte diese neue Brigade «Gukurahundi», ein Shona-Wort, das den Regen meint, der vor der Frühlingsregenzeit die Blätter wegfegt. Er hatte diesen Ausdruck schon einmal benutzt: Er nannte das Jahr 1979, das entscheidende Jahr des Befreiungskrieges, «Gore reGukurahundi», das Jahr des Volkssturmes. Im Matabeleland sollte dieser Ausdruck noch eine besondere Färbung bekommen: das Wegfegen von Dreck.

Die totalitären Neigungen Mugabes und seiner Regierung drückte der Kommandeur der 5. Brigade deutlich aus: «From today onwards I want you to start dealing with dissidents.»[10] Am 6. Februar 1983 gab es ein Massaker mit 52 Toten im Distrikt Lupane, am 5. März 1983 wurden 53 Menschen, Bürger des freien Simbabwe, an den Ufern des Cewala River ermordet. Am 9. März waren es 26 Dorfbewohner in Mkhonyeni, darunter auch Frauen und Kinder, die in Hütten eingesperrt und dann verbrannt wurden. Innerhalb von sechs Wochen fielen insgesamt 2000 Zivilisten den brutalen Gewaltübergriffen der 5. Brigade zum Opfer. Bis 2009 hat Mugabe nicht einmal die Verantwortung für diese Massaker übernommen, geschweige denn sich dafür entschuldigt oder die Opfer entschädigt. Nichts davon durfte berichtet werden.

Am 16. März 1983 konfrontierten ein Mitglied von *Justitia and Pax* und zwei Bischöfe den Präsidenten mit einem Dossier über die Grausamkeiten der 5. Brigade und ihre Übergriffe auf die Zivilbevölkerung. Der Katholik Mugabe gab zu erkennen, dass die Loyalität solcher Bischöfe sehr zu wünschen übrig lasse, die sich zu Werkzeugen auswärtiger Manipulationen machten. Die Kirche von Simbabwe, welches auch immer ihre konfessionelle Denomination, müsse ein für allemal jede Tendenz oder Versuchung aufgeben, als Marionette für auswärtige Mutterkirchen zu dienen. Auch die Angriffe auf Joshua Nkomo verstärkten sich. Im März 1983 wurde ein Haus, in dem sich Nkomo befand, von Mitgliedern der 5. Brigade gestürmt. Man erschoss seinen Fahrer und zwei Mitarbeiter. Nkomo entschloss sich zu fliehen, er suchte Zuflucht und Asyl in Botswana und ging dann nach London.

Mugabe hatte also schon eine gehörige Vorgeschichte, als er vor knapp zehn Jahren die Situation eskalieren ließ. Am 26. Februar 2000 begannen Gangs, mit Äxten und Messern Farmen weißer, d. h. britischer Farmer zu überfallen, anzuzünden und die Besitzer durch Terror zu vertreiben. Diese Gangs nannten sich *War Veterans*, aber sie waren in der Mehrheit Leute, die während des Befreiungskrieges in Simbabwe noch nicht einmal geboren waren. Auf der Marondera Farm z. B. war Cathy Buckle in größter Sorge. Wie viele der weißen Farmer hatten die Buckles ihre Farm erst nach der Unabhängigkeit gekauft. Sie hatten sich sogar ein Zertifikat besorgt, in dem stand, dass die Regierung an der Marondera Farm kein Interesse habe.

Mit den Landinvasionen sollte Rache genommen werden für Mugabes Niederlage im Referendum über eine neue Verfassung. Einer der Anführer war Chenjerai Hunzvi, der sich den Beinamen «Hitler» gab. Die *Commercial Farmer's Union* (CFU) erreichte am 17. März 2000 ein Urteil des Obersten Gerichts, das die Landinvasionen für illegal erklärte und die Polizei anwies, diese innerhalb von 24 Stunden zu beenden. Hunzvi wurde von der Regierung aber ausdrücklich ermutigt, diesen Beschluss zu ignorieren. Die Polizei jedenfalls griff nicht ein, sie hielt das alles für zu gefährlich für sich selbst. Wenn Farmer sich wehren und Zuflucht zur Gewalt nehmen würden, dann – so Mugabe gegenüber dem Obersten Gerichtshof – würden sie die Medizin bekommen, die sie verdienten: «And this can be severe, very, very severe.»

15 Mit Äxten und Messern: *War Veterans* vor einer Farm in Karoi nördlich von Harare, April 2000.

Besonders ungeschickt war es, dass der Staatsminister im britischen Foreign Office, Peter Hain, gleich von Evakuierungsplänen für 20 000 britische Staatsbürger in Simbabwe sprach, denn darauf hatte Mugabe nur gewartet. Um die Frage des Landbesitzes noch einmal anzuheizen, brachte er ein Gesetz vor das Parlament, das die Verfassung ergänzen sollte. Die Regierung sollte ermächtigt werden, von Weißen bearbeitete Farmen ohne Kompensation zu enteignen. Genau das war schon in einem Referendum vorgeschlagen, aber von der Bevölkerung abgelehnt worden.

Das Totalitäre im Verhalten von Mugabe steigerte sich bis auf den heutigen Tag. Er ließ auch zu, dass der *War-Veterans*-Führer ausdrücklich den Rechtsstaat in Frage stellte: Die Richter seien «Teil des Systems, das wir an den Nagel gehängt hatten, als wir die Unabhängigkeit erreichten. Wer sind sie, dass sie uns bedrohen?» Die Landbesitznahmen wurden mehrmals von dem Obersten Gericht des Landes für illegal erklärt. Am 14. April 2000 wurde David Stevens zusammen mit seinem schwarzen Vorarbeiter David Andoche ermordet und erschlagen. Die beiden wurden mit Handschellen gefesselt in den Busch abgeführt, immer wieder geschlagen und brutal gefoltert, bis sie tot waren. Die Polizei kannte die Mörder, aber die Eröffnung einer Anklage wurde dann abgelehnt «for want of evidence» – aus Mangel an Beweisen. Am 18. April 2000 – also am 20. Jahrestag der Gründung von Simbabwe und der Erklärung der Unabhängigkeit – wurde der 42-jährige, also vergleichsweise junge Farmer Martin Olds ermordet.

Man muss es so deutlich festhalten: Mugabe hat sich vollkommen vom Rechtsstaat verabschiedet. Hier wäre das Wort – das zu oft und zu unnötig strapazierte – vom faschistischen Staat ganz angebracht. Die Menschenrechtsorganisation Amani Trust spricht in einem Bericht von nicht weniger als 19 Ermordeten. Zur Zeit des Berichtes waren bereits 1500 Farmen von weißen Besitzern eingenommen. Sie kamen aber nicht der armen schwarzen Bevölkerung zugute, sondern wurden an Parteigänger und Minister vergeben. Es gab einst 400000 gut bezahlte Arbeitsplätze in der Landwirtschaft, über die Hälfte davon ist inzwischen weggefallen.

Mindestens ebenso schlimm wie das restlose Verschwinden eines Rechtstaates – wenn es ihn denn abgesehen von der Fassade in Simbabwe überhaupt gegeben hat – ist das Aufkommen eines von höchster Stelle geförderten Rassismus. Die Weißen sollen verschwinden, erklären unisono «Hitler» Hunzvi und Robert Mugabe. Wer sich gegen ihn und seine Partei ZANU-PF stellt und auf irgendetwas anderes setzt, ist ein heimlicher Kolonialist. Der Gouverneur von Masvingo, Josiah Hungwe, sagt es deutlich, wieder ohne Gefahr für sich selbst: Wir wollen keinen neuen Krieg. Wenn Ihr Frieden wollt – das richtet er an die Adresse der weißen Farmer sowie des *Movement of Democratic Change* (MDC) –, dann unterstützt die regierende Partei. «If you want trouble than vote for another party.»

Mugabe heizte den Rassismus immer wieder an, auch wenn er zwischendurch mal die Farmer und die *War Veterans* an einen Tisch ins State House gebeten und sich dabei als nationaler neutraler Schiedsrichter gegeben hatte. Er habe nicht vor, erklärte er einer Menschenmenge bei einer Wahlveranstaltung in Gwanda am 14. Juni 2000, die Land-

16 Ein weißer Siedler in seiner von *War Veterans* zerstörten Farm östlich von Harare, August 2002.

invasionen einzustellen: «Ich werde sterben mit der Forderung nach dem Land. Mein Recht auf das Land ist ein Recht, über das keine Kompromisse gemacht werden. Es ist unser Recht, es ist unser Land, wir sind vorbereitet, dafür zu sterben.» Die weißen Farmer sollten endlich Abschied nehmen von ihren kolonialen Haltungen aus der Zeit des alten Rhodesien. Er erklärte sie eindeutig zu Feinden Simbabwes, machte sie damit vogelfrei.

Nur wenige traten ihm in den Weg, national, afrikaweit und international. Der Einzige, der laut seine Stimme erhob, war der ehemalige Erzbischof von Bulawayo, Monsignore Pius Ncube. Er sprach von dem «rassistischen Weg der Landinvasionen», den die Regierung gegangen sei. «Die Regierung hatte zwanzig Jahre Zeit, die Landfrage zu lösen, und sie hat immer noch keinen Plan, das zu tun. Diese Regierung kümmert sich letztlich überhaupt nicht um die Stimme des Volkes.» Der Bischof sprach aus, was niemand im Lande sagte: «Der Niedergang der Wirtschaft verdankt sich der grassierenden Korruption und dem Nepotismus in der Regierung. Diese Regierung war für zwanzig Jahre an der Macht und hat das Land in einer furchtbaren wirtschaftlichen Krise hinterlassen.»[11] Die Menschen haben nicht genug Nahrung; junge Menschen haben keinen Job; die Krankenhausgebühren sind zu hoch; die einfachen Leute verlieren ihre Häuser an Landlords; der Kongokrieg geht weiter, das Elend verstärkt sich. Mugabe hat keine Berührung mehr mit den Lebensbedingungen der Bevölkerung. Ende 2007 wurde dieser mutige Bischof jedoch unschädlich gemacht. Es tauchte ein Video auf, das der Geheimdienst gemacht hatte und das den Bischof in verdächtigen Posen mit einer Frau zeigte. Der Bischof bot dem Vatikan seinen Rücktritt an. Seit dieser Zeit hat das Volk keinen starken Sprecher mehr.

Ich war noch einmal im Januar 2009 in Simbabwe, als Tourist, weil das die einzige Möglichkeit war. Ich erlebte den Totalzusammenbruch des Staates: den Zusammenbruch der Versorgung, den Zusammenbruch der Bezahlung, den Zusammenbruch der Währung, den Zusammenbruch der Gesundheitsversorgung, den Zusammenbruch der Schulen. Die führenden Kader hatten eine Heidenangst vor der Entdeckung der Tatsache, dass der Staat nicht nur bankrott war, sondern funktionsunfähig. Nach 20 Jahren unter dem Regime Robert Mugabes konnte man nicht mehr von einem Staat Simbabwe sprechen.

Es ist zum Verzweifeln. Es gab bis 2009 nicht die großen, überragenden Führerfiguren in Afrika, wie es sie in Asien und eben auch in Europa nach dramatischen Zusammenbrüchen gegeben hatte. Es gab Kwame Nkrumah, der 1957 erster Präsident Ghanas wurde und sich für einen großen Führer hielt, es aber nicht war. Julius Nyerere aus Tansania fehlte das entscheidende Zeug zum Führer, denn Lehrer zu sein allein reicht nicht. Nyerere war ein eindrucksvoller Mensch, ein Visionär und ein bescheiden gebliebener Christ, der aber mit seinen landwirtschaftlichen Kollektivierungsideen dennoch sein Land nicht wirklich vorangebracht hat.

Es gab den ganz großen Führer erst 1990, als nach 27 Jahren Haft durch die rassistische Tyrannei des Apartheid-Staates Nelson Mandela freikam und seinem Volk und der Welt sagte: Seht, ich mache alles neu. Er hat die Menschen mit seiner Führungskraft, seiner Magie begeistert. Mandela wurde der große charismatische Führer, der weder von der Ursünde afrikanischer Staatsherrschaft angekränkelt war, der Korruption, noch von der Urversuchung, die Macht bis an das Lebensende zu behalten und möglichst die Bevölkerung noch dazu zu bringen, dieses Lebensende nicht für möglich zu halten.

Abgesehen von ihm gab es aber niemanden in der afrikanischen Galerie von Charakterköpfen, der das Format von Politikern wie Jawaharlal Pandit Nehru oder Indira Gandhi oder von Charles de Gaulle oder Konrad Adenauer je erreicht hätte. Deshalb sind wir bei dem Thema afrikanische Führer mehr von Enttäuschungen gejagt denn von Überraschungen und Hoffnungen. Wie unendlich wichtig *leadership*, gute Führerschaft ist, haben wir in Europa und in unserer Generation ein wenig vergessen, weil sie bei uns selbstverständlich erscheint. Alle Staaten Afrikas müssen das aber lernen. In zu vielen Staaten wurden alle Aufbaubemühungen gleich von einer raffgierigen Führungsschicht verzehrt.

8
Warum ist Ghana nicht Südkorea?

Warum hat sich dieses Afrika, der unmittelbare Nachbarkontinent Europas, nicht annähernd so gut, so prächtig und so produktiv entwickelt, wie das in den meisten Teilen Süd- und Südostasiens der Fall gewesen ist? Warum müssen wir heute feststellen, dass Afrikas über 50 souveräne Länder am Ende der Skala aller Länder stehen, was die wirtschaftliche, aber auch die demokratische Kompetenz und Infrastruktur der Gesellschaften angeht? Vergleichsweise wohlhabende Länder wie Südkorea oder auch Taiwan oder Malaysia waren vor 50 Jahren in einer vergleichbaren Situation wie viele Länder Schwarzafrikas. Auch sie waren von kolonialen Mächten schwerst gebeutelt. Taiwan hatte von 1895 bis 1945 und Korea von 1910 bis 1945 unter einem brutalen japanischen Besatzungsregime gestanden. Taiwan hatte 1953 ein Bruttosozialprodukt pro Kopf der Bevölkerung von 1144 US-Dollar, Südkorea von 966 US-Dollar. Im Kongo betrug im selben Jahr das Bruttosozialprodukt pro Kopf 1364 US-Dollar, in der Elfenbeinküste 1092 US-Dollar, für ganz Afrika wurde es mit 852 US-Dollar berechnet. Warum hat es der Kontinent Afrika nicht geschafft, zu einem Teilnehmer am globalisierten Weltmarkt aufzusteigen?

Vor 45 Jahren hingen zwei Länder gleichermaßen am Tropf der internationalen Hilfe, besonders am Tropf der Nahrungsmittelhilfe: Ghana, die Republik im Westen Afrikas, und Südkorea, die im kapitalistischen Rahmen verbliebene asiatische Republik. Warum steht heute Südkorea wirtschaftlich und gesellschaftlich so ganz anders da als Ghana? Keith Richburg hat diese Frage immer wieder umgetrieben. Richburg war und ist Korrespondent einer der besten und einflussreichsten amerikanischen Tageszeitungen, der *Washington Post*. Er war längere Zeit für seine Zeitung in Hongkong gewesen, um dort über ganz Südostasien zu berichten. 1991 ging er dann ausgerechnet nach

Afrika, dorthin, wohin bis dahin fast alle Afrika-Korrespondenten gegangen waren, nach Nairobi. Nun muss man wissen, dass Richburg ein schwarzer Amerikaner ist. Er hat also von vornherein einen leichteren Zugang zu dem Kontinent seiner Vorfahren – das würde man jedenfalls so annehmen. Richburg stellte die obige Frage auch einem der klügsten afrikanischen Präsidenten, dem Präsidenten Yoweri Museveni von Uganda.

«Die Asiaten haben Disziplin, wir nicht»

Und weil diese Frage so viele Facetten hat und ihre möglichen Antworten nicht minder, hatte sich Keith Richburg gut vorbereitet, damit Museveni nicht ins Allgemeine ausweichen konnte. Es war bei einer Pressekonferenz, in der Museveni als der strahlende Sieger des Kampfes gegen ziemlich schurkische Tyrannen einen sehr guten Eindruck machte. Nach den bekannten Erklärungen ließ sich der neue Präsident, den man für einen Denker hielt, dazu herab, etwas Selbstkritisches zu sagen. So hielt er es für den größten Fehler der Afrikaner, dass sie es der Rivalität der Supermächte erlaubt hätten, den Kontinent zu spalten. Museveni sprach über Afrikas fragmentarische Märkte und die Notwendigkeit einer besseren innerafrikanischen Integration. Er gab zu, dass es auf dem Kontinent weiter einen viel zu hohen Grad an Analphabetismus gab und nicht genügend Techniker, Handwerker, Ingenieure.

In dieser Atmosphäre traute sich Richburg, die Frage zu stellen, die geradezu zur Millionen-Dollar-Frage der Entwicklungspolitik geworden ist: Warum hat sich Südostasien so schnell entwickelt und Afrika nicht? Richburg begründete seine Frage gut: Auch Südostasien habe unter dem Kolonialismus gelitten, das könne also als Grund nicht ausreichen. Auch asiatische Länder hätten künstliche Grenzen und ständige Grenzstreitigkeiten, und einige Länder wie Korea und Vietnam hätten vernichtende Bürgerkriege mitgemacht. Und doch habe Asien einen enormen wirtschaftlichen Aufstieg und Boom erlebt und geschafft, während die Afrikaner weiter am untersten Ende der Wirtschaftsmächte auftauchten. Was ist los mit Afrika?

«Museveni dachte lange über meine Frage nach. Dann sprach er eine Zeit lang darüber, dass die südostasiatischen Länder mehr Unterstützung von den USA erhalten hätten.» Aber dann kam der Hammer, so Richburg: «Er sagte dann zum Schluss der leisen Entschuldigungsrede: ‹Disziplin. Es ist die Disziplin der Asiaten, verglichen mit der der Afrikaner.›» Dann machte Museveni eine Denkpause und fuhr fort: «Ich würde sagen, dass unter den Asiaten in Uganda eine größere Disziplin herrscht als unter den Afrikanern. Ich habe keine Erklärung dafür. Leute, die aus einem Gebiet kommen, das eine große Bevölkerungsdichte hat, wo der Kampf um die natürlichen Ressourcen groß ist, neigen dazu, disziplinierter zu sein als Leute, die das Leben als selbstverständlich betrachten.»[1] Damit wurde es schon wieder entschuldigend: «Knappheit an Ressourcen lehrt die Menschen Disziplin.» Die eine Hälfte der Antwort war klar und selbstkritisch, die zweite schon wieder begütigend, relativierend. Die Knappheit der Ressourcen haben die Sahelländer natürlich ähnlich zu bekämpfen wie asiatische Länder.

Nach der Einschätzung von Keith Richburg, der es als schwarzamerikanischer Korrespondent vielleicht besser sagen kann als andere, wird dieses Thema vermieden wie eine Art Tabu. Es ähnelt der Vermeidung, Israels Politik mit all ihren Stärken und Fehlern unvoreingenommen zu bereden, aus Sorge, des Antisemitismus beschuldigt zu werden. Gegenüber afrikanischen Eliten und Regierenden war es die ständige Sorge der Beobachter, sie könnten durch Kritik an diesen Regierungen als Rassisten dastehen. Aber mit der Zurückhaltung, deutliche Worte zu Afrikas Entwicklung zu sagen, erreicht man das Gegenteil des Angestrebten. Die alten Zeiten des Kalten Krieges mögen ja vorbei sein, aber die Diktatoren Afrikas werden noch lange nicht hart genug angefasst. Man zwingt sie zu wenig, sich im Umgang mit ihren eigenen Bürgern an internationale Normen zu halten.

Problematische Grenzziehungen

Für die Unterschiede zwischen Afrika und Asien gibt es viele Gründe: Die afrikanischen Staaten standen nach der oft überstürzten Hektik des Unabhängigkeitsprozesses ohne jede staatliche Infrastruktur da und ohne Völker und Gesellschaften mit einer *volonté générale*. Es waren in den Kolonialländern einzelne in Europa auserwählte Führer, die oft zu Beginn die willkürliche und dann noch durch die verhassten Kolonisatoren angerichtete Zersplitterung überwinden wollten. So wollte Leopold Senghor die Zersplitterung der Länder in Westafrika nicht mitmachen. Aber da gab es schon andere, die für die kolonial erfundenen Staaten ausersehen waren.

Dazu gehört auch einer der überschätzten Führer der allerersten Stunde in Afrika: Der Ghanaer Kwame Nkrumah beklagte als der große Trompeter für eine Panafrikanische Union die beginnende Zersplitterung des Kontinents. Nkrumah sprach von den «künstlichen Grenzen», die es abzuschaffen gelte. Die Kolonialmächte – so hat es Robert von Lucius etwas euphemistisch geschrieben – legten «in Vereinbarung untereinander oft ohne genaue Ortskenntnis Grenzen fest, nach den Angaben örtlicher Agenten. (…) Entgegen landläufiger Auffassung versuchten die Grenzzieher (…) häufig, ethnische Grenzen einzubeziehen: etwa bei Swasiland, zwischen Tunesien und Algerien, Nigeria und Benin, Mali und Mauretanien. Oft aber wurden Völker auch geteilt und so der Grund für langjährige Konflikte gelegt: somalische Nomaden in vier Länder, Massais zwischen Kenia und Tansania, Ovambos zwischen Angola und Namibia.»[2]

Nun können Staaten schlecht gedeihen, wenn sie nur von außen, nach Kriterien anderer festgelegt und auf der Landkarte markiert sind. Es gibt Staaten in Afrika, denen kann man die Staatlichkeit und ein auch nur annäherndes nationales Gesellschaftsbewusstsein noch lange nicht ansehen. Wir haben ja z. B. im Tschad gearbeitet, einem riesengroßen Land im Zentrum Afrikas, eingeschoben als Streusandwüste zwischen Libyen im Norden, Kamerun im Süden und Westen und dem Sudan im Osten. Ob die in die Unendlichkeit der Wüsten-Ländereien ausgegossene kleine Bevölkerung dort je begriffen hat, dass es sich bei ihr um einen Staat handelt?

Fehlende Ressourcen

Die Unvernunft der kolonialen Grenzen scheint auch in unseren Jahren nicht geändert werden zu können. Das letzte Mal, dass die Staatengemeinschaft sich darauf eingelassen hat, war die Entlassung von Eritrea in die Unabhängigkeit 1993. Aber die Grenzen, die man dabei gezogen hat, sind für Afrika und in diesem Fall für Äthiopien katastrophal gewesen. Man hat beide Seehäfen, die das kaiserliche Äthiopien am Roten Meer besessen hatte, dem neuen Staat gegeben: Massawa und Assab. Man hat nicht gesehen, was für eine Katastrophe das für das riesengroße Äthiopien sein musste, das nun auch ein *landlocked country* ist. Dies hat der Entwicklungsexperte Paul Collier zu den vier Fallen gezählt, die arme Länder vom geographischen Schicksal her ereilen können: «Ohne Zugang zum Meer und von schlechten Nachbarn umgeben.»[3]

Rund 30 Prozent der afrikanischen Bevölkerung lebt laut Collier in ressourcenarmen Ländern ohne Zugang zum Meer: «Es gibt einleuchtende Gründe dafür, dass diese Gebiete niemals selbständige Staaten hätten werden dürfen. Aber dafür ist es jetzt zu spät. Es gibt solche Länder, und es wird sie auch in Zukunft geben.» Collier weist darauf hin, dass das Problem von *landlocked countries*, also von Ländern ohne Zugang zum Meer, in Afrika noch auswegloser zu sein scheint. Auf anderen Kontinenten behelfen sich solche Länder damit, dass sie vom Wachstum der Nachbarländer optimal profitieren. Nach verschiedenen Berechnungen können solche Länder mit jedem Prozentpunkt Wachstum eines Nachbarlandes mühelos ihr eigenes Wachstum um 0,7 Prozent erhöhen. Das gelte aber nicht für Afrika. «Die Länder Afrikas ohne Zugang zum Meer orientieren ihre Wirtschaft nicht an der ihrer Nachbarländer. Auch ihre Infrastruktur und Wirtschaftspolitik sind entweder ganz auf das eigene Land oder auf den Weltmarkt ausgerichtet.» Die Nachbarländer würden sie nur als Transportwege zum Weltmarkt nutzen, aber nicht als eigene Märkte.[4] Es kommt noch dazu, dass diese Länder mit den wichtigen Transportkorridoren wegbrechen können, wie 2007 im Falle des Zusammenbruchs von Kenia. Die gesamte Handelsflotte der EU, der Südostasiaten und der USA ging daraufhin nach

Dar-es-Salaam. Die Bewegungen hin zu einem größeren afrikanischen Zusammenschluss, zu gemeinsamen Wirtschaftsmärkten wurden wieder aufgegeben, da die afrikanischen Führer und – meist nicht gewählten – Präsidenten um ihre lebenslange Macht und Herrschaft fürchteten.

Behindert eine *mentalité africaine* die Entwicklung?

Eine andere Antwort auf die Frage, weshalb es so schwierig ist, Afrika mit Südostasien und den Tigerstaaten überhaupt in einem Atemzug zu erwähnen, lautet: Eine solche Entwicklung wird in Afrika von den kulturellen Mustern und den damit zusammenhängenden Gewohnheiten verhindert. Vor nicht langer Zeit fragte ich den von mir sehr geschätzten, inzwischen leider verstorbenen Ratgeber Prof. Ralf Dahrendorf, wie er die Aussichten des Programms von Muhammad Yunus einschätze. Yunus ist Gründer der Grameen Bank, die Mikrokredite zur wirtschaftlichen Entwicklung vergibt, und wurde 2006 mit dem Friedensnobelpreis ausgezeichnet. Dahrendorf meinte zu den Chancen, dieses Programm auch nach Afrika zu transformieren, in ausgewählte afrikanische Länder, das würde etwas voraussetzen, was die Afrikaner nicht kennen, nicht schätzen und deshalb auch nicht wollen: das Sparen. Geld sei in Afrika traditionell zum Ausgeben da. Ob das nun für die ganze Bandbreite des Kontinents und für alle verschiedenen regionalen Kulturen so zutrifft, valde dubito. Aber es scheint etwas daran zu sein: Es hat sich ja bisher außer den zwei Ländern Botswana und Mauritius nicht ein drittes Land so entwickelt, dass man darauf als Beispiel verweisen könnte.

Das Argument der afrikanischen Mentalität ist für mich allerdings nur zu Teilen tauglich. Es unterschlägt, dass afrikanische Staaten auf ihre Staatlichkeit, die notwendigen Strukturen und die Institutionen weder von den patronisierenden Kolonialländern noch von den eigenen Eliten ausreichend vorbereitet wurden. Nein, man muss es klar sagen: Die Misere ist nicht die Folge einer *mentalité africaine*, obwohl uns das auch viele Afrikaner einreden wollen. Auf dieses Argument darf man sich gar nicht einlassen. Sie ist auch nicht Folge der Tatsache, dass

17 Rupert Neudeck mit Mohammed Yunus bei einer gemeinsamen Pressekonferenz im Juni 2007.

in den Staaten Afrikas Stämme zusammengewürfelt wurden, die sich nicht wohlwollen. Ähnliche Phänomene kennen wir auch in asiatischen und lateinamerikanischen Staaten.

Und das Elend ist drittens nicht Folge des Klimas oder der Geographie, da diese ja in weiten Teilen Asiens wie Latein- und Mittelamerikas ähnlich sind. Die Äquatornähe, die Klimazonen, die Krankheitserreger können das entscheidende spezifisch Andere des Kontinents nicht begründen. Sicher ist ein Teil Afrikas durch die Natur benachteiligt: schlechte Böden, Dürrezeiten, zu wenig Wasser, wenige natürliche Verkehrswege, dazu Malaria, Schlafkrankheit, Cholera, Aids, Flussblindheit. Das alles gilt aber auch für einige der Tigerstaaten Südostasiens, für Thailand, Indonesien oder Singapur. Den Wachstumsunterschied zwischen Afrika und Asien können die Faktoren Klima oder Böden nicht wirklich erklären.

Worst Leadership als Hemmschuh

Die Misere ist Folge eines Politikversagens der afrikanischen Staaten, wie es an verschiedenen Stellen dieses Buches geschildert wird. Darüber besteht in der Literatur und der politischen Diskussion kein Zweifel. Die politischen Gründe waren entscheidend. Die Gier nach Macht und Reichtum der herrschenden Eliten gaben der Misere eine besondere Ausprägung, der Aufbau afrikanischer Staaten führte zu hemmungsloser Bereicherung. Die Merkmale einer verfehlten Wirtschaftspolitik sind überall zu erkennen: überbewertete Währungen, schlechte Infrastruktur, niedrige Arbeitsproduktivität, Ausplünderung der Bauern, Korruption. Der Politikwissenschaftler Jürgen H. Wolff schrieb in seiner Studie *Entwicklungshilfe: Ein hilfreiches Gewerbe?*, ein Bandit, der befürchte, nur einmal plündern zu können, habe kein Interesse daran, das Objekt seiner Begierde auf Dauer am Leben zu erhalten.[5] *Rent seeking* and *rent extraction* sind die Existenzgrundlagen afrikanischer Diktaturen, die schließlich in regelrechte Kleptokratien abgesunken sind. Die hohen Risiken, die die Staatsführung mit sich brachte, führte zu niedrigen Investitionen, zu Handelsrestriktionen, zu makroökonomischer Instabilität. Der Oxforder Wirtschaftswissenschaftler und Experte auf dem Gebiet der Entwicklungsländer Paul Collier hat uns dazu ebenso viel erklärt wie Jürgen H. Wolff in seiner Studie. Auch andere Wissenschaftler haben immer wieder die schlechte Wirtschaftspolitik als Grundlage für das erschreckend langsame Wirtschaftswachstum Afrikas genannt.

Man verfiel in vielen Staaten Afrikas sehr gerne auf den Sozialismus, weil das Ausplündern in Staatsbetrieben durch die herrschende Elite leichter fiel. Staatslenker in Afrika haben manchmal Sehnsucht nach einer Staatsorganisation, die das Land wie im Handstreich voranbringen könnte. Es hat ja immer wieder Versuche gegeben, mit einem der nicht nur totalitärsten, sondern durchorganisiertesten Regime der Welt, nämlich mit Nordkorea unter Kim Il Sung und unter seinem Nachfolger Kim Jong Il, besondere Beziehungen aufzunehmen. Das Maschinenhafte, Einstudierte der koreanischen Massen bei den Vorführungen für die Staatsgäste in Pyöngyangs Stadion haben alle afrikanischen Staatslenker, die dort anwesend waren – und es waren fast alle mal da –, mit einer fast religiösen Bewunderung erfüllt. Doch das kann man sich bei den bunten afrikanischen Massen immer schlecht vorstellen. Selbst eine von oben angewiesene Kleiderordnung wie z. B. in Zaire unter Mobutu, wo der *Abacost* verbindlich gemacht werden sollte, klappte nicht.

Viele Beobachter antworten auf die Frage, warum es Südostasien geschafft hat und Afrika nicht: aufgrund der *bad* oder oft *worst leadership*. In dem Ölland Gabun, das aufgrund seiner exorbitanten Einnahmen schon lange keine Sammlungen in Europa für das Lambarene-Hospital von Albert Schweitzer mehr braucht, regierte seit Dezember 1967 bis zu seinem Tod im Juni 2009 uneingeschränkt mitsamt seines Großclans der schon erwähnte Omar Bongo. Das bedeutet: Bongo war Herrscher dieses Staates auf Lebenszeit und führte die Spitzengruppe der längstgedienten Präsidenten in der Welt an. Muhammad Gaddafi ist in Libyen tatsächlich seit September 1969 an der Macht, also 39 Jahre. Hosni Mubarak kam im Oktober 1981 an die Spitze des ägyptischen Staates, und niemand kann erkennen, dass irgendwann jemand anderes als jener Mubarak den Platz des ägyptischen Präsidenten einnehmen wird. Robert Mugabe ist seit April 1980 an der Macht. Der Staatschef von Togo, Eyadema, hatte knapp 40 Jahre regiert, als er 2005 im Flugzeug auf dem Weg zu einer ärztlichen Behandlung in Israel starb. Die Krankenhäuser sind ja überall in Schwarzafrika in einem schlechten Zustand, weshalb die Machthaber und ihre Günstlinge sich lieber ins westliche Ausland begeben und dort behandeln lassen. Unter Bruch der togoischen Verfassung wurde sofort Eyadémas Sohn Faure Gnassingbé zum Staatspräsidenten ausgerufen. Erst später wurde er unter nicht gerade demokratischen Bedingungen gewählt.

Gibt es die Dritte Welt noch?

Die Zukunft Afrikas steht erst noch bevor. Was uns Zeitgenossen nur so besorgt, ist, wie rasant die Teile der real existierenden Welt auseinanderdriften. Das Tempo, das die westliche, aber auch die südostasiatische

Welt in dem globalisierten Markt vorgeben, ist so atemberaubend, dass es einem um die Entwicklung und den Fortschritt in afrikanischen Ländern eben angst und bange werden kann. Das Tempo wird nicht einzuholen sein, aber das Selbstbewusstsein afrikanischer Eliten, Afrika ganz anders zu entwickeln und dabei auf das Eigene, Andere zu beharren, ist auch nur bedingt ausgeprägt.

Paul Collier erwähnt in seinem Buch über die «Unterste Milliarde» als Beispielsfall den Kongo, d. h. das ehemalige Zaire. Er schreibt in seinem Buch: «Ausgehend von der aktuellen Wachstumsrate wird beispielsweise die Demokratische Republik Kongo [...] fünfzig Jahre Frieden brauchen, nur um erneut das Einkommensniveau des Jahres 1960 zu erreichen. Mit dem niedrigen Einkommen, dem geringen Wachstum, der Abhängigkeit von Primärgütern und einer Geschichte voller Bürgerkriege stehen die Chancen auf fünfzig fortlaufende Friedensjahre jedoch nicht sonderlich hoch.» Paul Collier schließt sehr nachdenklich in diesem ernsten Buch: «Mag es sich noch so oft umbenennen, dieses Land wird sich aus der Konfliktfalle nicht befreien können, wenn wir ihm nicht dabei helfen!»[6]

Die Dritte Welt gibt es nicht mehr, weil die Kontinente zu stark auseinanderdriften. Alle Sorge der Welt kreist heute um den Kontinent Afrika. Dort gibt es einige, drei bis vier Länder, denen die staatlichen Verhältnisse, die Regierungssysteme und die Substanz der Wirtschaft erlauben, am globalisierten Handel teilzunehmen. Aber sonst ist der Kontinent wirklich abgeschrieben, *disparu*, *failed*. Auch die Erfolgsgeschichten, die wir uns aus afrikanischen Ländern erzählen, sind meist Ergebnisse der tief heruntergefahrenen Erwartungen. Von Botswana hält sich der Mythos eines Erfolgslandes, ebenso wie seinerzeit bis in die 1990er Jahre des vergangenen Jahrhunderts von der Elfenbeinküste oder auch nach 1980 von Simbabwe. Sie wurden hoch gehandelt, und niemand nahm die Risse und Sprünge im Staatsgebilde wahr. Aber man ist ja als Europäer schon froh, wenn ganz niedrige Erwartungen und Hoffnungen erfüllt werden, wie Lydia Polgreen in einem Artikel für die *International Herald Tribune* herausgearbeitet hat.[7] Ghana hat seine Unabhängigkeit im gleichen Jahr gewonnen beziehungsweise zuerteilt bekommen wie Malaysia: 1957. Auch Malaysia war zuvor eine britische Kolonie gewesen. Der neu gewählte Führer des nachkolonialen Ghana,

Kwame Nkrumah, weckte die allergrößten und utopischen panafrikanischen Hoffnungen. Aber auch Nkrumah sah den Staat als sein persönliches Eigentum und als Instrument zum Erreichen höherer Ziele an, wie die «Vereinigten Staaten von Afrika». Kwame Nkrumah, der 1947 für 25 britische Pfund im Monat bei der *United Gold Coast Convention* angestellt gewesen war, verfügte 1961 als frischgebackener Präsident über ein Vermögen von 250 000 Pfund, das bis 1966 noch auf 2 Millionen Pfund anwuchs.

Er wurde 1966 durch einen Militärputsch gestürzt, und das Militär zeigte in Afrika zum ersten Mal, was es später andauernd wiederholte: In dem chaotisch gewordenen Kontinent kam es andauernd zu Militärregimen, offenen und verkappten, usurpatorischen und solchen, die sich eine gewisse Legitimität erwarben. Nkrumah ging ins Exil nach Guinea und starb 1972 als ein verbitterter Mann. 50 Jahre danach gehört dieses Ghana, obwohl es als Erfolgsgeschichte gilt, zu den ärmsten Ländern der Welt, während Malaysia in allem an der Spitze der Tigerstaaten steht: beim individuellen Einkommen, der Lebenserwartung, der Alphabetisierung und der Schulpflicht. Der afrikanische Gigant Ghana, der vor 50 Jahren auf gleicher Höhe war, ist hingegen so stark abgefallen, dass man sich kaum vorstellen kann, dass das Land jemals den Vorsprung Malaysias einholen könnte. Ghana rumpelte durch einige korrupte zivile und dann einige eisenharte Militärregime unter Jerry Rawlings, um sich 1992 zu einer Mehrparteiendemokratie zu entwickeln. Aber das Land scheint heute eine Drehscheibe des Kokainhandels zwischen Lateinamerika und Europa geworden zu sein. Es gibt Anzeichen dafür, dass Regierungsmitglieder davon erheblich profitiert haben. Die Korruption ist ansteigend, und trotz wachsenden Bruttosozialprodukts sagen viele Menschen: Der Reichtum des Landes wird nicht geteilt.

Wie kann man Afrika helfen? Wahrscheinlich kann man nach fast 60 Jahren der Unabhängigkeit der afrikanischen Völker sagen, dass man ihnen, den Afrikanern, möglichst nicht so helfen kann und soll, wie wir das von anderen Kontinenten und Situationen gewohnt sind. Warum? Erkennbar hören afrikanische Regierungen, Verwaltungen, Häuptlinge und Clans auf, selbst zu arbeiten und sich selbst zu helfen, wenn von außen irgendeine Form von Unterstützung oder Hilfe kommt. Davon sind die asiatischen Nationen himmelweit entfernt: Sie konzentrieren alle Anstrengungen auf dieses eine große Ziel hin: sich unabhängig von der Hilfe zu machen. Das ist mit Korea und Japan so, mit China und Malaysia, mit Thailand und Indien, mit Singapur und mit Taiwan. Sie alle haben in Katastrophensituationen Unterstützung aus der ganzen Welt bekommen, aber nach zwei Jahren spätestens kann man sich von dort entfernen, weil die Menschen wieder kräftig an der Arbeit sind.

Unsere Erfahrung in Afrika ist leider eine andere. Wir haben mit den deutschen Notärzten tatsächlich neun ganze Jahre hintereinander Dienst im Group Hospital in Hargeisa, Somalia, gemacht. Und dabei wurde uns klar, dass man das in der Bevölkerung für eine mit der Regierung abgesprochene Anwesenheit hielt, ohne die der Dienst im Krankenhaus nicht mehr gelingen würde. Die Tatsache, dass wir eine freiwillige Arbeit leisteten, geboren aus der Zuversicht, dass sie es irgendwann selbst schaffen werden, war den Afrikanern, die wir kennenlernten, ganz unbekannt.

«Hat Gott uns so kompliziert erschaffen?»

Paul Kagame ist der Präsident des Landes Ruanda, das eigentlich alle Probleme mitbringt, um nicht erfolgreich sein zu können. Paul Kagame arbeitet aber wie ein Berserker, damit sein Land endlich etwas von dem großen Kuchen des globalisierten Weltmarkts abbekommt. Der frühere *New-York-Times*-Korrespondent Stephen Kinzer hat eine Biographie über den charismatischen und schwierigen Führer Ruandas veröffentlicht. Er beschreibt ihn als jemanden, der es nicht akzeptieren will, dass Afrika zurückbleibt, stecken bleibt und nicht weiterkommt, dass es nicht mal die Chance haben soll, wie einer der Tigerstaaten den Aufstieg zu schaffen. Paul Kagame gab seinem Biographen zu erkennen, dass er nicht bereit ist zu akzeptieren, dass das, was die asiatischen Tigerstaaten erreicht hatten, die afrikanischen Staaten wegen der politischen Lage, der Geopolitik oder einer wie auch immer gearteten Mentalität nicht schaffen sollten. Auf diesem Ohr hört Kagame wahrscheinlich besonders schlecht, da doch von den Kolonialherren die Stammes- oder die ethnische Mentalität sehr schnell zum Sündenbock oder zum Auslöser vieler Diskriminierungsprozesse gemacht worden war. «*La mentalité bantou*» im Kongo; «die Mentalität der Tutsi und der Hutu» in Ruanda. «Vielleicht schaffen wir es nicht in dem gleichen Maße und auf dem gleichen Wege, wie Singapur, Malaysia, Südkorea es geschafft haben. Aber die Leute, die das dort machten, Leute, mit denen wir vor wenigen Jahrzehnten den gleichen Stand der ökonomischen Entwicklung teilten – warum sollten wir das nicht können? Warum sind wir nur bekannt dafür, dass wir arm sind und uns gegenseitig umbringen? Hat Gott uns so kompliziert geschaffen? Ist es, dass wir das verdienen? Können wir die Dinge nicht anders tun?»[8]

Gegenwart und Zukunft

9
Der Marsch

Ich habe in den letzten Jahren den Eindruck gewonnen, dass es in Deutschland immer schwerer geworden ist, für die Belange Afrikas und der Afrikaner zu werben und über den Kontinent zu informieren. Die Politik, die politische Öffentlichkeit und die Medien haben, verstärkt seit der Einführung des Privatfernsehens, viel dazu beigetragen, dass wir uns immer mehr auf unsere eigenen Probleme beschränken. Dies haben die Koalitionsverhandlungen nach der Bundestagswahl vom 27. September 2009 wieder gezeigt, bei denen die Probleme der Entwicklungspolitik für Afrika so gut wie keine Rolle gespielt haben. Und im neuen Bundestag gibt es nur noch einen Abgeordneten, Hartwig Fischer, den man als wirklichen Afrika-Experten bezeichnen kann. Aber auch Zeitungen und Fernsehsender sind immer weniger an Nachrichten aus Afrika interessiert. Die meisten leisten sich anders als früher nur noch einen einzigen Korrespondenten für alle 53 Staaten Afrikas. Auch für freie Journalisten wird es immer schwerer, ihre Geschichten bei den Redaktionen unterzubringen. Ein ARD-Korrespondent berichtet, wie er versuchte, ein Zugunglück in Tansania, bei dem 250 Menschen starben, bei der *Tagesschau* zu platzieren. «Es wurde schlicht abgewinkt, weil das keinen Menschen interessieren würde.»[1]

Lange werden wir uns diese Ignoranz nicht mehr leisten können. Denn der Kontinent muss uns schon deshalb interessieren, weil er uns auf die Pelle rückt. Zahlen über die Migrationsbewegung zu bekommen fällt schwer. Aber die Schätzungen sprechen nicht mehr von Hunderttausenden, sondern von Millionen. 18 Millionen junger Menschen sollen in ganz Afrika unterwegs sein, um nach Norden oder Süden zu kommen. Im Süden gibt es ein gelobtes Land, die Republik Südafrika, in der man, so die Hoffnung, gewiss irgendeine Arbeit bekommen kann. Die anderen ziehen nach Norden und Nordwesten, weil sie ein ungefähres Ziel vor Augen haben. Sie wollen entweder das Mittelmeer erreichen oder die Westküste Afrikas, weil sie von den Kanarischen Inseln erfahren haben, die als Eintrittspforte nach Europa dienen.

Das Thema Migration hat für uns in Mitteleuropa und auch persönlich für mich mit einem Fernsehfilm begonnen, dem Film *Der Marsch* von William Nicholson. Der BBC-Film war, was man bei uns ein Fernsehspiel nennt, um klarzustellen, dass es sich um Fiktion handelt. Aber die Fiktion war so nahe an der Realität, dass der Film mir nachträglich die Wirklichkeit gezeigt zu haben scheint. Der Film wurde im Deutschen Fernsehen mit einer vorsorglichen Bemerkung der Ansagerin eingeleitet, dass es sich dabei um freie Erfindung, nicht um Wirklichkeit handele. Aber in den letzten 18 Jahren ist die Fiktion durch die Realität übertroffen worden.

Der Film erzählt die Geschichte einer großen Gruppe von Afrikanern verschiedener Herkunft, die unter Anleitung des sudanesischen Führers Isa el-Mahdi versuchen, die Gestade des ihnen als Hoffnungskontinent erscheinenden Europa zu erreichen. Am Ufer des Schengen-Kontinents werden sie jedoch von der Küstenwache der Europäer erwartet. Dazu findet sich die Entwicklungskommissarin der EU, Clare Fitzgerald, ein. Es gibt zwei Schlüsselszenen in dem Film, die von einer atemberaubenden Dramatik sind. Im Konferenzraum der Europäischen Kommission berichtet die Entwicklungspolitische Kommissarin von dem, was sie in der Wüste an der algerisch-marokkanischen Grenze erlebt hat: «Der Marsch wird weitergehen, und ich glaube, er wird Europa erreichen. Ich habe es weder geschafft, Isa el-Mahdi zu überreden, dass der Marsch das Gegenteil produziert, noch habe ich ihn überzeugt, dass seine Analyse der Krise in Afrika zu einfach ist.» Diese Menschen, erklärt sie ihren Kommissionskollegen, seien uninformiert, desorganisiert und völlig demoralisiert. Aber sie habe den Marsch erlebt und könne der Kommission sagen: «Er hat Kraft.» Es sei eigentlich unvorstellbar, aber da seien wirklich Solidarität und das Gefühl einer Identität. Die Menschen würden zusammengehalten von einer einzigen, einfachen Idee: «Wir sind arm, weil ihr reich seid.» Das möge naiv sein, aber es sei wirkungsvoll. «Ich glaube wirklich, wir haben sie sehr unterschätzt, diese ganze Bewegung. Es bedarf keiner komplizierten Analyse zur Mobilisierung eines Volkes. Alles, was es braucht, ist eine simple Idee, die das Gefühl trifft. Ich appelliere an die Kommission – wir haben die Pflicht zu helfen.» «Ich glaube, die Zeit ist gekommen für einen Marshallplan für Afrika.»

Die andere Schlüsselszene zeigt eine Begegnung der Kommissarin mit Isa el-Mahdi bei ihrem Besuch in einem Flüchtlingslager im Sudan. Er ist im Lager der einzige gebildete Sudanese, der auch ihre Sprache spricht. Sie sei gekommen, um herauszufinden, was die EU tun könne, um zu helfen. Darauf sagt der witzige und kluge Isa el-Mahdi: «Sie könnten herkommen und hier leben. Ich könnte gehen und in Ihrem Hause leben.» Der anwesende sudanesische Beamte hält das für eine Beleidigung, aber die Kommissarin sieht das anders, da ist jemand offen, spricht mehr aus als andere. Isa el-Mahdi nennt den Grund für seine Ironie: «Sie können nichts tun. Wir sind arm, weil Gott es so will. Niemand kann daran was ändern. Sie müssen nach Hause gehen.» Als die Kommissarin nicht alles auf Gott schieben will, meint Isa el-Mahdi, dann seien sie selbst daran schuld. Die heiße Sonne mache sie faul und dumm. Aber die Kommissarin erkennt, dass er nur das ausspricht, was Europäer denken, und fragt etwas wütend: «Was denken Sie?» Isa el-Mahdi: «Ich denke, wir sind arm, weil ihr reich seid.» Clare hebt an zu dem Statement einer Entwicklungspolitikerin. Die Lage sei komplex, sie schickten viel Geld nach Afrika, aber das meiste erreiche nicht die Leute, die es bräuchten. «Wir sind nicht das einzige Problem.» Isa el-Mahdi macht einen neuen Versuch zu erklären, was er meint: «Es heißt, Ihr hättet in Europa viele Katzen.»

Clare Fitzgerald: «»Katzen?»

Isa el-Mahdi: «So kleine Tiere …»

Clare Fitzgerald: «Ich weiß, was Katzen sind. Aber …»

Isa el-Mahdi: «Es heißt, eine Katze kostet mehr als 200 US-Dollar im Jahr. Lasst uns nach Europa kommen als eure Haustiere. Wir können Milch trinken. Wir können beim Feuer liegen. Wir können Eure Hand lecken. Wir können schnurren. Und wir sind viel billiger zu füttern.»

«Kinder statt Inder»

Die Bedrohlichkeit des Migrationsproblems für unsere europäischen Länder liegt unter anderem daran, dass wir immer mehr Hunde und immer weniger Kinder haben. 1960 sorgten die Deutschen selbst noch für die Hälfte des Wachstums der eigenen Bevölkerung, die Immigration für die andere Hälfte. 1990 war die Immigration schon ganz für das Wachstum verantwortlich. Dazu kommt das Phänomen des Versorgungsstaates. Die Einwanderer verzehrten unsere Sozialleistungen, sagt man. Und leider ist das nicht ganz falsch. Man kann das nur erkennen, wenn man es selbst erlebt hat. Wer einmal, wie ich 1979, vietnamesische Bootsflüchtlinge nach Deutschland gebracht und gesehen hat, wie diese Menschen am Tag ihrer Aufnahme in die Bundesrepublik Deutschland so viel Geld bekamen wie noch nie in ihrem Leben, der weiß, was für ein Magnet der deutsche Sozialstaat ist. Viele haben das in Deutschland erst durch mühsame Lernprozesse und Enttäuschungen erfahren müssen. Wir wollten ja unsere Schuld aus den Jahren 1933 bis 1945 abarbeiten und haben uns damit gebrüstet, nach innen wie außen, das großzügigste Asylrecht aller Zeiten zu haben. Bis wir dann 1992 in nur einem Jahr 438 000 Asylbewerber hatten.

Die klassischen Einwanderungsländer hatten ganz andere Einschränkungen für den Zugang, die einige von uns Deutschen als amoralisch empfanden. Eines der ersten Gesetze, das z. B. Australien 1901 nach der Erlangung der Unabhängigkeit erließ, war der *Immigration Restriction Act*. Er legte fest, dass keiner, der nach Australien einwandern wollte, auf Kosten der Öffentlichkeit oder karitativer Institutionen leben durfte. In diesem Gesetz war deshalb das weiße Australien klar definiert. Das wurde nie ausdrücklich deklariert, aber es war die Folge. Auch die Vereinigten Staaten und Kanada haben sich nie auf das Geleise der humanitären Aufnahme begeben, sondern waren immer daran interessiert, die besser ausgebildeten Einwanderer zu bekommen, also die Immigration wirtschaftlich zu kalkulieren. Wie raffiniert so etwas läuft, zeigt der *dictation test* – ein Diktat aus 500 Wörtern, das der Einwanderungsbeamte stellen konnte. Ähnliches findet sich ja jetzt auch in der deutschen Gegenwart mit dem Einbürgerungstest. Das Diktat hatte abschreckende Wirkung, da für jeden klar war, dass nichteuropäische Migranten schlechte Chancen hatten.

Das demographische Problem hat Auswirkungen auf unser Verhältnis zur Migration und auf unsere Entwicklungspolitik. Es gibt den Vorschlag mancher gutmeinender Bürger, dass wir uns doch einfach Migranten ins Land holen sollen, die mehr Kinder als wir gebären. Also den Generationenvertrag durch erhöhte Migration aufrechterhalten. Das wäre eine Alternative zur französischen Strategie, durch sozialstaatliche Anstrengungen die Geburtenrate zu erhöhen. Doch gibt es in der Gesellschaft darüber keine Einigkeit. Auch werden die Motive sehr stark in Zweifel gezogen. Als seinerzeit der deutsche Politiker Jürgen Rüttgers, späterer Ministerpräsident von Nordrhein-Westfalen, «Kinder statt Inder» forderte, war das eigentlich kein ausländerfeindlicher Appell, aber es wirkte auf viele Menschen so. Doch die Rechnung ist nicht so einfach: Wollte man z. B. in Holland das Verhältnis der über 65-Jährigen zu den 20- bis 24-Jährigen halten, dann müssten bis 2050 pro Jahr 300000 Menschen einwandern, das wären zehnmal so viele wie heute. Die Folgen sind schwer vorstellbar.

Die Vereinten Nationen gaben 2001 einen Bericht zu dieser Frage heraus: *Replacement Migration: Is it a Solution to a Declining and Ageing Population?* Um das demographische Verhältnis in Europa aufrechtzuerhalten, müssten jährlich rund 25 Millionen Migranten nach Europa einwandern. Die Migration findet ja schon statt, aber hauptsächlich im Sinne eines gefährlichen *brain drains*. Mit Ärzten und Krankenschwestern an der Spitze wandern vor allem die ausgebildeten Menschen in Länder aus, in denen sie eine Perspektive sehen. In den Niederlanden arbeiten allein 1200 Krankenschwestern aus Südafrika. In London praktizieren mehr sambische Ärztinnen und Ärzte als in Sambia. Fußballspieler sind besonders beliebt, die bekommen auch gleich Visum und Arbeitserlaubnis.

Manche Experten halten mittlerweile die sogenannten *remittances*, die Geldzahlungen von Migranten an ihre Familien in den Herkunftsländern, für die effektivere Form der Entwicklungshilfe. Diese Gelder mehren zwar den Wohlstand und Konsum individueller Familien, aber vielleicht verändert das solche Armutsgesellschaften nachhaltiger, als

18 Gefährliche Überfahrt:
ein überfülltes Boot mit
Flüchtlingen in einem
Hafen der Ferieninsel
Teneriffa, August 2006.

wenn Staaten und Regierungen ihre Beamten-Bataillone füttern. Nach
Schätzungen sollen diese *remittances* jährlich weltweit zwischen 60 und
100 Milliarden US-Dollar betragen.

Moderne Boat People

Die Kanarischen Inseln sind unser Wohlstandsvehikel und Aushänge-
schild. Aber es kann sein, dass es in zehn Jahren diese Ferieninseln als
Ferieninseln nicht mehr gibt. Denn die Flut der in Europa nicht gelieb-
ten Migranten wird diese Inseln überfluten und sie entweder zu großen
Camps machen, oder sie werden aus Militärstützpunkten bestehen. Das
mag ein übertriebenes Szenario sein, aber die Realität des demogra-
phisch weiter wachsenden Afrikas wird uns überrennen. Aus der Migration ist längst eine Völkerwanderung geworden. Und sie führt alles mit

sich, was so eine Massenwanderung in unserem kollektiven Unbewussten assoziiert: Furcht, Schrecken, Angst vor der Überfremdung, Schrecken vor der Potenz und der Übermacht der Schwarzafrikaner, Furcht
vor unserem Aussterben.

Die jungen Afrikaner sind nicht unbedingt mit den vietnamesischen
Boat People der 1970er Jahre zu vergleichen. Diese waren uns nah, weil sie
politisch vom gleichen Weltgegner versklavt wurden wie unsere «Brüder
und Schwestern» in der Zone. Sie waren uns nah in ihrem unbedingten
Arbeitsethos, der sie – etwa 40000 in Deutschland – antrieb, sich Jobs zu
suchen, nicht untätig zu sein. Ich traf vor dem Abflug nach Ruanda jüngst
einen Vietnamesen, der am Frankfurter Flughafen Müll einsammelte. Er
habe Bauingenieur studiert, habe aber im Moment keine Arbeit und diesen Reinemachejob akzeptiert. Er wirkte fröhlich dabei.

Die geopolitischen Abbruchkanten unseres Hoffnungskontinents
Europa liegen bei Lampedusa und in den beiden Enklaven auf dem Territorium Marokkos in Ceuta und Melilla, an der gesamten Westküste
Afrikas von Marokko über die Westsahara, Mauretanien bis zum Senegal. Dort sammeln sich die Flüchtlinge.

Wann dieser Prozess angefangen hat? Das weiß niemand genau zu
sagen, aber die Bewegung ist erst in den letzten drei Jahren so gewachsen, wie man am einfachsten an den eben genannten Abbruchkanten
beobachten kann. In Lampedusa kommen Hunderte an einem Tag an.
Am 22. Juni 2009 erreichten innerhalb von zwölf Stunden 850 Boat
People die Küsten Italiens zwischen Licata und Lampedusa.

Die Bewohner dieser Küste fürchten schlicht um ihre Existenz,
um den Tourismus. Im März 2005 sagte ein Fischer von Lampedusa im
italienischen Fernsehen: «Die italienischen Fischerboote fischen dort
Leichen. Wir haben keine Krabben in den Netzen, sondern Leichen.»
Ignazio Fazio berichtete gleich auch von dem, was er erlebt hatte, als er
80 Meilen vor der libyschen Küste fuhr. Damals seien ihm drei Flüchtlinge einfach auf das Boot geklettert, seinen Fischkutter «Marcantino
prima». Diese drei mitsamt 21 anderen wurden dann von der italienischen Marine nach Lampedusa gebracht. Der Fischer hatte eine nüch-
terne Botschaft. Er bat die Behörden Italiens, der Tragödie auf dem
Meer ein Ende zu machen, bei der so viele Menschen sterben. Ich warte
mit Spannung auf den Moment, da die Regierungen Europas diesen

Appell des Fischers Ignazio Fazio aufnehmen. Aber die europäischen Regierungen halten sich bedeckt oder schlachten das Thema populistisch aus. Der italienische Innenminister Giuseppe Pisani (seit Mai 2008: Roberto Maroni) unter Regierungschef Berlusconi war einer der größten Hetzer weit und breit. Die Regierungen schauen bei solchen Themen immer nur auf das demoskopische Stimmungsbarometer. Und das sieht beim Thema Flüchtlinge düster aus.

Der Fall des jungen Faly aus Guinea-Bissau

Woher kommen diese jungen Migranten, die so wenig unserem Vorurteil von Afrikanern entsprechen? Sie wollen unbedingt arbeiten. Die österreichische Autorin Corinna Milborn schildert in ihrem Buch *Gestürmte Festung Europas* einen jungen Afrikaner, den sie in Ceuta, der spanischen Enklave auf marokkanisch-afrikanischem Boden, auf der Straße getroffen hat. Er hieß Faly und war dort den Besuchern eines Supermarktes bei der Parkplatzsuche behilflich. Er war 19, sah aber älter aus. Faly war mit 13 aus seinem Heimatland Guinea-Bissau geflohen. Er hatte gerade mit der Ausbildung in der Hauptstadt begonnen, als ihn einer der Putsche überraschte, die es in Guinea-Bissau schon des Öfteren gegeben hat. Alle hauten ab, er aber konnte nicht mehr ins Dorf zurück. Er schloss sich daher einem Zug an, der in Mali ankam, wo er von einer halbnomadischen Familie aufgenommen wurde. Er arbeitete dort ein Jahr als Hirte. «Ich musste andauernd an meine Familie denken. Ich wusste ja nicht einmal, ob sie am Leben waren.»[2]

Faly schlug sich durch bis zur Hauptstadt Bamako, aber die Straßenkinder sind dort zu viele. Er hatte immer Hunger. Nachdem er zwei Jahre in Mali war, erfährt er von einer Gruppe, die sich aufmachen will, die Küsten Europas zu erreichen, *coute que coute* – koste es, was es wolle. Er ist jetzt 16 Jahre alt und schließt sich der Gruppe an. Zu Fuß beginnen sie den Weg, scheitern allerdings an der Grenze Algeriens. Das algerische Militär greift sie auf, expediert sie postwendend zurück. Der nächste Transit wird sorgfältiger geplant, die Gruppe marschiert nachts und macht einen großen Bogen um die Grenzposten. Sie sind jetzt eine Gruppe von 15 jungen Afrikanern – wahrscheinlich die Besten, die

19 «Gejagt wie die Tiere»:
Spanische Soldaten
patrouillieren am
Grenzzaun von Ceuta,
September 2005.

Afrika hat. Sie würden alles geben, wenn man sie einbinden würde in
ein Programm in Europa, sie hart arbeiten, noch etwas lernen und auch
etwas verdienen ließe, damit sie dann in ihr Land oder ein anderes zurückgehen könnten.

Corinna Milborn berichtet davon, was die Kinder auf dem Weg
aushalten mussten. Sie erbettelten sich Nahrung bei der Bevölkerung,
ernährten sich von Zucker und Wasser. Manchmal bekamen sie, welche
Freude, Brot. Immer wieder seien Kinder aus der Gruppe krank geworden. Nur einmal hält Faly an, als sein bester Kumpel an einer Darmin-
fektion erkrankt. Er erbettelt ein Antibiotikum. Der Freund überlebt.
Sie wollen nach Marokko, weil sie von da in die spanische Enklave Melilla kommen können. Die Grenze wird bei Nacht überquert, dann sind
sie in der Nähe von Oujda. Einige Nächte später kommen sie bis zum
Wald Gourougou hinter Melilla und versuchen in der Nacht den Zaun

zu knacken. Drei Mal werden sie gefasst und zurückgebracht, dann beschließen sie, nach Ceuta weiterzugehen. Das sind weitere 600 km. Der Grenzzaun von Ceuta ist mittlerweile sechs Meter hoch. Noch ein paar Mal werden sie gefasst. «Sie haben uns gejagt wie die Tiere», berichtet Faly. Sieben Monate überlebt er im Wald von Ben Younech, gemeinsam mit 3000 anderen Flüchtlingen, die hier im Wald auf ihre Chance warten, den Zaun zu überspringen. Ein Team von *Ärzte ohne Grenzen* kommt vorbei und versorgt seine Wunden. Am 29. September 2006 ist es so weit, bei einem Massenansturm kommt Faly durch. Er hat einen Asylantrag gestellt, aber jetzt sitzt er in einem Lager und kann nichts tun. «Ich kann nicht arbeiten, ich kann mich nicht bewegen, ich bin wie in einem Gefängnis hier.»[3]

Das ist ein repräsentativer Fall. Die Jungen, die ich in Nouadhibou in Mauretanien erlebt habe, berichteten mir, dass sie für jedermann vogelfrei seien. Niemand kümmere sich um sie, in keinem der Staaten Afrikas gebe es eine Vorsorge. Einen funktionierenden Sozialstaat, einen Rechtstaat gibt es nur in Europa. Diese jungen Leute erleben die Aufnahmeprozeduren in Europa interessanterweise oft ganz anders, als in vielen Büchern berichtet wird. Manche werden zum ersten Mal richtig mit ihrem Namen und ihrem Geburtsdatum angesprochen und haben das erste Mal das Gefühl, dass sie ernst genommen und voll als Bürger akzeptiert werden. Diese jungen Flüchtlinge haben ja zu Hause keine eigenen Institutionen, weder des Staates noch der Kirche, der Verwaltung oder der Botschaft, die sich um sie kümmern.

Ein junger Ghanaer, Jerome, hatte mich bei einem langen Gespräch gefragt, was denn meine Regierung mache, wenn ich verloren ginge? Ich habe ihm dann erzählt, was sie alles unternehmen würde, falls ich mal wirklich entführt würde oder sonstwie unter die Räder käme. Er hat mir wie einem Märchenerzähler zugehört und konnte das nicht fassen. Er sei bei seiner Botschaft in Dakar vorbeigegangen und habe genau diese Frage gestellt. Da habe man ihm gesagt: Das sei ihnen in der Botschaft völlig egal, ob er zugrunde gehe oder überlebe.

Albert Heise, *ZDF*-Korrespondent in früheren Jahren und viel mit Afrika befasst, hat gemeint, man müsste einen Film machen, der das Elend der in Melilla, Lampedusa oder in Gibraltar angelandeten jungen Leute zeigt, um so zu erreichen, dass viele von dem Versuch ablassen, den gelobten Kontinent Europa zu erreichen. Ich bin da skeptisch. Die Information wird immer noch nicht annähernd so abschreckend sein, dass diese Millionen junger Leute ihr Vorhaben aufgeben. Die jungen Menschen kennen die Situation durchaus. Sie wissen ja, dass in ihren Ländern alle, die einen guten Beruf gelernt haben, Arzt oder Bauingenieur oder Architekt, ins Ausland gehen. Sie haben eine Menge mitbekommen, sie kennen auch die Schengen-Situation. Aber sie müssen es für ihre Familien, den Clan, vielleicht auch für die Dorfgemeinschaft schaffen. Denn diese haben viel Geld gesammelt und wollen nun eine Gegenleistung sehen. Und deshalb können diese jungen Leute nicht zurück.

Was kann die EU tun?

Immer noch wird das Problem der Masseneinwanderung als ein Problem der polizeilichen und militärischen Abschottung gesehen. Die Europäische Union ist auf dem Stand des BBC-Filmes von 1991 stehen geblieben. Es fehlen neue Strategien. Dabei bräuchte es zweierlei. Es bräuchte einmal ein Zuwanderungsregime für die Millionen, die schon auf dem Marsch hierher sind. Europa braucht Zuwanderung, aber es braucht ausgebildete Zuwanderer. Und es bräuchte zum anderen Partnerschaften mit einzelnen Staaten in Afrika, die bereit und stolz genug sind, ihre Bevölkerungen im Lande zu halten. Man muss den Regierungen in Afrika vorhalten, dass sie ihre Aufgaben nicht erfüllen. Sie kümmern sich einfach nicht darum, dass die ausgebildeten Kräfte im Lande bleiben, dass die eigene Jugend Chancen erhält, kämpfen nicht um ihre Bevölkerung.

Man müsste die wenigen Regierungen finden, die loyal genug zu ihrem Volk sind, um sich auf ein Programm einzulassen, das nicht auf der Rückführung von Migranten besteht. Man müsste solche Regierungen suchen, die auch mit ihren afrikanischen Nachbarstaaten etwas anderes vereinbaren als Militärpartnerschaften. Diese Länder müssten eine gute Investitionspolitik machen, Korruption im Keim ersticken, Landwirtschaft fördern, zukunftsträchtige Industrien aufbauen. Und nur solche Regierungen sollte man auf Dauer mit einer Partnerschaftspolitik unterstützen. Nur mit ihnen zusammen lässt sich ein Teil des Problems, das sich in den letzten vier Jahrzehnten aufgestaut hat, wieder verringern. Wenn einige wenige funktionierende Staaten in Ost- und Westafrika Arbeitsplätze schaffen, damit die Jungen dort nicht mehr auswandern, könnten vielleicht sogar junge Menschen aus anderen afrikanischen Ländern in diese aufblühenden Länder streben.

Die Aspekte von Kontrolle und humanitärer Verpflichtung muss man dabei zusammen betrachten. Im Moment steht aber die Abschottung im Vordergrund, in der politischen Praxis geht es nur darum. Die Staaten am Mittelmeer und an der Westküste Afrikas bekommen massiv Gelder, um uns die Flüchtlinge vom Hals zu halten. Aber die europäischen Regierungen wissen natürlich, dass diese Länder ohne humanitäre Rücksichten agieren. Sie sind in aller Regel gar nicht an Abschottung interessiert, sondern fördern die Migration, da sie zu großen Teilen an den hohen Schleppersummen beteiligt sind, die da zusammenkommen. Die mauretanische Regierung, die alle Flüchtlinge durch ihr riesengroßes unbewohntes Land lässt, sagt uns: Ihr Europäer seid ja Mitverursacher dieser Massenflucht. Warum behandelt ihr die denn so gut an den Stränden von Gran Canaria, Teneriffa, Lanzarote, Fuerteventura? Wenn ihr die ankommenden Boote einfach ins Meer zurückschießt, dann würde das alles nicht weiter passieren.

Die Nicht-Politik Europas wird uns in den nächsten Jahren schwer belasten. Das Problem der Migration wird quälender werden als al-Qaida. Lösungsversuche wie die regelmäßigen Legalisierungskampagnen in Spanien sind nur kurzfristige Auswege. Auf diese Legalisierungen warten natürlich die Millionen in den Hafenstädten des Maghreb, die dort auf einen teuren Platz in einem Schlepperboot warten, um das gelobte Land Europa zu erreichen.

Integration fördern

Europa hat eine lange Tradition der Auswanderung, es hat aber keine Immigrationserfahrung. Es tut sich daher schwer, mit einer Migration fertig zu werden, die weiter eher humanitär begründet wird denn wirtschaftlich. Noch schwerer wird sich Europa tun, wenn es wirklich mit

Millionen schwarzer Menschen konfrontiert ist und nicht wie Frankreich oder Portugal durch Hunderttausende Einwanderer aus den ehemaligen Kolonien darauf vorbereitet wurde.

Die Afrikaner, die ja in großer Zahl auf den Kontinent zustürmen, gerade die muslimischen Nordafrikaner von den Marokkanern bis zu den Somalis, sind uns ja auch ethnisch und religiös fremd. Dieses Gefühl kann dem europäischen Normalbürger nicht einfach durch Vernunft und politische Korrektheit genommen werden. In den Niederlanden gab es in den vergangenen zwei Jahrhunderten auch Probleme mit der Akzeptanz der Katholiken, ebenso in Deutschland je nach Region mit Katholiken oder Protestanten. Bei den Muslimen kommt heute noch dazu, dass ihnen die Einheit fehlt. Sie als Religionsgemeinschaft zu respektieren setzt voraus, dass sie selbst das Bewusstsein einer gemeinsamen Identität haben. Dieses Bewusstsein ist aber nicht da. Der bosnische Islam in einer so mustergültig transparenten und liberaltheologischen Welt von Penzberg bei München hat mit einer türkischen DITIB-Gründung in Köln wenig zu tun. Die islamischen Gemeinden sind viel mehr ethnisch bestimmt, als sie es öffentlich zugeben möchten. Das macht die Integration dieser Gemeinschaft schwieriger. Gerade der offene Imam Benjamin Idriz aus Penzberg, der eigentlich ein geborenes Mitglied der Islam-Konferenz sein müsste, gehört ihr eben nicht an. So vergibt sich die deutsche Gesellschaft und Politik den leichten Zugang zu den freundlich-offenen und transparenten Dialoggemeinden.

Auf jeden Fall teile ich die Einschätzung des jüngst verstorbenen deutschen Soziologen und Politikwissenschaftlers Ralf Dahrendorf: Die Europäische Gemeinschaft ist in keiner Weise auf diese Migration vorbereitet. Sie stammelt nur den Satz vor sich hin: Besser sei eine präventive Entwicklungspolitik, die den Ländern eine blühende wirtschaftliche Existenz vermittele sowie Arbeitsplätze, sodass die jungen Millionen in ihren Ländern bleiben. Die bisherige Entwicklungspolitik in und für Afrika muss aber als gescheitert angesehen werden. Wir brauchen stattdessen eine ganz neue Entwicklungspolitik für Afrika, eine größere Bereitschaft, junge Afrikaner auf Zeit aufzunehmen und sie auszubilden. Eine viel klarere Politik der Partnerschaft und Freundschaft mit einigen wenigen Ländern, mit denen es schon historische Beziehungen gibt.

Es bleibt die klare Erkenntnis, dass wir in der reichen, industrialisierten, gebildeten Welt auf dem Rückmarsch sind. 1990 hatten wir 5,3 Milliarden Menschen auf der Erde, 2025 werden es geschätzt wohl an die 8,5 Milliarden sein. 95 Prozent der Zunahme gehen auf das Konto der Dritten Welt. Es wird weiter Migrationswellen geben. Es wäre daher gut, dieses Europa würde aus seinem Donröschenschlaf aufwachen und sich darauf einstellen. Wir werden auf Dauer diese Migration kaum stoppen können, aber wir können versuchen, sie zu gestalten und in vernünftige Bahnen zu lenken.

10
Die Chinesen kommen

Als wir 1983 mit CAP ANAMUR in Hargeisa, Nord-Somalia, waren, befand sich direkt neben uns ein Camp mit chinesischen Arbeitern, die in der Nähe eine Straße bauten. Kontakt hatten wir zunächst nicht zu ihnen, und wir Westdeutschen fühlten uns damals an die Distanz erinnert, die man in der Bundesrepublik zur DDR hielt. Zwischen West und Ost herrschten noch große Berührungsängste, die sich selbst hier in der ehemaligen Hauptstadt von Britisch-Somaliland zeigten. Doch eines Tages wurden wir überraschend eingeladen. Es war wohl der Nationalfeiertag der Chinesen, und man konnte gespannt sein, wie sie versuchen würden, uns westliche Kapitalisten zu beeindrucken. Ihre Darbietung zeugte jedoch nicht von besonders ausgeprägtem propagandistischem Geschick. Diejenigen von uns, die hingingen, berichteten, dass es ausschließlich Filme gegeben habe vom Großen Marsch der Chinesen und dem Genossen Vorsitzenden Mao Tse-tung.

Die Afrikapolitik Chinas hat nicht erst gestern begonnen. Seit den 1950er Jahren unterstützte die Volksrepublik die afrikanischen Unabhängigkeitsbewegungen und versuchte, sich zum Sprachrohr der vom kapitalistischen Westen unterdrückten Länder zu machen. Auch Entwicklungsprojekte wurden angestoßen. Kenneth Kaunda, der erste Präsident Sambias, traf auf offene Ohren, als er in China dafür warb, dass die Chinesen die TanZam-Eisenbahnlinie fertigbauen sollten. Sie wurde in den Jahren 1970 bis 1975 fertiggestellt und war für den Kampf gegen die Apartheid wichtiger als so manche papierene Resolution in unseren Ländern. Sie schuf damals die Möglichkeit, Sambia mit dem Küstenhafen Dar-es-Salaam zu verbinden, ohne sich in Abhängigkeit von dem von Weißen beherrschten Rhodesien zu begeben. Die Pläne kamen gleichermaßen von Kenneth Kaunda wie von

Julius Nyerere, seinem Amtskollegen in Tansania, der ein großer Bewunderer von Mao Tse-tungs Kollektivierungsstrategien war.

China war aber damals selbst zu arm, um ernsthaft mit den ehemaligen Kolonialmächten und der Sowjetunion zu konkurrieren. Erst seit den Wirtschaftsreformen und dem damit beginnenden Aufschwung hat sich dies geändert. Seit der damalige chinesische Premierminister Zhao Ziyang 1982 seine erste große Tour durch Afrika unternahm, ist die chinesische Politik aus nachvollziehbaren Gründen erfolgreich. Es gibt Geschenke, es gibt Investitionen wie z. B. für die Herstellung von Zuckermühlen, man sendet technische Experten aus. Ganz besonders geschickt sind die Prestige-Projekte, die China in verschiedenen Hauptstädten realisiert hat. Da gab es die Erweiterung des Parlamentsgebäudes in Uganda, neue Gebäude für das Außenamt in Angola und Mosambik, einen neuen Präsidentenpalast in Harare und in Kinshasa, Stadien in Sierra Leone und in der Zentralafrikanischen Republik. Diese Politik und diese Form von symbolischer Diplomatie begeistern die afrikanischen Eliten und sind gleichzeitig ein lebhaftes Zeichen chinesischer Großzügigkeit. Der Siegeszug der chinesischen Staats- und Wirtschaftsmacht in Afrika scheint daher nicht enden zu wollen, und die westlichen Staaten müssen sich inzwischen ernsthaft fragen, ob China auf dem Kontinent nicht bald einflussreicher sein wird als sie selbst.

Afrika erhält 44 Prozent der Entwicklungshilfe Chinas. Diese Summe ist von 1957 bis 1989 auf 4,9 Milliarden US-Dollar gestiegen. Noch wichtiger ist, dass 31 Prozent der Ölversorgung Chinas aus Afrika kommen. Der größte ausländische Ölversorger ist mittlerweile Angola, das längst Saudi-Arabien überflügelt hat. China hat seine Rolle als Abnehmer von afrikanischen Exporten erheblich gesteigert, von 2,6 Prozent 1998 auf 9,3 Prozent im Jahre 2005. Gleichzeitig konnten sich die chinesischen Produkte auf dem afrikanischen Kontinent etablieren. Mittlerweile gibt es keinen afrikanischen Markt mehr, der nicht mit chinesischen Exporten überschwemmt wird und fast schon unter der rastlosen Aktivität des schnellen und effektiven Investors erschöpft zusammenbricht.

Im November 2006 erreichten die Bemühungen der Chinesen ihren bisherigen Höhepunkt. Es war dem Staat, den wir früher Rotchina nannten, gelungen, die Zahl der Länder, die noch exklusiv mit Taiwan Beziehungen pflegten, auf fünf zu reduzieren. Seit 1971, als Taiwan seinen permanenten Sitz im UN-Sicherheitsrat verlor, war der Einfluss des mit den USA verbündeten nationalchinesischen Staates immer mehr geschwunden. 1997 leitete das Südafrika der Post-Apartheid-Ära den Reigen der Länder ein, die ihre ausschließlichen Beziehungen mit Taiwan beendeten. Im Mai 2005 schwenkte der Senegal auf die neuen und erfolgreicheren Beziehungen mit Rotchina um, und im August 2006 tat die Republik Tschad dasselbe. Und nun lud China im November 2006 48 Staats- und Regierungschefs zum China-Afrika-Forum nach Peking. Mit beeindruckendem Aufwand präsentierte sich China als Freund Afrikas, der niemandem seine Werte aufzwingen wolle, und versprach eine weitere Aufstockung der Entwicklungshilfe.

So ungeschickt wie damals in Hargeisa stellt sich die chinesische Propaganda also inzwischen nicht mehr an. Im Gegenteil, sie entwickelt neuerdings geradezu genialische Züge, wie man sie ihr in Europa nicht zugetraut hätte. Im Sudan peppt sie die Beziehungen mit Verweis auf ein altes koloniales Datum auf, das beide Länder in krauser Weise verbindet. Man macht auf den britischen General Charles «Chinese» Gordon aufmerksam, der 1860 half, den Aufstand in Taiping niederzuschlagen, bevor er dann in den Sudan versetzt wurde. Gleichermaßen wird Chinas antiwestliche und antikoloniale Propaganda nicht müde, daran zu erinnern, wie afrikanische Sklaven, die ihren niederländischen Besatzern auf Formosa 1664 entflohen waren, Schulter an Schulter mit dem chinesischen General Zheng Chenggong und seiner Armee gegen die europäischen Kolonialarmeen kämpften. Ähnlich nehmen sie Bezug auf den Admiral Zheng und seine Küstenflotte im 15. Jahrhundert, der mit 63 Dschunken und 28 000 Matrosen nicht etwa ostafrikanische Staaten einnahm oder Afrikaner demütigte, sondern nur ein kurzes Handelskapitel aufschlug. Der chinesische Botschafter schwärmte 2007: «Zheng, dieser Admiral, brachte zu allen Plätzen in Afrika Tee, Seide und Technologie. Er besetzte nicht einen Fußbreit Boden, noch nahm er auch nur einen einzigen Sklaven.»[1]

Die Vorgänger Chinas: Israel, Taiwan, Libyen

Es ist nicht das erste Mal in der Zeitgeschichte Afrikas, dass man sich das Heil von einer fremden Macht verspricht. Es gab die Zeit, in der man den aufstrebenden Staat Israel, dann später die arabischen Öl-Staaten, dann auch eine Zeit lang Taiwan, dann wieder und parallel dazu den verrückten Gaddafi in Libyen als Hoffnungsträger und Lösung für alle Probleme sah. Die afrikanischen Länder verstanden deren Unterstützung nicht als Aufforderung zu eigener Tätigkeit, sondern als ein Versprechen, dass von außen etwas geschehen und sich jemand verlässlich den Problemen widmen würde. Das Israelbild der jungen afrikanischen Staaten war lange Zeit geradezu verklärt gewesen. Israel baute sehr viel in Afrika auf, allerdings auch die jeweiligen Geheimdienste in den Ländern, in die es gerufen wurde. Und es gab sich sehr großzügig in der Zusage von Waffenhilfe. Es wählte wie China in unseren Tagen die Regierungen, mit denen es kooperieren wollte, nicht nach menschenrechtlichen Aspekten aus, im Gegenteil. Uganda unter Staatschef Idi Amin wurde das Lieblingsland der israelischen militärischen und wirtschaftlichen Unterstützung. Zeitweilig wirkten in Afrika 3000 israelische Entwicklungshelfer, darunter Militär- und politische Berater. Bis zum Jom-Kippur-Krieg 1973 wurden 15 000 Afrikaner in Israel ausgebildet.

Israel scheute sich nicht, aus einem antibritischen Gefühl heraus auch Terroristen auszubilden. So hatte man den in Großbritannien gesuchten «General China», Waruhiu Itote, der im Jahre 1954 von einem britischen Gericht zum Tode verurteilt, dann bei der Unabhängigkeit begnadigt wurde, nach Israel zur militärischen Ausbildung eingeladen. Itote lebte, so wurde es in der westlichen Presse berichtet, als Otto Kenia im Kibbuz Kfarhanassi in Galiläa. In einem militärischen Ausbildungslager wurde ihm beigebracht, Panzer zu fahren, Handgranaten zu platzieren und Tellerminen zu legen.

Besonders mit dem neuen unabhängigen Kenia unter Jomo Kenyatta bandelte Israel an. Ein hochrangiger Beamter im israelischen Außenministerium sagte einem britischen Reporter am 27. Oktober

1963: «Wir betrachten Kenia als den Schlüssel für ganz Zentralafrika.» Dieser Schwerpunkt verlagerte sich dann später von Nairobi nach Kampala, der Hauptstadt Ugandas. Wie sagte der damalige Premierminister Levi Eshkol: Israel wolle auf dem Umweg über Bamako und Abidjan nach Kairo gelangen. Aber die machiavellistische Art, mit der man sich jede Situation zunutze machte, weckte Misstrauen, so wie das auch heute mit den Chinesen geschehen wird. Israel unterstützte aus eigenem Interesse die Armee des rechtskonservativen äthiopischen Kaisers Haile Selassie, des nach Meinung der zumeist linken Regime erzkonservativen Potentaten. Israels Ausbilder drillten die kaiserlichen Einheiten, die im Norden Äthiopiens gegen Aufständische kämpften. Als Gegengeschäft half Addis Abeba, den Konflikt im Süden des Sudan zu schüren, was wiederum der antiarabischen Front der israelischen Politik diente.

Der neben Nairobi und Addis Abeba dritte Pfeiler dieser Strategie war Uganda. Schon unter Milton Obote bekam Uganda ein Drittel des Budgets für Expertenhilfe aus Israel. Man baute, man bildete aus, man schickte Waffen, man gründete einen eigenen Geheimdienst zugunsten des jeweiligen Präsidenten. 1970 betrug das israelische Budget für Uganda nicht weniger als 70 Millionen DM, heute etwa 45 Millionen Euro. Erich Wiedemann berichtete dem *Spiegel*, dass die Israelis damals das zweitstärkste Ausländerkontingent gewesen seien nach den Briten. Im Spekes Hotel gab es in dieser Zeit auf der Speisekarte koschere Gerichte für die Gäste aus Israel.

Zwischen den israelischen und den ugandischen Führern entwickelte sich eine herzliche Freundschaft. Obote sicherte 1962 den Israelis Militärstützpunkte im Norden Ugandas zu. Idi Amin wurde 1968 zur Unabhängigkeitsparade nach Israel eingeladen. Moshe Dayan, den Idi Amin sehr bewunderte, ließ auch die arabischen Tanks und Kanonen auffahren, die die israelische Armee im Sechstagekrieg 1967 erobert hatte. Dayan soll Idi Amin angeboten haben, sich einige der Stücke für seine Armee auszusuchen. So kamen Panzer, die während des Zweiten Weltkriegs nach Moskau geliefert und von dort an die Ägypter weiterverscherbelt, dann von Israel im Sinai-Feldzug erobert wurden, nach Uganda. Als Idi Amin zu seinem ersten Besuch nach Jerusalem kam, plante er, sich demnächst vom geographischen und geopolitischen Schicksal des *landlocked countries* zu befreien. Er wollte in einem Blitzkrieg vom Südufer des Victoriasees durch Tansania eine Landbrücke zum Indischen Ozean schlagen. In seiner Tasche hatte er daher eine Einkaufsliste, auf der Panzer, Jagdbomber, Landungsboote und diverse Hubschrauber standen, Kriegsgerät im Wert von 100 Millionen DM.

China überschwemmt den afrikanischen Markt

China ist nicht ganz neu auf Afrikas Märkten, aber es ist in den letzten Jahren mit einer Geschwindigkeit aufgetreten, die erstaunlich ist. Plötzlich konnte man überall chinesische Textilien kaufen. Die Folgen für den Markt waren zum Teil katastrophal. Die eigene Textilindustrie war ja gemessen an der beschämenden Skala von Afrikas Wirtschaft etwas, was durchaus immer schon funktionierte. Sie war genuin entstanden, und man konnte wirklich seine Freude an dem Design und den Entwürfen, der Farbenpracht afrikanischer Textilien und Gewänder haben. Jetzt aber wurde der Markt mit Billigtextilien überschwemmt. In Nigeria mussten daraufhin 80 Prozent der Textilfabriken schließen, 250 000 Arbeiter verloren ihren Job. Eigentlich gibt es kein afrikanisches Land, das sich nicht dem chinesischen Einfluss öffnete, am stärksten aber Nigeria, Namibia, Botswana, Angola, Südafrika und die Kapverden.

Die Entwicklung brachte für die Regierungen, denen der Wohlstand der eigenen Bevölkerung wichtig ist, ein Dilemma: «Braucht Sambia», so fragte der ehemalige Handelsminister Dipak Patel, «eigentlich chinesische Investoren, die Schuhe, Kleider, Nahrung, Hühner und Eier auf unsere Märkte bringen, wo unsere Einwohner und Bürger das selbst produzieren können?»[2] Die ambivalente Haltung zwischen freudiger Überraschung und Ablehnung ergab sich aus der schieren Geschwindigkeit, mit der China sich in Afrika etablierte. In der Provinz Huambo, Angola, gab es 2002 gerade mal zwei Läden, 2004 waren es sieben, 2006 schon über 20. Die neuen chinesischen Händler und Firmen, die sich da auf den afrikanischen Märkten bemerkbar machten, entstehen oft da, wo früher oder noch heute sich taiwanesische Firmen eingerichtet hatten. In Mauritius und in Nigeria ergaben sich Verbindungen zwischen Geschäftsleuten aus Taiwan und einigen Newcomern auf dem Markt, die sich gleich an die Gründung eines Netzwerkes von Textilfabriken und an den Aufbau von Autoersatzteil-Lagern machten.

Eine Beobachtung können die Afrikaner oft noch nicht machen, weil sie keine Vergleichsmöglichkeit haben. Die Qualität aller Klempner-Utensilien, die wir für unser Grünhelme-Berufsausbildungszentrum in Ruanda auf dem Bazar in Kigali einkauften, ist so miserabel, dass es sich gelohnt hat, alles in einem Container nach Ruanda gebracht zu haben, in guter Qualität und aus Europa. Wir erleben die schlechte Qualität der chinesischen Produkte auf allen Ebenen. Die Lager in Kigali, der Hauptstadt von Ruanda, sind alle voll, aber die Waren sind nicht gut.

Ganz eindeutig ist der Einbruch Chinas zu erkennen an der Einwanderung von Chinesen. In allen afrikanischen Hauptstädten gibt es wenigstens ein Mini-Chinatown. In Südafrika gab es 1980 10000 Chinesen, 1998 waren es schon 120000, 2006 ist diese Zahl auf 300–400000 angewachsen. In Tansania hatten sich nach der Fertigstellung der TanZam-Eisenbahn einige Chinesen niedergelassen, ihre Zahl ist bis 2006 auf 20000 gestiegen. Die chinesische Gemeinde in Nigeria wurde 2006 auf 100000 geschätzt. In Äthiopien wie in Kenia sind es «nur» 4–5000. Ganz ungenau sind die Aussagen für Sambia, wo es 2006 ja einige heftige und sogar blutige Auseinandersetzungen gab. Die Opposition spricht aus eigenem Interesse von 80000, die Regierung von 2300.

China betreibt allerdings auch eine regelrechte Emigrationspolitik nach Afrika. Man kann nicht einmal sagen, ob die Regierung das bewusst macht oder ob es sich aus den wirtschaftlichen Sachzwängen ergibt. Immerhin gibt es in China viel Werbung für die Möglichkeiten, die afrikanische Länder auch für den chinesischen Mittelstand und Kleinunternehmer bieten. Selbst Arbeiter vom Lande ziehen manchmal ab nach Afrika. Diese Migration breitet sich schnell aus und kann auch schnell zu Widerstand und heftigen antichinesischen Gefühlen und Ausbrüchen führen. Bis jetzt gab es die Verstimmungen nur in Sambia und andeutungsweise auch in Lesotho sowie im August 2009 in Algerien.

Auf jeden Fall sind durch die Aktivität Chinas auf dem Kontinent die Europäer total ins Hintertreffen geraten. Es gab im November 2006 die große Afrika-China-Gipfelkonferenz. Im Januar 2006 tourte eine große Delegation, angeführt von dem Außenminister Li Zhaoxing, durch Botswana, die Zentralafrikanische Republik, Guinea-Bissau, den Tschad und Eritrea. Er wurde von dem Premierminister Hu Jintao im Februar 2007 abgelöst, der wieder nach Kamerun, Liberia, in den Sudan, nach Sambia und Namibia reiste. Chinas Politik setzt auf den Handel. Aber sie wird noch erhebliche Widerstände zu gewärtigen haben. Sie muss darauf achten, den afrikanischen Händlern und Unternehmern auch ähnliche wirtschaftliche Möglichkeiten in China zu gewähren, sonst wird es Ärger in den Ländern Afrikas geben, wie es schon in Sambia und an anderen Orten der Fall war.

Der Aufstieg Chinas zur großen, den Kontinent durchrasenden Super-Wirtschaftsmacht hat allerdings in einigen Staaten auch zu einer ausdrücklichen Politik des *Look east* geführt, zumal bei den sogenannten Paria-Staaten Sudan und Simbabwe. Beide machten auf ihre Art erhellende Erfahrungen: Chinas Politik ist Afrika nicht aus Liebe und historischer Verbundenheit zugeneigt, sondern wegen der wirtschaftlichen Interessen und Vorteile, die der Riese aus Fernost sich erhofft.

«Non-Intervention is our brand»: Sudan und Simbabwe

«Non-Intervention is our brand, like intervention is the Americans.» China hat alle Bedingungen und Vorbehalte beiseitegeschoben für das Ziel der Energiesicherheit und die Hoffnung auf wirtschaftlichen Profit. Der Handel mit dem Sudan ist in einem schwindelerregenden Maße gestiegen. Seit 1996 hat China nicht weniger als 15 Milliarden US-Dollar im Sudan investiert, hauptsächlich in der Ölindustrie und in darauf bezogene Infrastrukturmaßnahmen. Es wurden Zehntausende von chinesischen Arbeitern ins Land gebracht. Der bilaterale Handel wuchs von 890 Millionen US-Dollar im Jahr 2000 auf 3,9 Milliarden im Jahr 2005. China umwirbt auch die Regierung im autonomen Süd-Sudan, die ja in drei Jahren unabhängig sein könnte, wenn es zu einem Referendum mit positivem Ausgang kommen sollte. Es möchte um alles in der Welt die Konzessionen im Süden für die Öl-Förderung und Raffinierung bekommen. China bekam bereits einen Anteil von 40 Prozent an der *Greater-Nile-Petroleum*-Gesellschaft.

In Simbabwe wollte China Mugabes *Look-east*-Politik belohnen. Die Chinesen nehmen Kaffee ab, sie haben eine der größeren enteigneten Farmen geleast. Aber Simbabwe hat den reichen und profitorientierten Chinesen nichts mehr anzubieten. Es hat – so sagte es einer der Banker dort – «das meiste von seinen Hauptassen an die Chinesen verpfändet in der Hoffnung, dass es von China Hilfe bekäme. Ohne diesen Punkt zu übertreiben, aber Simbabwe ist ein verzweifelter Alliierter der Chinesen.»[3] 2005 wurde Robert Mugabe der Ehrendoktor einer chinesischen Universität verliehen, er ist also jetzt Dr. honoris causa und darf sich «Chinas Freund Nummer eins» nennen. Im Vergleich zu dem ölreichen Sudan hat Simbabwe aber nur ganz wenig von China bekommen. Die Bitte an die Chinesen, die Schulden zu zahlen, die Simbabwe beim IWF in Höhe von 295 Millionen US-Dollar hatte, traf auf taube Ohren.

3 Millionen Chinesen neben 12 Millionen Angolanern?

In der Gruppe der schwachen Demokratien und diktatorischen Regime nahm China wachsenden Einfluss in Angola, Sierra Leone, Liberia, Nigeria, im Senegal, in Tansania und Sambia. In Angola haben die Chinesen geradezu freie Hand für alles. Ein Kredit der chinesischen Exim Bank in Höhe von 5 Milliarden US-Dollar war dafür ausersehen, einen neuen internationalen Flughafen, eine Ölraffinerie, eine Diamanten-Gesellschaft wie auch eine verarbeitende Fischindustrie zu schaffen. Der Handel mit Angola stieg noch schneller als mit dem Sudan. Das Volumen belief sich im Jahre 2000 auf 1876 Millionen und stieg bis Ende 2006 auf 6,1 Milliarden US-Dollar. Angola liefert genau 15 Prozent der chinesischen Ölimporte und darf deshalb als der wichtigste Partner Chinas auf dem Kontinent gelten. Und Angola nutzt seine guten Beziehungen nach Osten. Nachdem das Land mit dem Internationalen Währungsfonds gebrochen hatte, erklärte es 2007, dass es sich bei anderen Partnern entsprechende Kredite holen würde.

Die Regierung in Luanda hatte vor, drei Millionen Chinesen ins Land einzuladen, um der darbenden Landwirtschaft wieder zur Blüte zu verhelfen. In Cabinda allein sind es 40 000. Allerdings werden in solchen Statistiken auch alle anderen Südostasiaten wie Koreaner oder Malaien mitgezählt. China baute geradezu eine Nebenhauptstadt, das «Nova Luanda», im Süden der alten Hauptstadt, die mit 120 000 Wohnungen und Parks, Unterhaltungszentren und Schulen ausgerüstet wurde.

Waffen für Nigeria

China ist gefährlich für die Entwicklung Afrikas, weil es gegen seine ureigenen Interessen auch Waffen liefert. Es rüstete die nigerianische Armee mit Waffen aus, die bei den militärischen Aktionen im Niger-Delta zum Einsatz kamen. Auch mit Nigeria schnellte der Handel in die Höhe: Im Jahre 2000 lag er noch bei 856 Millionen US-Dollar, 2005 hatte er schon die Marke von 2,83 Milliarden US-Dollar erreicht. Hu Jintao machte auf seinen zwei großen Afrikareisen Station in Lagos. Dort erwartete man wiederum die Zustimmung von China für einen permanenten afrikanischen Sitz im UN-Sicherheitsrat, der nach den dortigen Vorstellungen natürlich Nigeria zusteht.

Aber es gab auch schon Konflikte zwischen nigerianischen Geschäftsleuten und dem chinesischen Staat. Die Geschäftsleute hatten die strategische Partnerschaft als Gleichbehandlung verstanden und erlebten mit Bitterkeit, wie stark sich die eigene Regierung um die chinesischen (und auch die indischen) Investoren kümmerte und ihnen Anreize und Steuererleichterungen gewährte. Die Tausende von Nigerianern, die sich als Händler in Hongkong und in Guangzhou niederlassen wollten, erlebten dagegen ihr blaues Wunder, als die Einrichtung einer «Nigeria Town» in Guangzhou pauschal von den chinesischen Autoritäten abgelehnt wurde. Der nigerianische Präsident Obasanjo sprach für seine afrikanischen Kollegen, als er sagte: «Das 21. Jahrhundert ist das Jahrhundert, in dem China die Welt führen wird. Und wenn es dazu kommt, dass sie jetzt die Welt anführen, dann wollen wir genau hinter ihnen sein. Und wenn sie zum Mond gehen, dann wollen wir nicht zurückgelassen werden.»

20 Der Vizepräsident von Sambia bei der Übergabe von Baumaschinen, die mit einem chinesischen Kredit finanziert wurden, August 2008.

Konflikte in Sambia

Die Beziehungen Chinas zu Sambia fingen zunächst auch hervorragend an, sie gehen noch zurück auf einen Besuch von Kenneth Kaunda bei Mao Tse-tung, der die Bitte um Eisenbahnbau wohlwollend aufnahm. Die bescheidene Art der chinesischen Eisenbahnarbeiter hinterließ einen nachhaltigen Eindruck auf den gewöhnlichen Sambier. Es kamen dann aber so viele Kleinhändler und Geschäftsleute zusammen mit den in ganz Afrika auftauchenden Textilien aus China, dass die Sambier 2004 zum ersten Mal unruhig wurden. Die Arbeiter begannen sich über die zu niedrigen Löhne und die schlechte soziale Absicherung in der Chambishi-Mine zu beschweren. Da beschloss die Regierung wohl auf Bitten der Chinesen, den Gewerkschaften ihre Aktivität in der Mine zu untersagen. Im April 2005 kam es, vielleicht wegen zu laxer Sicherheitsstandards, zu einer Explosion in der Mine, die den Tod von 46 sambischen Arbeitern zur Folge hatte. Das beförderte einen Aufschrei unter der übrigen Arbeiterschaft, die auch nicht durch Versprechungen von

Entschädigungszahlungen an die Familien der Opfer zu beruhigen waren. Die afrikanische stolze Volksseele kochte.

Am 24. Juli 2005 stürmten die Arbeiter das chinesische Management-Büro, als sie hörten, dass die Gelder nicht kommen würden. Fünf der Demonstranten wurden von einem völlig verängstigten chinesischen Manager niedergeschossen. Daraufhin machte der Oppositionskandidat gegen den Präsidenten Mwanawasa, Michael Sata, die «chinesische Frage» zu seinem Thema für den Wahlkampf. Er schätzte, dass sich schon 80 000 Chinesen allein in Sambia aufhielten. Sambia sei auf dem Wege, eine Provinz von China zu werden. Sata suchte den Kontakt zu Geschäftsleuten aus Taiwan und versprach, er würde bei einem Wahlsieg zurückgehen zu einer Anerkennung von Taiwan. Das wiederum erregte den chinesischen Botschafter so sehr, dass er den Sambiern damit drohte, man werde alle chinesischen Investitionen abziehen, falls Michael Sata gewählt würde. Das war eindeutig eine Verletzung der Souveränität von Sambia. Jetzt schlugen auch in anderen afrikanischen Hauptstädten die Alarmglocken. Die «Patriotische Front» von Michael Sata erreichte zwar nur 28 Prozent im Parlament von Lusaka, aber sie gewann die Kontrolle über die Hauptstadt selbst und andere große Städte in den Bergwerksgebieten. Mit dieser Kraft mussten also die Chinesen künftig rechnen.

Die Chinesen bemühten sich um die Zustimmung ihrer Arbeiterschaft, indem sie Gesundheitsstationen und ein HIV/Aids-Projekt aufbauten. Man wollte sich jetzt ganz besonders gesetzestreu verhalten, nachdem die Kupfer-Schmelzmine in Chambishi mit einem Kostenaufwand von 220 Millionen US-Dollar aufgebaut worden war. Die geplante feierliche Eröffnung der Schmelzfabrik durch den chinesischen Präsidenten wurde im Februar 2007 allerdings abgesagt. Man befürchtete einschlägige Proteste.

Unterschiedliche Arbeitsweisen

Das Grundproblem chinesischer Firmen ist die Disziplin afrikanischer Menschen und Gesellschaften. Viele bringen lieber ihre eigenen Arbeiter mit, weil sie dann wissen, dass sie ihre Aufgaben so schnell wie möglich fertigstellen können. Der Manager der staatseigenen *China Overseas Engeneering Corporation* in Lusaka erklärte diesen Sachverhalt wie folgt: «Die chinesischen Arbeiter sind an sehr harte Arbeit gewöhnt. Darin besteht eine kulturelle Differenz zu den Zuständen hier. In Sambia sind die Arbeiter wie die Briten. Sie arbeiten nach dem Plan. Sie haben Tee-Unterbrechungen und eine Menge an freien Tagen. Für unsere Gesellschaft würde das bedeuten, es würde uns der Bau sehr viel mehr kosten.»[4] Auch afrikanische Geschäftsleute bestätigen diesen Punkt. So erklärte Briss Mathabathe vom Imbani-Konsortium (einem China-Südafrika-Joint-Venture, das bemüht ist, den Hafen in Richards Bay auszubauen): «Die Chinesen haben eine ganz strenge Arbeitsethik. Und wir hoffen, dass sich diese strenge Arbeitsmoral in den Köpfen der vielen Studenten niederschlägt, die wir nach China schicken. Sie müssen den härtesten Arbeitsbedingungen ausgesetzt werden, damit sie dann hier in dieser neuen Industrie arbeiten können.» In dem Buch von Chris Alden *China in Africa* wird ein Tansanier zitiert, der in Hongkong lebt: «Die Chinesen arbeiten unglaublich hart. In Afrika war unsere Arbeiterschaft unglaublich faul. Wir haben gewöhnlich genug Land, wir haben übergenug Nahrung, so sind unsere Menschen nicht geneigt, hart zu arbeiten. Die Afrikaner haben ihre Ärmel aufzukrempeln, um die Standards der aktuellen Weltsituation zu erreichen.»[5]

Wie kann man sich als chinesische Firma auf flexiblere Arbeitsformen einstellen? Und warum sollte eine Firma auf dem globalisierten Arbeitsmarkt gezwungen sein, höhere Löhne zu zahlen für eine Arbeit, die ihrer Ansicht nach nicht zureichend ausgeführt wird? Das chinesische Arbeitsmodell ist gewerkschaftsfeindlich. Ein arbeitsfreier Sonntag oder gar ein arbeitsfreies Wochenende stören. Die Chinesen sind diszipliniert und können sich auf ihre Arbeiter verlassen. Ich vermute, sie könnten sich auch auf ihre afrikanischen Arbeiter verlassen, wenn sie ihnen einen einigermaßen angemessenen Lohn geben würden. Vor der Chambishi-Mine waren die sambischen Arbeiter aufmarschiert, weil sie nur 30 US-Dollar Monatslohn bekommen, das ist der berühmte eine Dollar am Tag. Das ist nach Auskünften der Sambier weniger, als die Inder, und weit weniger, als kanadische oder australische Firmen zahlen. Das wird das Image und die Position Chinas auf Dauer lädieren.

Es erscheint manchmal so, als ob China im Schnellkurs eine kolonialistische Periode durchzieht, aber schon lernt, sich auf den Kontinent und seine besonderen Bedingungen einzustellen. Die Überschwemmung des Marktes mit billigen und qualitativ miserablen Gütern und Textilien wird das chinesische Image noch einmal schwer beschädigen. Auch die Brutalität, mit der es Riesenprojekte anschiebt, die aus ökologischen Gründen auf der ganzen Welt nicht mehr geduldet werden, werden noch einmal afrikaweit geahndet werden. So wird es noch Schwierigkeiten geben mit dem Merowe-Damm im Sudan, den China bauen will, da für diesen Bau zwei ganze Stämme, das Volk der Hambdan und der Amri, entwurzelt und aus ihren angestammten Gebieten vertrieben werden. In Mosambik sind die Pläne für den Bau des Mphanda-Nkuwa-Dammes ebenfalls auf größte Zurückhaltung gestoßen, da dieser Damm in einer erdbebengefährdeten Zone liegt. Inzwischen gibt es eine Menge afrikanischer Ökologen, die sich den Chinesen in den Weg stellen, besonders dann, wenn sie in Afrika etwas bauen wollen, was auf der übrigen Erde nicht mehr ginge.

Auch die Kumpanei der chinesischen Firmen mit den regierenden Eliten wie auch mit den Diktaturen wird die Sache Chinas langfristig nicht befördern. Die Kritik in den Ländern wie Sambia, Simbabwe und Botswana wird so schnell nicht verstummen. Auch die afrikanischen Intellektuellen werden sich nicht scheuen, die sogenannte Politik der chinesischen Nicht-Intervention als eine zu entlarven, die heftig zugunsten der eigenen Interessen interveniert. Solange es miserable Regierungen gibt, bei denen die Korruption sich bis in die höchsten Schichten hineinfrisst, ist es den raffgierigen Eliten egal, zu welchen Preisen man die Rohstoffe verscherbelt. Und das Wohl der Bevölkerung und der eigenen Volkswirtschaft ist ihnen so gleichgültig, dass sie auf verarbeitende Industrien einfach verzichten. Das Kupfer, das die Chinesen aus Sambia herausholen, wird im Rohzustand nach China transportiert und erst dort veredelt. Selbst die Maschinen zum Abbauen des Kupfers stammen aus China und dürfen zollfrei eingeführt werden. Die Chinesen – so berichtet der Oppositionelle Michael Sata – verlassen nicht einmal zum Mittagessen oder zum Biertrinken ihre Festungen.

11
Entwicklungshilfe und Entwicklungshelfer

Die «Dritte Welt» insgesamt gibt es schon lange nicht mehr. Es bleibt als Sorgenkontinent nur noch Afrika. Gewiss, es gibt den Sonderfall Haiti in Mittelamerika, es gibt den Sonderfall Afghanistan in Zentralasien. Aber als Objekt dessen, was wir mangels besserer Worte noch immer *development policy*, Entwicklungspolitik oder Wirtschaftliche Zusammenarbeit nennen, gibt es nur noch Afrika. Nun kommt es manchmal durchaus auf Worte an, und ich denke, wir müssen die Begriffe Entwicklungspolitik und Entwicklungshilfe aus unserem Vokabular streichen. Getreu der Formulierung des tansanischen Präsidenten Julius K. Nyerere versuche ich diese Worte in diesem Kapitel zu vermeiden, was schwer ist, weil sie sich uns so angenehm auf die Zunge und ins Ohr gelegt haben. In Wahrheit, schrieb Nyerere, sei Entwicklung «die Entwicklung des Menschen. Straßen, Gebäude, die Steigerung der Agrarproduktion und ähnliche Dinge sind nicht Entwicklung, sie sind nur Mittel zur Entwicklung.» Und weiter stellte er fest: «Entwicklung hat Unabhängigkeit zur Folge, vorausgesetzt, es ist menschzentrierte Entwicklung. Aber Menschen können nicht entwickelt werden, sie können sich nur selbst entwickeln.»[1] In der Realität hat «Entwicklungspolitik» heute sehr viel mit einer elaborierten Kunstsprache, einer Abkürzungsakrobatik und einem überbordenden Reichtum in unseren Ländern zu tun. Der lässt uns immer wieder teure Gipfelkonferenzen abhalten, deren Kosten wir nicht mehr zu begründen brauchen, die aber gewiss den Gegenwert von zehn bis zwanzig Schulen in einem Land wie Tansania oder Afghanistan verschlingen.

Die Organisatoren des *Accra Summit on the Efficiency of Development Cooperation* 2008 schämten sich nicht, auf Kosten der Steuerzahler ihrer Länder an dieser völlig überflüssigen Gipfelkonferenz teilzunehmen, die der Frage galt: Warum ist die Entwicklungszusammenarbeit so schlecht verlaufen und so wenig wirksam gewesen? Accra war schon die zweite Gipfelkonferenz, die dieses Thema behandelte. Bereits im Frühjahr 2005 hatten sich die gleichen Tausenden von fest angestellten Entwicklungshelfern in Paris getroffen, um die gleichen Themen zu bereden, die sie drei Jahre später in Accra beraten sollten. Der eindrucksvolle Titel «High Level Forum von Accra» sollte auch für deutsche Leser verdecken, worum es bei dieser Konferenz ging. Nicht darum, in verschiedenen Bereichen etwas voranzubringen, die Schuldigen auszumachen, z. B. die Regierungen der *almost failed states,* oder die Staatschefs an den Pranger zu stellen, die sich für ihre Familienangehörigen ganze Häuser in Paris samt zugehörigen Autos und Flugzeugen zugelegt haben. Das wären die richtigen Themen gewesen. Stattdessen ging es um *aid effectiveness,* also genau um das, was nie und nimmer auf einer teuren Gipfelkonferenz behandelt werden dürfte.

Die Entwicklungs-Mafia hat ein unersättliches Bedürfnis nach Papier und Konferenzen, die jene Gelder verschlingen, die eigentlich für die Projekte da sind. Als Ergebnisse werden Abkürzungsungetüme veröffentlicht, die keine Ergebnisse sind. Die Pariser Konferenz endete mit der sogenannten *Paris Declaration on Aid Effectiveness.* Diese teilt sich auf in fünf sich gegenseitig verstärkende Kernprinzipien bzw. Partnerschaftsverpflichtungen:

(1)   Die Stärkung der Eigenverantwortung der Partnerländer – also genau das, was Entwicklungshilfe der alten Form kaputt gemacht hat – wird hier magisch mit neuen Worten und dem dazugehörigen englischen Wort beschworen: *ownership.*

(2)   Die Ausrichtung auf die Entwicklungsstrategie, -institutionen und -verfahren der Partnerländer. Das ist genau das, was als Problem seit 50 Jahren erkannt ist, aber nicht angepackt wird. Es wird hier in einem Sammelsurium von Substantivierungen noch mal festgeklopft und mit einem neuen englischen Etikett versehen: *alignment.*

(3)   Das dritte Prinzip ist ein total unpolitisches: Harmonisierung und größere Transparenz der Geber-Aktivitäten. Aber jeder der auf dem Forum Anwesenden weiß, dass weder Frankreich sich von Deutschland etwas sagen lassen wird noch umgekehrt. Der USAID wird seine verhängnisvolle Strategie der Überbezahlung

der eigenen Mitarbeiter in allen Ländern von Afghanistan bis Äthiopien weiterführen: Für diese Forderung hat man kein englisches Wort gefunden. Die Geber-Koordinierung wird – wenn sie nicht klappt – zur Geber-Harmonisierung erhöht.

(4) Die Einführung eines ergebnisorientierten Managements. Das müssten alle Konferenzteilnehmer als Lachnummer erkennen: Welchen Zweck sollte denn ein Management der Vergabe von Geldern zum Abbau der Armut haben, wenn nicht Ergebnisse zu erzielen? Die abgehobene internationale Klasse der Experten kommt auf teuerste Weise irgendwo auf der Welt in den besten Hotels zusammen, muss sich aber darum bemühen, dass sie ein *managing for results* schafft. Indirekt sagt man sich auf diesen Konferenzen, wir haben die letzten 50 Jahre damit vertan, *managing for failures and non-results* voranzutreiben. Jetzt ändern wir das und machen *management for results*.

(5) Und es wird bei dieser Pariser Konferenz der Überflüssigkeiten und Selbstverständlichkeiten noch etwas erfunden, das auch nicht in den *sacro egoismo* der nationalen Politiken hineinpasst und deshalb eine fromme Verpflichtung ist, die aber, zumal englisch, ganz gut klingt: gegenseitige Rechenschaftspflicht oder *mutual accountability*. Da von Pflicht gegenüber anderen bei den Staatsapparaturen und der Kameralistik sowieso nicht die Rede sein kann, ist auch dies eine reine Papierformel.

Da man das alles aber auch weiß, sagt man sich, wir müssen diese Prinzipien nach drei Jahren einfach abfragen. Und da die Konferenz noch den Schönheitsfehler hatte, am falschen Ort stattzufinden – in Europa –, beschloss man, das Ganze einfach noch mal in Accra zu machen. Die Hotels in Afrika sollen ja auch etwas verdienen. Wir wissen schon, dass es dabei keine Durchbrüche geben muss. Es reicht schon, wenn wir nicht hinter die beschlossenen Semantik-Ungetüme zurückfallen. Für das HLF3 (*High Level Forum* 3) in Accra fand man die wundersame Abkürzung AAA – *The Accra Agenda for Action*. Daneben fand in Accra auch noch ein *Civil Society Organizations Parallel Forum on Aid Effectiveness* statt. Um noch einige Abkürzungsungetüme aus diesem Politikbereich zu nennen, der sich in der Organisation seiner selbst erschöpft, ohne zu Resultaten zu kommen: Es gibt noch die

PAMSCAD, *Programmes of Action to Mitigate the Social Costs of Adjustment*, oder auch die MDG, die *Millennium Development Goals*.

Die eigene Sprache der Entwicklungspolitiker

Die erste Konsequenz bei einer Neuordnung dieses gesamten Politikbereiches bestünde darin, wieder eine einfache und klare Sprache zu verwenden und nichts zu beschließen, was solche Umschreibungen erfordert. Wenn wir die Entwicklungspolitik wieder vom Kopf, auf dem sie buchstäblich steht, zurück auf die Füße holen wollen, muss die Sprache der Entwicklungshelfer, die dazu erfunden wurde, um ihre mangelnden Erfolge klug und akademisch zu paraphrasieren, wieder verständlich sein. Sie muss aufhören, Selbstverständlichkeiten mit Fremdwörtern zu bemänteln. Die reale Politik ist ja über lange Perioden gleich geblieben, aber das Label war jeweils ein anderes.

Dazu kommen semantische Passepartouts, die wie ein TÜV- und Gütesiegel gebraucht werden. Lange Jahre beherrschte als semantisches Nummerngirl das Modewort «nachhaltig», «Nachhaltigkeit» die Szene, meist noch besser auf Englisch hingehaucht: *sustainable, sustainability*. In Texten von Entwicklungspolitikern, Stiftungen, Helfern musste dieses Wort zigmal vorkommen, es reichte nicht mehr, einfach eine Politik zu fordern, sie musste unbedingt «nachhaltig» sein. Daran glaubte man wie kleine Kinder an den Weihnachtsmann. Vor der Erfindung dieses Wortes konnte eigentlich nichts richtig funktionieren, konnte gar nichts vernünftig sein: Es war ja nicht «nachhaltig» gewesen. Das Wort schien ontologische Wirkungen auszusenden. Es ersetzte die Realitäten, solange es nur kräftig und magisch genug gefordert und beschworen wurde.

Da man alle fünf bis zehn Jahre ein neues Wort sucht, entdeckte man eines, das bereits heftig in Mode ist: «Kohärenz». «Kohärenz der Politik» ist eigentlich die pure Selbstverständlichkeit. Sie besteht darin, dass eine Regierung ein und die gleiche Politik machen soll. Aber es haben sich wieder ganze Bataillone an Entwicklungs-Semantikern darangemacht, die das Feld mit ihrem Wort «Kohärenz» belegen und zudecken. Ich habe z. B. einen Programmaufsatz in der offiziell vom

Bundesministerium geförderten und umsonst verteilten Zeitschrift *E&Z* vom Juni 2002 gelesen: «Für eine Verbesserung der Kohärenz». Das ist schon ein verquaster Titel, denn durch die Verbesserung des formalen Prinzips wird die Politik selbst ja noch nicht besser. Also wird dieser Begriff kräftig positivistisch aufgeladen. Am Ende schwirren einem vor lauter Kohärenz Mühlsteine im Kopf herum. Allein die Zwischenüberschriften bieten alle nur denkbaren Variationen und Modalitäten von Kohärenz an: «Inkohärenzen zwischen Entwicklungspolitik und anderen Politiken» – «Aktualität der Forderung nach mehr Politikkohärenz» – «Ursachen von Politikkohärenzen – Plädoyer für ein angemessenes Kohärenzverständnis» – «Frühere Vorschläge für mehr Politikkohärenz» – «Kampagnen und Vorschläge für mehr Politikkohärenz» – «Empfehlungen für die deutsche Entwicklungspolitik». Noch eine Kostprobe aus der semantischen Küche dieses Aufsatzes: «Intensiver kohärenzbezogener Dialog des BMZ mit anderen Ressorts. Das BMZ sollte prüfen, in welchen Politikbereichen relevante Inkohärenzen und zugleich sachliche und politische Veränderungschancen bestehen, um dann gezielt gegenüber den zuständigen Ressorts auf nationaler und auf EU-Ebene für mehr Kohärenz einzutreten.» Man spürt, dass hier ein Wort an die Stelle der eigentlichen Politik tritt. Man könnte dieses Wort überall entweder ersatzlos streichen, oder wir müssen es in den nächsten fünf bis zehn Jahren dulden und weiter mitschleppen.

Die Helfer: Albert Schweitzer und seine Nachfolger

Wenn wir uns fragen, woher solche Sprachverwirrungen kommen, müssen wir uns ansehen, wie sich der Beruf des Entwicklungshelfers im Laufe der Zeit pervertiert hat. Entwicklungshelfer – was kann man gegen sie haben, werden Sie als Leser fragen? Darf man diesen Beruf, eine Art Ersatzpriester oder Ersatzrevolutionär, überhaupt kritisieren? Darf man ihn in Frage stellen? Das Urbild des Helfers war er: Albert Schweitzer. Schweitzer war aber nicht von Beruf Helfer. Im Gegenteil, um etwas anzustoßen für die Menschen in Gabun, hat er sogar noch einen zweiten Beruf, den des Mediziners, studiert, eine Doktorarbeit geschrieben. Muss es sie heute geben, die professionellen Entwicklungshelfer – und dann noch in so großer Zahl? Der Prozess, der zu der Entstehung des neuen Berufsbildes führte, war ein schleichender, doch plötzlich war sie da, eine beamtenrechtlich abgesicherte Bastion, die sich in unsere Gesellschaft hineinfraß. Als der Beruf dann erst existierte, konnte er sich nicht mehr durch seine eigene Arbeit selbst entbehrlich machen wollen.

Nach dem Entwicklungshelfer-Gesetz vom Juni 1969 lautete die Definition: «Entwicklungshelfer ist: Wer in Entwicklungsländern ohne Erwerbsabsicht Dienst leistet, um in partnerschaftlicher Zusammenarbeit zum Fortschritt dieser Länder beizutragen (Entwicklungsdienst).» Das gleiche Gesetz stellt den Entwicklungsdienst gleichrangig neben Wehrdienst und Zivildienst.

Entwicklungshelfer ist als Wort und Idee, als Vorstellung und Traum ein Anspruch, ein juristischer und sozialer Anspruch. Wer nach dem Entwicklungshelfer-Gesetz als solcher gelten kann, der hat in Deutschland Anspruch auf Kindergeld. Wer das nicht tut und nicht einmal so phantastisch verdient wie jemand aus der Gemeinschaft der höchstbezahlten Organisationen, hat darauf keinen Anspruch.

Entwicklungshelfer werden mittlerweile auch an Universitäten ausgebildet, so z. B. in Bochum. Die Absolventen können sich für verschiedene Riesenapparate bewerben. Das sind einmal die UN-Agenturen oder UN-Töchter, deren Bezahlung so skandalös hoch ist, dass ihre genaue Höhe verborgen bleibt. In den Bataillonen von UNICEF (Kinderhilfswerk der UN), FAO (Ernährung und Landwirtschaft), UNHCR (Flüchtlingskommissar), WHO (Weltgesundheitsorganisation) gibt es so gute und so zahlreiche Positionen, dass man sich zeit seines Lebens gemütlich und sehr profitträchtig einrichten kann.

In Deutschland gibt es die beiden riesigen Apparate der GTZ und der Kreditanstalt für Wiederaufbau, die ergänzt werden durch Inwent (Internationale Weiterbildung und Entwicklung GmbH). Die Positionen, die sie vergeben, sind so gut dotiert, dass selbst Botschafter oft nicht umhinkommen, dies zu kritisieren. Dann gibt es noch die im *Arbeitskreis Lernen und Helfen* zusammenarbeitenden sechs Organisationen, die ebenfalls nach dem Entwicklungshelfer-Gesetz entsandt werden und dessen Vergünstigungen und Prämien genießen. Es handelt sich um die katholische AGEH *(Arbeitsgemeinschaft Entwicklungshilfe)*, um den staatlichen DED *(Deutscher Entwicklungsdienst)*, um den protestantischen DÜ *(Dienst in Übersee)*, um die Organisationen Eirene, Welt Friedensdienst und CFI. 1993 haben sich diese Organisationen zum AGDD *(Arbeitsgemeinschaft Deutsche Dienste)* zusammengeschlossen.

So entstehen jetzt auf der ganzen Welt Programme, die die ursprüngliche Vorstellung vom spontanen und kurzzeitigen Helfer zunichtemachen. Der Helfer der GTZ ist ein bestbezahlter Vollprofi, ein Festest-Angestellter, der für seinen Einsatz Auslandszuschläge, Trennungsgelder, Unterhaltsgeld und eine spätere Wiedereingliederungsbeihilfe beanspruchen kann. Aus eigenem Interesse sollte er sich in dem Land, in dem er eingesetzt ist, aber nicht entbehrlich machen, sondern möglichst seine Planstelle erweitern. Der Entwicklungshelfer wurde zum Entwicklungsexperten, eine im Gegensatz zum ursprünglichen Entwicklungshelfer hoch vergütete Fachkraft. Infolge gewachsener Qualifikationsanforderungen und der Arbeitsmarktlage in der Bundesrepublik fehlt es dennoch an qualifizierten berufserfahrenen Kräften.

Nach meiner Einschätzung sollte Entwicklungs- und Nothilfe jemand machen, der das nicht als Beruf ausübt. Wenn es ein Beruf ist, neigt man zu größeren Ansprüchen an Bequemlichkeit und Luxus. Als z. B. im November 2008 in Simbabwe die Cholera ausbrach, las ich in einer Reportage von Thomas Scheen in der *Frankfurter Allgemeinen Zeitung* über das Flüchtlingslager Musina. Die armseligen Gestalten aus dem ehedem blühenden Nachbarland lagerten auf einer offenen Fläche auf dem «Showgrund» von Musina. Diese Fläche sei so groß wie ein Fußballfeld. Zelte gebe es nicht und auch nichts, was Schatten spenden könnte. Die Nächte würden die Flüchtlinge meist auf dem nackten Boden verbringen. In einer Ecke des Geländes baue die Hilfsorganisation *Ärzte ohne Grenzen* morgens ihre Behandlungszelte auf und abends wieder ab. Nachts blieben die Flüchtlinge sich selbst überlassen. Das ist genau das Trugbild von einem Nothelfer. Die Flüchtlinge in dieser halb feindlichen Umgebung brauchen Helfer, Medizin und Mediziner natürlich auch und gerade in der Nacht. Gerade in der Nacht sind Menschen in einer feindseligen Umgebung auf die Helfer angewiesen.

Das einzige Hoffnungszeichen: die katholische Kirche von Musina. In der Kirche werden Lebensmittelpakete des Welternährungsprogramms der Vereinten Nationen verteilt. Es sind die üblichen Sattmacher: Maismehl, Speiseöl, dazu Bananen oder Sardinen. Normalerweise erhält jeder Flüchtling einmal in der Woche ein Paket mit fünf Kilo Maismehl, erklärt Thomas Thelele, der die Verteilung koordiniert. Mittlerweile habe er aber die Rationen halbieren müssen. Während er bislang rund 260 Lebensmittelpakete täglich verteilt habe, komme er mit der Halbierung auf 500 Pakete. Doch allein am vergangenen Tag seien 843 halbverhungerte Flüchtlinge bei ihm vorbeigekommen. Ein Beispiel dafür, wie Simbabwes Präsident die Welt hohnlachend in die Rolle des Nothelfers treibt. Durch selbst verschuldete Not wird die übrige Welt um Geschenke gebeten, die das Land in die totale Abhängigkeit zurückstufen.

Die Anfänge der Entwicklungspolitik

Die Entwicklungspolitik hatte ihre Vorläufer in der Zeit des ausgehenden Kolonialismus. Die britischen Überseebesitzungen brachten von 1939 bis 1945 noch Rücklagen in Höhe von jährlich 21 Millionen Pfund ein. Die Regierung in London richtete überall sogenannte *Marketing Boards* ein, die diese Reserven noch vergrößerten. Das *Marketing Board* in Ghana – eine der ersten in die Unabhängigkeit entlassenen Kolonien – erwirtschaftete noch kurz vor der Unabhängigkeit von 1953 bis 1957 Rücklagen zwischen 150 und 208 Millionen Pfund. Das ergab sich u. a. aus der Differenz zwischen dem vergleichsweise geringen Produzentenpreis, den die eigenen Bauern erhielten, und dem vergleichsweise hohen Exportpreis, der oft 45 Prozent darüber lag. Mitte der 1950er Jahre noch verwaltete London Spareinlagen und Rücklagen in Höhe von 1,3 Milliarden Pfund. Diese Rücklagen waren so üppig, dass Ghana damit sehr gut selbst seine Volkswirtschaft auf dem Weltmarkt und dem Binnenmarkt hätte stärken können; das Gleiche gilt im Übrigen für Nigeria.

In den ehemals französischen Kolonien bestand das Modell der wirtschaftlichen Abhängigkeit von der Zentrale in Paris unabänderlich weiter fort. Frankreich sorgte für einen großen Investitionsfonds, abgekürzt FIDES, *Fonds d'investissement pour le developpement économique et social*. Durch diesen Fonds wurden die Länder Westafrikas bevorzugt. 69 Prozent der Exporte aus diesen Ländern gingen 1958 nach Frankreich, die Importe des Fonds verdoppelten sich zwischen 1949 und 1955. Frankreich kaufte die Produkte seiner Kolonien zu Preisen, die 10 bis 20 Prozent über dem Weltmarktniveau lagen. Im Gegenzug waren die französischen Produkte, die in diese Länder eingeführt wurden, um 30 bis 80 Prozent teurer. Zwischen 1947 und 1956 investierte Frankreich in seinen afrikanischen Ländern und Überseeterritorien 550 Milliarden Francs. Allerdings blieben von diesen Entwicklungsgeldern nur gerade 15 Prozent in Afrika. Die restlichen 85 Prozent wurden für Importe, Gehälter französischer Mitarbeiter, Zinsen und ähnliches verwendet und flossen so in den Norden zurück.

In der Bundesrepublik liegen die Anfänge der Entwicklungshilfe zeitlich ebenfalls vor 1960, dem Achsenjahr der afrikanischen Unabhängigkeit. In der Europa-Debatte des Bundestages am 23. März 1956 wurde von sozialdemokratischer Seite ein Antrag auf finanzielle Unterstützung für die «Unterentwickelten Länder» eingebracht: Das Parlament wolle beschließen, zu diesem Zwecke 50 Millionen DM bereitzustellen. In der anschließenden Debatte wurde kritisiert, dass ein solch hoher Betrag nicht vernünftig und effizient auszugeben sei, weil kein entsprechender Verwaltungsapparat zur Verfügung stehe. Deshalb wurde zunächst nur ein Betrag von 3,5 Millionen DM bewilligt, der dann später auf die Summe von 20 Millionen, dann 50 Millionen wachsen sollte. Das war eine ganz neue Aufgabenstellung für die bundesrepublikanische Politik, die immer noch dabei war, das eigene Land wieder aufzubauen. Sie sollte nun auch laufend Maßnahmen in «fremden Ländern» durchführen und finanzieren. Im Juli 1958 wurde dementsprechend ein neues Referat im Auswärtigen Amt eingerichtet mit dem Titel «Zusammenarbeit mit Entwicklungsländern». Man überlegte damals, eine Körperschaft öffentlichen Rechts zu gründen, beauftragte aber stattdessen eine privatwirtschaftliche, schon bestehende Institution mit der Abwicklung der Hilfsmaßnahmen: die GAWI, die *Garantie-Abwicklungsgesellschaft*, die schon in der Weimarer Republik für Weizenlieferungen in die hungernde Sowjetunion zuständig gewesen war. Die GAWI ging dann später ersatzlos in die GTZ, die *Gesellschaft für technische Zusammenarbeit* über.

Das Programm von damals lese ich wie ein nicht ausgeführtes Versprechen, die neuen Gelder für einige entwicklungsfähige Länder pfleglich und haushälterisch auszugeben: «Der in Generationen und bei jedem einzelnen in vielen Jahren erreichte Ausbildungs- und Fortbildungsstand und die für eine Produktion notwendigen Verhaltensweisen Pünktlichkeit, Fleiß, Ordnung, Serviceleistungen machten es erst möglich, die industrielle und die landwirtschaftliche Produktion wieder schnell in Gang zu setzen.»[2] Da es in den Ländern, die man bald nicht mehr «unterentwickelt», sondern Entwicklungsländer nannte, diese Voraussetzungen nicht gab, wurde es für erforderlich gehalten, «den gesamten 50 Mio.-Fonds ausschließlich für Ausbildungs-, Bildungs- und Fortbildungsmaßnahmen und erzieherische Maßnahmen im weitesten Sinne, durch Entsendung von Fach- und Lehrkräften und die Errichtung von Ausbildungsstätten, landwirtschaftlichen Mustereinrichtungen, Gewerbeschulen zur Verfügung zu stellen.» Damals griff man auf die Erfahrungen mit den Marshall-Plan-Geldern in der Bundesrepublik zurück: Sie waren deswegen so erfolgreich gewesen, weil die notwendigen Voraussetzungen für einen Wiederaufbau vorgelegen hatten.

Wenn man dabei geblieben wäre, hätte das Geld sinnvoll genutzt werden können bis heute. Stattdessen ging man den Weg der totalen Bürokratisierung mit monopolistischen Implementierungsagenturen. Der Grund dafür war einfach: Die FDP musste 1961 mit einem weiteren Ministerium versorgt werden. Als Nebenaußenminister wurde Walter Scheel damals zum ersten Minister für wirtschaftliche Zusammenarbeit ernannt. Der Hauptabteilungsleiter Horst Dumke wurde von Scheel aus dem Auswärtigen Amt abgeworben. Die Folgen dieser unsinnigen Entwicklung im deutschen Ressortbereich wirken leider bis heute nach.

Das BMZ beauftragte für seine Afrikapolitik zunehmend die deutschen Monopolorganisationen GTZ – *Gesellschaft für technische Zusammenarbeit* und KfW – *Kreditanstalt für Wiederaufbau*, die die Reste der Marshall-Plan-Gelder verwaltete. Für viele Beobachter und auch für viele Beamte in den zuständigen Ministerien ist aber heute klar, dass sich die deutsche Entwicklungshilfe nur erholen wird, wenn man die vorherrschende Stellung der GTZ kappt. Diese Monopolstellung hat zu einem Duodezfürstentum innerhalb Deutschlands geführt, das mit den Zielen der deutschen Politik nur noch wenig zu tun hat.

Die GTZ (ironisch «Gesellschaft für Tourismus und Zeitvertreib»

190

oder auch bei Unternehmern «Gesellschaft für totalen Zusammenbruch» genannt) ist für viele zum Ärgernis geworden, weil ihre Per-
sonalausgaben sehr hoch sind. Aber alle Vorwürfe prallen natürlich ab,
solange die GTZ die Monopol-Exekutivorganisation des BMZ ist, die
die Hälfte aller Mittel für Entwicklungshilfe einstreicht. Die GTZ kam
einmal in die negativen Schlagzeilen, weil sie zwei Jahre lang 22 Millionen DM an eine Hilfsorganisation gezahlt hatte, die dieses Geld
niemals ordnungsgemäß abrechnete. Ich fürchte aber, dass noch viel
mehr Geld den Bach hinuntergeht und die Armen nicht erreicht, weil
und wenn ordentlich abgerechnet wird. Die Politik muss sich entscheiden. Will sie Ergebnisse sehen, dann sollte sie Ergebnisse und Erfolge
belohnen. Will sie gute Abrechnungen sehen, dann muss sie nur so
weitermachen, wird aber niemals eines der Ziele dieser Politik auch nur
annähernd erreichen.

War die bisherige Entwicklungspolitik erfolgreich?

Die Entwicklungshilfe der vergangenen Jahrzehnte hat keine positive
Wirkung gehabt, sie hat im Gegenteil die Ineffizienz und Korruption
meistens gefördert, korrupte Machthaber finanziert und stabilisiert und
damit eine negative Wirkung auf Afrikas Entwicklung ausgeübt. Nur
wenige Projekte überleben nach dem Ende der Hilfe, da die Hilfe die
eigenen Kräfte lähmt. Die Geber, die sogenannten *donor countries,* tragen erhebliche Mitschuld an diesem Scheitern. «Rents in excess in Höhe
von $15 Milliarden werden pro Jahr aus dem Kontinent von den Big
Men und ihren Cronies [Kumpanen] einfach gestohlen und auf Num-
mernkonten in den zuständigen Banken der Schweiz, Liechtensteins,
Luxemburgs usw. deponiert.»[3] Die Höhe der Hilfe war immer vergleichsweise irrelevant. Auch wenn die gesamte westliche Entwicklungshilfe auf 50 Milliarden geschrumpft ist, war das nicht der Grund
für den geringen Nutzen dieser Form von Politik. «Das Argument, Entwicklungshilfe greife nicht, weil sie zu gering sei, kann als Ergebnis des
derzeitigen Forschungsstandes mit Sicherheit zurückgewiesen werden:
Für viele Länder ist die Höhe der Entwicklungshilfe relevant, bezieht
man sie auf die Ökonomie oder den Entwicklungsstand des Landes.»[4]

Ohne Entwicklungshilfe wären marktfreundliche Reformen unvermeidlich gewesen, was für den Aufbau einer eigenständigen Wirtschaft in den jeweiligen Ländern langfristig hilfreicher gewesen wäre. Wichtig wäre die frühzeitige Erkenntnis gewesen, dass die kompetenten Gruppen im Empfängerland sich die Vorhaben und Projekte wirklich zu eigen machen müssen, wenn sie etwas bewirken sollen. Diese Erkenntnis wird heute auch neudeutsch *ownership* genannt.

Ein positives Beispiel

Wir werden noch lange, mindestens eine bis zwei Generationen, mit den fest angestellten, gut verdienenden Vertretern des Berufes Entwicklungshelfer, den *Consultants,* leben müssen. Dabei sollten wir darauf setzen, dass in den Organisationen meistens schon jemand als «U-Boot» sitzt. Als U-Boot für eine ganz andere Politik. Ich nenne hier nur mal die GTZ-Mitarbeiterin Salua Nour, eine deutsch-ägyptische Professorin, die einst in Zaire-Kongo zum Einsatz kam. Salua Nour war eigentlich Professorin an der Freien Universität Berlin, Schülerin von Horkheimer, Adorno und Habermas, aktive Gestalterin und Mitkämpferin in der studentischen Rebellion.

Nour war zunächst für die Friedrich-Naumann-Stiftung in Benin gewesen, bis man sie dort entließ, da sie als unkonventionelle Kämpferin nicht für deutsche Exportprodukte, sondern für die Rechte der Einheimischen aufgefallen war. Anschließend kam sie zur GTZ, wo sie aber nicht den Marsch durch die Institution vollzog, sondern sie im Sinne einer Reform der Entwicklungspolitik verändern wollte. Sie gründete und organisierte im heimlichen Auftrag der GTZ in Kinshasa Basis-Initiativen in einem Land, das so kaputt war, dass es eigentlich gar nicht mehr als Staat existierte. Es war nicht mehr nur ein *almost failed state*, sondern ein *failed state*: Zaire. Aber Salua Nour schaffte es, 10,4 Millionen von insgesamt 124 Millionen DM, die die deutsche Entwicklungshilfe nach Zaire (das damals, 1995, noch nicht Democratic Republic of Kongo hieß) pumpte, am Staat vorbeizulenken. Diese 10,4 Millionen wurden gar nicht als Entwicklungshilfe deklariert. Damals schon wusste ich allerdings nicht, ob ich mich darüber freuen

21 Entwicklung durch Bildung: Beim Bau einer Schule in Kasika, im Süden des Kongo, durch die Organisation Grünhelme e. V.

sollte. Denn die übrigen 114 Millionen DM wurden in den Rachen dieses völlig nichtsnutzigen Staates geworfen, der zu gar nichts mehr fähig war als zu einer selbstbewussten Korruption.

Die Unternehmungen, die Salua Nour aufbaute, waren hingegen ihre Mühe wert. Sie baute zwei große genossenschaftsähnliche Verbände auf, in denen sie mit den Unternehmern, Entrepreneurs, Solidarität und Genossenschaftlichkeit einübte. Die erste war FOLEZA, *Fédération des ONG Laïques à Vocation Economique de Zaire.* Sie wurde zwei Jahre später unter Kabila in FOLECO umgetauft: *Fédération des ONG Laïques à Vocation Economique de Congo.* Ergänzend dazu entstand ein Verband von Kleinunternehmern, die durch die Zusammenarbeit nur lernen konnten: COPEMEZA, wie es groß auf den Gebäuden mitten in Kisangani und in Kinshasa stand: *Confédération des Petites et Moyennes Entreprises Zairoises –* auch dieser wurde zwei Jahre später geändert in COPEMECO.

Nour machte mit diesen Genossenschaften Staat in einem Lande, das keinen Staat mehr hatte. Sie baute mit einem Kleinkredit Straßen, Wege und kleine Brücken. Genau das brauchte der Kongo und braucht es noch heute. Es gibt immer noch keinen Handel, weil Märkte fehlen. Selbst reiche Großgrundbesitzer verarmen, weil sie keinen Zugang mehr haben zu ihren landwirtschaftlichen Besitztümern. Der Staat hatte nicht nur nicht für den Erhalt der 128 000 km Straßen gesorgt, sondern hatte für die Zerstörung des Straßensystems in einem der flächengrößten Staaten Afrikas gesorgt. Niemand konnte mehr auf den Staat setzen, im Gegenteil. Deshalb organisierte diese wunderbare schwierige Frau ohne Auftrag der GTZ – die auf so etwas Tolles gar nicht gekommen wäre – Straßenbau und Wegezölle. Die Wartung dieser Straßen, Wege und Brücken lag in den Händen der Anwohner, die ein existenzielles Interesse an diesen Straßen hatten. Salua Nour organisierte ein regelrechtes nichtstaatliches Maut-System. Und wo sie es einrichtete, funktionierte es.

Der Bonner Aufruf für eine andere Entwicklungspolitik

Ich muss jetzt ehrlicherweise sagen, dass ich das alles, was ich hier kritisiere, vor 20 Jahren noch überzeugt hochgehalten habe. Ich identifizierte mich damit und forderte nur hier und da kleinere Korrekturen an den Gehältern der Entwicklungsbeamten, an den Gefahrenzulagen der GTZ, an den zu hohen Absicherungsgeldern für diejenigen, die sich bei uns als die Jungtürken einer globalisierten Weltrevolution empfanden. Bei all dem, was ich in diesem Kapitel kritisiere, muss ich mich an die eigene Nase fassen und sagen: Mea Culpa. Erst in einem winzig kleinen Kreis von ehemaligen Experten habe ich gelernt, wie sich eine neue Politik von ausgewiesenen Partnerschaften konstituieren muss.

Vor ein paar Jahren beschäftigte sich eine kleine Gruppe von erfahrenen Experten auf diesem Gebiet mit der Situation der Entwicklungspolitik. Der sogenannte Bonner Aufruf (www.bonner-aufruf. eu) ist ein ganz informeller und – das ist die Hauptsache – vollkommen unabhängiger Kreis von ehemaligen Entwicklungshelfern und Staatssekretären im BMZ, von Ex-Botschaftern, die in afrikanischen Ländern gearbeitet haben, von amtierenden Bundestagsabgeordneten und heuti-

22 Grünhelme für Ruanda: Mit Arbeitsministerin Angelina Muganza bei der Grundsteinlegung des Nelson Mandela Educational Centre in Ntarama, Juni 2007.

gen Afrika-Freunden. Wir sind ein Kreis von zehn Leuten, darunter die ehemaligen Staatssekretäre im BMZ Dr. Volkmar Köhler und Hans-Peter Repnik, der Staatsminister im Auswärtigen Amt Werner Hoyer, die ehemaligen Botschafter in afrikanischen Ländern Volker Seitz und Dieter Simon. Dazu Professor Peter Molt, der ehemalige Entwicklungs-helfer und *WDR*-Journalist Kurt Gerhardt, der evangelische Theologe Dr. André Munzinger und der ehemalige Bundestagsabgeordnete und Geschäftsführer des DED in Ostafrika, Klaus Thüsing. Die Initiative zu diesem Kreis ging von dem ehemaligen entwicklungspolitischen Sprecher der CDU/CSU-Fraktion Winfried Pinger und dem Autor dieses Buches aus.

In einem ersten Papier formulierten wir im September 2008 etwas provozierend, aber doch wahrhaftig: «Nach einem halben Jahrhundert personeller und finanzieller Entwicklungshilfe für Afrika stellen wir fest, dass unsere Politik versagt hat». Das wurde dann in einem zweiten Papier, das am Aschermittwoch 2009 der Öffentlichkeit bekannt gemacht wurde, weiter ausgeführt: Vielen Menschen sei zwar durch die Entwicklungshilfe in Afrika in den letzten 50 Jahren geholfen worden. Dennoch sei es «mit den hunderttausend Projekten, die viele Milliarden Dollar gekostet haben, nicht gelungen, Afrika zu einem selbsttragenden, seinem Bevölkerungswachstum entsprechenden wirtschaftlichen und sozialen Fortschritt zu verhelfen». Schlimmer: Das System der Entwicklungshilfe habe es den Regierungen ermöglicht, «politische, soziale und wirtschaftliche Reformen zu unterlassen, Armut und Not zu festigen und die Mehrung eigener Macht und persönlichen Reichtums zu betreiben». Und zwar von allem Anfang an.

Der Bonner Aufruf resümiert daher: «Die neue internationale Strategie hat sich als Illusion erwiesen.» Die Grundannahmen, von denen alle bisherige Entwicklungspolitik ausgegangen war, haben sich als falsch erwiesen. Wir haben zwar wichtige humanitäre Hilfe geleistet, aber unsere Entwicklungspolitik hat versagt. Diese Erkenntnis und die ausufernde Verschuldung haben die Vereinten Nationen und die wichtigsten Geberländer bereits um das Jahr 2000 bewogen, einen Neuanfang zu versuchen. Mit der NEPAD-Initiative von 2001 (der *Neuen Partnerschaft für Afrikas Entwicklung*) sollte der Stein der Weisen gefunden sein, wie Uschi Eid, die damalige Staatssekretärin im BMZ, sagte: «Darin erkennen die afrikanischen Staaten deutlicher als je zuvor die Eigenverantwortung ihrer Länder an.» Sie wollten diese Eigenverantwortung durch «gute Regierungsführung und wirtschaftliche Reformen wahrnehmen, und dazu sind sie erstmals bereit, das heilige Prinzip der gegenseitigen Nichteinmischung aufzugeben».

Auch mit der Entschuldungsinitiative, den *Millenium Goals*, dem Afrika-Aktionsplan der G8-Staaten von 2003, den Beschlüssen des G8-Gipfels von Gleneagles 2005, der Afrikastrategie der Europäischen Union und der Pariser Erklärung zur besseren Wirksamkeit der Hilfe von 2005 hat man versucht, dieser Entwicklungszusammenarbeit neue Stoßkraft zu verleihen. Doch wir müssen 2009 festhalten, dass das zentrale Ziel, die Armutsbekämpfung, nicht entschieden genug angegangen wird. Die angekündigten Reformen sind alle ins

23 Aufbruch ins Solarzeitalter: Montage von Solarzellen für das Nelson Mandela Educational Centre südlich von Kigali.

Stocken geraten, die mit großen Erwartungen verknüpfte NEPAD ist ein einziger Flop.

Die Entwicklungshilfe muss eine andere werden. Sie ist an falschen Dogmen gescheitert, mit denen wir wie mit Brechstangen durch einen Wald gingen und 50 Jahre lang nicht gemerkt haben, dass wir damit nicht durch das Unterholz kommen. Die ursprüngliche Idee von guter Hilfe war, etwas zu tun, damit die Menschen, Völker und Regierungen selbst aktiv werden konnten und die Helfer möglichst schnell nicht mehr brauchen würden. Unsere Hilfe baute auf zwei Grundannahmen auf, die sich als falsch erwiesen. Die erste falsche Annahme war: Der Norden könne Afrika entwickeln. Hierzu stellt der Bonner Aufruf fest: «Wie jeder Mensch und jede Gesellschaft kann sich Afrika nur selbst entwickeln. Darüber hinaus gebietet menschliche Würde, dass jeder Einzelne und jede Gesellschaft die Verantwortung für Entwicklung zunächst bei sich selbst sucht.» Dieses Bewusstsein sei in

Afrika weitgehend zerstört worden, weil ausländische Helfer zu viel Verantwortung an sich gezogen haben.

Zur Entwicklung sind Fähigkeiten und Handlungsfreiheit nötig, außerdem müssen materielle und finanzielle Voraussetzungen erfüllt sein. Die Arbeit mit Afrika erfordert Planung, Gründlichkeit und Zuverlässigkeit bei den afrikanischen Partnern. Aber davon sind die afrikanischen Entwicklungsanstrengungen bisher nicht geprägt. Am wichtigsten wäre ein Streben voranzukommen – etwas, das es in ostasiatischen Staaten gibt, aber in afrikanischen kaum. Ohne eine sich selbst tragende Entwicklungsdynamik – der Aufruf benutzt leider das dumme Modewort «nachhaltig» – kann es in Afrika nicht vorangehen. Bei uns herrsche die Vorstellung, je höher die ODA-Quote (= das ist die offizielle Messgröße der Entwicklungshilfe), desto größer unser Beitrag zur Entwicklung Afrikas. Diese Vorstellung sei falsch: «Wenn WIR Straßen bauen, Bewässerungskanäle, Brunnen und Schulen, die z. B. nach asiatischem Vorbild in afrikanischer Eigenarbeit hätten errichtet werden können, hat unser Beitrag die Dynamik unserer Partner nicht gestärkt, sondern geschwächt. Er hat sie auf ihrem Entwicklungsweg zurückgeworfen, indem er ihre Abhängigkeit von fremder Hilfe verstärkt hat.» Der Aufruf setzt hinzu: Besserung sei nicht zu erkennen. Zweifellos würden im Rahmen der Nothilfe, für die Ernährungssicherung in Afrika, für die Bekämpfung von Krankheiten und den Schutz des Klimas in den kommenden Jahren große Beträge ausgegeben. Das Ziel einer eigenverantwortlichen Entwicklung werden sie kaum stärken, sondern es weiter schwächen.

Die zweite falsche Grundannahme war: Der Norden könne die Entwicklung Afrikas durch Umverteilung erreichen. Obwohl die Gleichung «mehr Geld = mehr Entwicklung» nicht aufgeht, beherrscht sie bis heute alle Ministerialbüros der Politik. Der Beschluss des G8-Gipfels von Gleneagles 2005, die Hilfe für Afrika zu verdoppeln, gründet sich offensichtlich auf diesen Irrglauben. Ein weiteres Beispiel ist das 0,7-Prozent-Ziel der Politik, das schon deswegen keine Aussagekraft haben kann, weil es aufgrund der Verhältnisse von vor 40 Jahren errechnet wurde. Es komme nicht darauf an, wann welches Finanzierungsziel erreicht werde. Es komme darauf an, welche Aufgaben erfüllt werden müssten. Der Finanzbedarf könne erst danach berechnet werden. A priori zu sagen, die Hilfe brauche mehr Geld, ist daher falsch.

24 Feierliche Eröffnung des Nelson-Mandela-Berufsschulzentrums mit Paul Kagame, dem Präsidenten Ruandas, im Oktober 2008.

Der Aufruf kritisiert die Konzentration auf mehr Geld für Afrika: «Geld hat der Entwicklung sogar häufig geschadet, die Eigeninitiative wurde oft gelähmt. Politische Beschlüsse, die Hilfe für Afrika zu verdoppeln, sind unvernünftig und gefährlich.» Durch jahrzehntelange Gewöhnung ist es Teil der afrikanischen Mentalität geworden, dass der Norden für die Entwicklung Afrikas mit zuständig, wenn nicht gar an erster Stelle verantwortlich sei. «Auf Entwicklungshilfe wird daher häufig ein Anspruch erhoben. Dieses Denken mindert Afrikas Entwicklungschancen.»

Gleiches gelte für die Tendenz, immer mehr Geld als «Budgethilfe» zu vergeben. Das soll dem Prinzip der *ownership* und der Verantwortung des Empfängerlandes am besten entsprechen. Aber dafür muss ein Land eine wirklich nichtkorrupte Führung und Finanzverwaltung haben, was in den wenigsten Ländern der Fall ist. Stattdessen werden damit Korruption und Unterschlagung erleichtert. Noch fundamentaler und, wenn man so will, feierlicher muss der Aufruf feststellen: «Die bisherigen Verfahren der Hilfefinanzierung haben nicht verhindern können, dass große Teile der übertragenen Mittel unterschlagen und in falsche Kanäle geflossen sind.» Durch die Budgethilfe soll den afrikanischen Regierungen ermöglicht werden, mehr Verantwortung für die Entwicklung ihrer Länder zu übernehmen. Andererseits wird durch diese Budgethilfe die Verfügungsgewalt der Partner über die Fremdmittel verstärkt. Logischerweise wird die Möglichkeit der Unterschlagung dadurch nicht geringer, sondern größer. Es falle auf, dass vor allem diejenigen die Budgethilfe ablehnen, die «nah an der Praxis sind. Umgekehrt wird sie von denen gefordert, die von der Praxis am weitesten entfernt sind.» Der Bonner Aufruf fordert daher eine klare Durchsetzung der Verantwortlichkeiten.

Wir sind an einem Kreuzweg, von dem aus es in der Politik afrikanischer Staaten und Regierungen entweder in die richtige Richtung geht oder in die falsche. Der Bonner Aufruf hat daher zwei Grundforderungen an die zukünftige Entwicklungspolitik formuliert, die durchgesetzt werden müssen, uns und den Partnern in den afrikanischen Ländern gegenüber:

(1) Durch unser Verhalten muss den Partnern klargemacht werden, dass sie, nicht wir, in erster Linie die Verantwortung für Wohl und Wehe ihrer Völker tragen. Eine andere Sichtweise festigt ihre Abhängigkeit und setzt sie fort.

(2) Die afrikanischen Partner müssen Eigenverantwortung beweisen: Seit Jahrzehnten wird die Instandsetzung fremdfinanzierter Infrastruktur (z. B. Straßen) von den afrikanischen Staaten systematisch vernachlässigt, ohne dass dies Konsequenzen hätte. Im Gegenteil, wenn die Schäden groß genug geworden sind, bezahlen die Geber auch noch die Reparatur. Damit sollte Schluss sein. Wenn bei Regierungsverhandlungen um den Bau einer neuen Straße gebeten wird, sollte Bedingung für deren Errichtung sein, dass die afrikanischen Partner zunächst den Unterhalt der bereits finanzierten Straßen nachweisen. Erst danach dürfte einem neuen Projekt zugestimmt werden.

Zu den Koalitionsverhandlungen nach den Wahlen am 27. September 2009 haben die Mitarbeiter am Bonner Aufruf ihren Forderungen noch einmal in einem neuen radikalen und provokativen Papier Ausdruck gegeben. Noch kürzer, heftiger, brennender, damit auch klarer sind diese zehn Thesen zu einer neuen Entwicklungspolitik:

25 Kleinkredite geben Hoffnung: Bei einer wöchentlichen Sitzung von Kreditnehmern der Organisation *Opportunity International* in dem Dorf Gicaca in Ruanda, Juni 2009.

Appell an die zukünftige Bundesregierung

(1) Wir rufen Sie dazu auf, angesichts der enttäuschenden Bilanz der bisherigen Entwicklungspolitik deren Kurs grundlegend zu ändern.

(2) Geben Sie die Vorstellung auf, mehr Geld bedeute mehr Entwicklung. Lassen Sie ab vom 0,7-Prozent-Geberziel, weil es auf dieser irrigen Vorstellung beruht.

(3) Gehen Sie – innerhalb von zehn Jahren – dazu über, Entwicklungshilfe grundsätzlich nur noch als Kredit zu vergeben. Tragen Sie dazu bei, dass alle Menschen in den Entwicklungsländern Zugang zu Krediten bekommen.

(4) Konzentrieren Sie die Hilfe darauf, individuelle und gesellschaftliche Eigenanstrengungen zu stärken, besonders durch Bildung und bessere Rahmenbedingungen für privatwirtschaftliche Tätigkeit.

(5) Finanzieren Sie Infrastrukturprojekte nur in Ländern, in denen bereits früher errichtete Anlagen dauerhaft instand gehalten werden.

(6) Fördern Sie Infrastrukturmaßnahmen so, dass dadurch möglichst viele Menschen Arbeit finden.

(7) Beenden Sie Entwicklungshilfe für Länder, die sich selbst helfen können, wie China und Indien.

(8) Geben Sie keine Entwicklungshilfe mehr an Länder, die nicht bereit sind, ihre Einkünfte, insbesondere aus Bodenschätzen, offenzulegen.

(9) Geben Sie Budgethilfe nur an Länder, in denen dem Gemeinwohl dienende, unabhängige und effektive Parlamente die Verwendung der Mittel nachvollziehbar kontrollieren.

(10) Streichen Sie den fünf Ländern die Entwicklungshilfe, die nach dem Index von *Transparency International* die korruptesten sind.

Wie könnte eine neue deutsche Entwicklungspolitik aussehen?

Ein weiteres Problem besteht darin, dass das Ministerium für Wirtschaftliche Zusammenarbeit heute keine klare Zuständigkeit hat, sondern in alle Himmelsrichtungen agiert: Der Krieg gegen den Terror scheint auch für die deutsche Afrikapolitik die alles überwölbende Motivation zu sein. In einer Welt, die in ihrer politischen Ratlosigkeit immer wieder meint, die monateweise Stationierung von Blauhelmsoldaten würde die Konflikte der Gegenwart und Zukunft lösen, darf die deutsche Politik nicht fehlen. Auch die unter klaren pazifistischen Vorzeichen in den Bundestag und an die Macht gekommene Partei der Grünen versagt hier völlig. Sie hat diese Militäreinsätze mitgemacht, die schon in Afghanistan gescheitert sind und in Afrika gar nicht begonnen werden dürfen. Immer wieder wird davon gesprochen, die Bundeswehr fit zu machen für Afrika. Auch davor, Blauhelmtruppen der *Afrikanischen Union* in nicht mehr existierende Staaten zu entsenden, kann man nur warnen. In Ruanda, dem Konflikt in Darfur und jetzt in Simbabwe hat diese Maßnahme nichts gebracht. Bis zum Jahr 2010 soll dennoch mit Unterstützung der großen Industriestaaten aus der G8-Gruppe eine afrikanische Eingreiftruppe von 3000 bis 3500 Soldaten aufgestellt werden, mit der die afrikanischen Staaten künftig selbst unter UNO-Mandat «effektiver» als bisher bei gewalttätigen Konflikten auf dem Kontinent eingreifen können sollen. Bis dahin, so heißt es, sei es aber noch notwendig, dass die Staaten des Nordens in den akuten Konflikten im Kongo oder in Liberia tätig blieben.

Die deutsche Afrikapolitik wird in Zukunft nicht daran vorbeikommen, mit einzelnen Ländern privilegierte, besondere Partnerschaften einzugehen. Die Staaten Afrikas wie Uganda, Tansania, Ghana und Ruanda warten auf ein solches Zeichen der deutschen Politik. Die deutsche Entwicklungspolitik muss sich dabei absprechen mit den europäischen Nachbarländern. Jedes europäische Land, das sich zu einer solchen Politik aufgefordert fühlt, sollte sich auf wenige Länder konzentrieren, mit denen es eine staatliche Zusammenarbeit eingeht. Nun verlangt aber das Eigeninteresse, wenn die Bundesrepublik mit z. B. drei Ländern in Afrika langfristige Beziehungen aufnimmt, dass sie vorher prüft, ob es dort überhaupt eine Regierung gibt, mit der man zusammenarbeiten kann. Nur wenn diese ernsthaft eine verantwortliche Politik für ihr Volk machen will und kann, ist die Vergabe von Geldern auch sinnvoll.

Wenn ich mir z. B. vorstelle, die Deutschen gingen solche engen Beziehungen mit Uganda, Ruanda und Tansania ein, dann würde dadurch grenzübergreifend eine ganze Region gewinnen. Das würde den Weg für diese drei Länder zu dem großen Hafen in Dar-es-Salaam eröffnen, es könnte einen neuen großen Flughafen in Kigali geben, als neue Industrie würde vielleicht in diesen Ländern die Produktion von Silizium und Solarpanels für alternative Energien für den Export ins übrige Afrika und in die Welt ermöglicht. Es müssen schlicht Arbeitsplätze entstehen, die Wirtschaft muss wachsen, es müssen in den Ländern die Investitionsgesetze und Bedingungen so gut sein, dass sie Unternehmer aus Europa und Deutschland anziehen. Wenn aber für die Millionen junger Menschen in den Partnerländern keine Arbeitsplätze entstehen, muss man sich darauf einstellen, Millionen junger Afrikaner an den europäischen Grenzen abzuwehren.

Eine weitere effektive Form von Entwicklung begünstigender Politik bestünde in der Öffnung unserer Märkte. Wir halten in Europa mit Subventionen eine weltmarktwirtschaftlich überflüssige landwirtschaftliche Produktion künstlich am Leben. Die WTO hat ausgerechnet: Wir reichen Länder subventionieren unsere landwirtschaftlichen Produkte pro Tag mit einer Milliarde US-Dollar. Das ist nach Adam Riese etwa sechsmal so viel, wie wir für Entwicklungshilfe an arme Länder geben. Dazu kommen unfaire Handelsbedingungen, die die armen Länder laut der Organisation Oxfam 100 Milliarden US-Dollar jährlich kosten. Für jeden Dollar Entwicklungshilfe werden den armen Ländern durch unfairen Handel zwei Dollar wieder abgenommen. Im Jahre 2002 hat Oxfam daher zum ersten Mal eine Kampagne unter dem Titel «Make Trade fair» begonnen.

Deutschland muss sich aber auch als zuverlässiger Partner afrikanischer Länder zeigen. So hatte sich Ruanda bereits als Freund und Partner Deutschlands gewähnt, als am Frankfurter Flughafen ohne jede diplomatisch-politische Rücksicht Rose Kibuye, die Protokollchefin des Landes, verhaftet und in ein Frauengefängnis abgeführt wurde. Das – so weiß jeder Eingeweihte in Berlin – hätte man zugunsten der Freundschaft auch diplomatischer machen können. Kibuye wurde dann nach Frankreich ausgeliefert, das den völlig unsinnigen europäischen Haftbefehl beantragt hatte. Da Frankreich aber außer allgemeinen Verdächtigungen nichts in der Hand hatte, wurde Kibuye wieder auf freien Fuß gesetzt. Für das Linsengericht formaljuristischer Korrektheit in preußischer Manier hat man die langdauernde Freundschaft mit einem zukunftsträchtigen Land Ostafrikas gefährdet.

«Europäer begreifen in der Regel nicht, welche Abhängigkeiten sie gestiftet haben»

Schließlich braucht es Neugierde auf die Lebenswelten des Nachbarkontinents. Wir müssen endlich unsere europäische Herrscherbrille ablegen, die unseren Blick auf den Kontinent verzerrt und unsere koloniale Vergangenheit auf die Gegenwart projiziert, ohne dass uns das in unserer Überheblichkeit bewusst wird. Viele Probleme entstehen dadurch, dass wir im Umgang mit Afrikanern wie selbstverständlich von unseren eigenen kulturellen und gesellschaftlichen Normen ausgehen. Wir müssen uns bewusst machen, dass in Afrika vieles anders wahrgenommen wird und eine andere Bedeutung hat als bei uns. So hat etwa Freundschaft in afrikanischen Familien und Clans eine ganz andere Intensität. Dieses Andere müssen wir endlich als gleichberechtigte Kultur akzeptieren. Anstatt den Afrikanern unsere Gesellschaftsform überstülpen zu wollen, müssen wir auf intelligente Weise mit den uns fremden Verhaltensweisen umgehen lernen. Was damit gemeint ist, mag am Schluss dieses Kapitels die folgende Geschichte verdeutlichen.

Bei einer Reise durch Westafrika in den Jahren 1956 und 1957 hatte der Arzt und Psychoanalytiker Paul Parin sich um eine Frau zu kümmern, die auch noch die Frau des Dorfältesten war. Der Arzt wird in dieser Gegend mit dem arabischen Wort Touhib angesprochen, was allein schon durch das Wort magische Qualitäten enthält und entfaltet. Die Frau des Dorfältesten war in einem schrecklichen Zustand. Sie war niedergekommen mit ihrem achten (!) Kind und lag seit nunmehr zwei Wochen im Starrkrampf. Der Krankenpfleger der Region hatte sie schon aufgegeben, er hatte auch nur die medizinische Erfahrung eines Rettungssanitäters. Die Sterbende hatte die Kiefer in der Starre so fest geschlossen, dass sie nicht mehr trinken konnte. Sie war deshalb völlig ausgetrocknet. Eine Lungenentzündung kam hinzu und die schmerzhaften Krämpfe – das war für eine Frau, die gerade ein Kind geboren hatte, einfach zu viel.

Nun aber sollte der weiße Touhib noch mal ran. Paul Parin musste natürlich erst mit dem Ehemann sprechen, der die Behandlung hätte verweigern können. Der Krankenpfleger übersetzte. Der Mann war der Meinung, die Frau würde sowieso sterben, deshalb könne der Touhib alles machen, was er für richtig halte. Dann gelang es dem Arzt durch einen Strohhalm, den er in die Zahnlücken schob, der Frau etwas zu trinken zu geben, was sie nun trotz der krampfgeschlossenen Kiefer gierig tat. Es gab Milch und ein mäßig gekühltes Hirsebier, dazu wurde Penicilin gespritzt. Die Frau saugte und saugte. Schon nach einer Stunde war der Puls besser, und sie hatte Schweißperlen auf der Stirn. Das war das Zeichen, dass der Körper die Flüssigkeit annahm. Am nächsten Morgen wurde auch noch das Penicillin wirksam. Die Lungenentzündung klang ab, das Starrkrampfgift hatte seine Kraft verloren. «Die

Kranke konnte wieder husten und versuchte bereits, die Fliegen mit den Händen vom Gesicht zu wischen.»⁵

Wie immer in Afrika sind solche Fälle und ist solch ein Genesungsverlauf für den medizinischen Fachmann aus Europa ein reines Wunder. Es erklärt sich einmal durch die Konstitution dieser Menschen, die nie in ihrem Leben mit der chemischen Medizin, mit Tabletten oder Infusionen bearbeitet wurden. Das bedeutet, solche Infusionen oder auch eine Tablette wirken ungleich stärker als in unseren Ländern, wo wir diese Mittel wie den täglichen Kaffee oder Tee zu uns nehmen. Am dritten Tag war die fast schon für tot erklärte Frau wieder putzmunter und kochte an der Feuerstelle ihren gewohnten Hirsebrei.

Dann aber kam es zu einem Schockerlebnis für den Europäer. Alle aus dem Clan der Geretteten versammelten sich und hockten im Kreis. Der glückliche Mann der geretteten Frau richtete sich auf zu einer feierlichen Ansprache an den weißen Touhib. Paul Parin solle der Familie eine größere Geldsumme schenken, und zum anderen solle er bei der Kolonialverwaltung die Rechte der Familie an einem Stück Land durchsetzen. Er sollte drittens eines der acht Kinder nach Europa, in diesem Fall also in die Schweiz, mitnehmen und dort erziehen lassen. Es waren insgesamt zehn artig und selbstverständlich vorgetragene Forderungen, in einem Ton vorgetragen, der die bestimmte Erwartung ausdrückte, dass der betroffene Arzt sich diesen Pflichten nicht würde entziehen können. «Ich war geradezu der übermenschliche Beschützer der Familie geworden», analysierte der Überrumpelte. «Der Verehrung und Bewunderung, die mir zukam, entsprach die Erwartung weiterer Wohltaten.» Es war gleichsam so etwas wie die calvinistische Prädestination in anderer Richtung. Weil dieser weiße Arzt das medizinische Wunder einmal vollbracht hatte, müsse das jetzt unendlich so weitergehen.

Parin war gewieft genug, die Erwartungen abzulenken. So konnte er dem Mann der geretteten Frau sagen, dass der afrikanische Krankenpfleger aus Obervolta (mittlerweile Burkina Faso) die Ampulle der Penicillinspritze aufgemacht und die heilende weiße Flüssigkeit in die Spritze gesogen und durch die hohle Nadel in die Vene der Kranken eingeführt habe, woraufhin dann das Medikament den Rest bewirkt habe. Schon war durch diese Rede alles anders geworden. Denn der Dorfälteste richtete jetzt seine zweite Rede an den Krankenpfleger. Alle gaben dem Touhib Paul Parin die Hand, die Frauen verbeugten sich tief vor ihm.

Paul Parin hat uns eine wichtige Instruktion mit auf den Weg gegeben, wenn wir hierzulande oder in den Ländern Afrikas mit Afrikanern zu tun haben: «Europäer begreifen in der Regel nicht, welche Abhängigkeiten sie gestiftet haben, und sind empört über die Undankbarkeit der Afrikaner.»[6] Das ist auch die Quintessenz der falsch durchgeführten, rein europäisch gedachten Entwicklungshilfe. Man sagt das als europäischer Helfer, Tourist oder Journalist immer so leicht in diesen Ländern. Tausendfach habe ich das schon gehört, bei der Verabschiedung eines Helfers, dass dieser dann zu den Afrikanern sagt, großartig, großzügig, weil man sowieso weiß, dass sie nicht nach Europa kommen können: «Wenn Ihr mal in unserer Gegend seid, kommt doch mal vorbei!» Sollte aber tatsächlich einer dieses Angebot annehmen, dann würde er die aus seiner Sicht legitimen Rechte eines Freundes wahrnehmen, wie damals der Mann der geretteten Frau gegenüber dem Arzt Paul Parin. Nicht auszudenken, welche Not wir hätten, diese Afrikaner abzuweisen, wenn sie tatsächlich zu uns kämen. «Nein, das habe ich ja so nicht gemeint!» Die Afrikaner meinen das aber so, wer einmal ein Helfer in der Not war, hat damit den Ehrentitel des Freundes der Familie und des Clans erworben. Indem Paul Parin die Helferwürde an den Krankenpfleger aus dem Dorf zurücküberwies, den sie alle kannten, nahm er die Erwartungen der Dorfbewohner geschickt auf und löste sich auf intelligente Weise aus der Situation. Der Krankenpfleger übrigens wusste, um was er bitten sollte. Der Arzt sollte ihn beim Kommandanten, beim Obersten Chef, lobend erwähnen und ihm aus dem eigenen Vorrat noch einige Ampullen mit Penizillin und eine Injektionsspritze mit Nadeln zum Spritzen überlassen. Paul Parin ließ sich nicht lumpen.

12
Was gibt es Größeres als Nelson Mandela, die afrikanische Tierwelt und den afrikanischen Fußball?

Eindeutig müssen wir zu Beginn des 21. Jahrhunderts sagen: Die Zeit der europäisch-imperialen Missionen ist endgültig zu Ende. Endgültig? Ja, zwischendurch zweifle ich daran, weil in uns der heimliche europäische Kolonisator immer noch am Werk ist. Er verbirgt sich und camoufliert sich z. B., wenn wir in unseren Weihnachtsgottesdiensten bei der Bitte um eine milde Gabe automatisch mit dem Kopf nicken. Oder dann, wenn wir Humanitäre auch heute noch versucht sind, den «armen Wilden» zu zeigen, wo der Hammer hängt ... Intellektuell wissen wir, dass wir es nicht mehr sind: die Herren und Damen der Welt. Aber von dieser intellektuellen Einsicht zu einer neuen Haltung ist es noch ein weiter Weg.

Das können wir ganz klar an unserer arroganten Haltung gegenüber den Chinesen und ihren überaus fleißigen Aktivitäten in Afrikas Ländern sehen. Da kommt keiner von uns Europäern mit, egal, ob die pedantischen Deutschen oder die beherzteren Franzosen, wir sind alle im Hintertreffen. Wir sind ja auch schwach geworden. Junge Helfer und Diplomaten-Ehepaare ziehen aus Afrika nach Europa, wenn die Frau schwanger ist und niederkommt. Sie haben Angst vor den Krankheiten des Kontinents. Die Chinesen sind da anders, stärker, weniger pingelig, sie sind mit einfachsten Unterbringungsmöglichkeiten zufrieden. Sie halten sich in fremden Kulturen zurück, greifen nicht ins soziale oder kulturell religiöse Leben ein, weder durch Missionierung noch durch Verachtung. Selbst die staatlichen Repräsentanten Chinas reisen nicht von einem Luxushotel zum nächsten, sondern checken in einfachen kleinen Pensionen ein, weil sie nicht auffallen wollen. Sie sind überall, betreiben Handel, bringen Investitionen, sorgen mit ihren eigenen Arbeitskräften dafür, dass Stadien, Häfen, Rathäuser, Straßen entstehen.

Für unser traditionelles Überlegenheitsgefühl gibt es nicht mehr viel Anlass. Noch vor 100 Jahren stellten unsere allerchristlichsten Vorfahren ohne jegliche Scham «Hottentotten» und «Kaffern» in Zoos zur Schau. Keiner schämte sich, keiner protestierte, es entsprach dem damaligen Überlegenheitsgefühl der Europäer. Keiner stellte es in Frage: kein Bischof, kein Kaiser, kein Papst, kein Ministerpräsident. Die Nichteuropäer waren Wilde, nicht einmal «edle Wilde», wie noch bei Jean-Jacques Rousseau. Die koloniale Expansion war Ausdruck des europäischen Überlegenheitsgefühls.

Es gibt, wie die vorherigen Kapitel belegen, viel Grund, sich Sorgen um die Gegenwart und die Zukunft afrikanischer Völker zu machen. Aber es gibt keine Möglichkeit, die Unabhängigkeit der Staaten des Kontinents wieder rückgängig zu machen. Es ist eine der Errungenschaften der Neuzeit, dass wir Afrika und seinen Völkern auf Augenhöhe begegnen. Die Versuche, das wirklich umzusetzen, haben aber gerade erst begonnen. Es darf heute kein Zurück mehr geben zum Rassismus und zu dem alten Gestus der Überlegenheit.

Afrika bewahrt seine Geschichte nicht auf

Eine Erfahrung musste ich in Afrika immer wieder machen: Man bewahrt die Erfahrungen, Leistungen und Erfolge nicht auf, um sie der Nachwelt, den folgenden Generationen in den Schulen weiterzugeben. Das Bewusstsein dafür fehlt meistens völlig. Ich besinne mich, dass ich in dem Land, auf das ich damals sehr, sehr stolz war, nach dem ruhmreich beendeten Befreiungskrieg, der wirklich zu einer Befreiung führte – auch wenn es dann in zwei Länder auseinanderfiel, Äthiopien und Eritrea –, wissen wollte: Haben Sie schon die Erfahrungen all dieser Jahre, ja Jahrzehnte gesammelt zwischen zwei Buchdeckeln?

Wir saßen bei dem sehr engagierten damaligen Botschafter Horst Winkelmann, der diese Frage an die Protokollchefin des Präsidenten Meles Zenawi weitergab: Gibt es schon eine Darstellung des gelungenen Kampfes für die Befreiung von der Fremdherrschaft des von Moskau und Ost-Berlin ferngelenkten Haile Mariam Mengistu? Nein, es gibt bis heute keine Geschichte des Befreiungskampfes der Äthiopier.

Warum eigentlich nicht? Sicher spielen technische Gründe auch eine gewisse Rolle, es gibt eben noch kaum Verlage, Druckereien, noch kaum eine Buchkultur. Aber das Drängendere ist wohl, dass es vielleicht auch noch keine Äthiopier gibt, die sich ihrer gemeinsamen Geschichte bewusst wären. Es gab nur die verschiedenen Stammesfronten, die *Tigray Liberation Front, Tigray People's Liberation Army* bzw. *Movement, Oromo Liberation Movement, Galla Liberation Front.* Oder die *Amharic Liberation Front.* Die großen Leistungen der Befreiungszeit sind nicht gesammelt und festgehalten worden.

So wie in Äthiopien läuft es auch in anderen Ländern Afrikas: Die eigenen Leistungen werden nicht aufgezeichnet und bewahrt. Und in der westlichen Welt ist man sowieso der Meinung, dass der Kontinent nur ein Jammertal der Misere sei. Darum will ich mich am Ende dieses Buches auf das Positive konzentrieren, auf das, was an Afrika fasziniert, was wir von den Afrikanern lernen können, und auf das, was Hoffnung gibt für die Zukunft. Was gibt es Größeres als Nelson Mandela, die afrikanische Tierwelt und den afrikanischen Fußball?

Ein Versuch über den afrikanischen Mythos Mandela

Die afrikanische Welt, in die Nelson Rolihlahla Mandela am 18. Juli 1918 in der Transkei hineingeboren wurde, war die Welt der Xhosa. Und der junge Nelson – der diesen Namen erst an seinem ersten Schultag bekam, als britischen Namen – wuchs im Königshaus des Thembu-Stammes auf, der zum Xhosa-Volk gehört. Es gab zwei Clans innerhalb dieses Stammes: Die einen stellten den König, während die anderen für die königliche Apanage und Hofhaltung zuständig waren. Er hat auch das miterlebt und mitgemacht, was in der traditionellen Welt Afrikas immer (bis heute) dazugehörte, die Beschneidung des Jünglings, der damit zum Erwachsenen er-mannt wurde. Sein Vater war schon gestorben, als er neun Jahre alt war. Mit 16 Jahren gab es die nicht hinterfragte und selbstverständliche Pflicht, sich in einer tagelangen Zeremonie dem Männlichkeitsritual der Beschneidung zu unterwerfen.

Seine schulische Sozialisation erhielt er auf einer Internatsschule der Methodisten in Clarkeburg. In dieser ersten Schule, die er besuchte, kam afrikanische Kultur nicht vor, weil es sie für die Briten wahrscheinlich nicht gab. Es gab britische Gedanken, britische Kultur, britische Institutionen, die automatisch als höherwertig eingeschätzt wurden. Das war damals etwas ganz Normales. Mit 19 Jahren kam Mandela in das 250 km westlich von Umtata (Hauptstadt der Transkei) gelegene Fort Beaufort. Dort besuchte er die methodistische Schule von Healdtown. Damals war sein Weg vorgezeichnet: Er sollte königlicher Berater am Thembu-Hof werden. Seine Ausbildung ging weiter auf der Universität der Methodisten in Fort Hare, wo er sich 1939 einschrieb. Es war die einzige Universität damals für Afrikaner. Er traf dort auf seinen zukünftigen Weggefährten Oliver Thambo, den späteren ANC-Präsidenten.

Mandela wurde damals auf Wunsch der Mutter im Bekenntnis der methodistischen Wesleyan-Kirche getauft. Er habe jedoch, so übereinstimmend seine Biographen, ein eher distanziertes Verhältnis zu Kirche und Christentum. Ich weiß nicht, wieweit Mandela religiös war und ist. Ich weiß nicht, wieweit er vom Evangelium inspiriert ist. Aber alles, was er tut und wie er es tut, scheint von dem Geist Jesu Christu und seiner Botschaft durchdrungen zu sein. Selbst die langen Jahre im Gefängnis, bis 1982 in der allerhärtesten Zeit auf Robben Island, dann in Pollsmoor, bis 1991, haben ihn nicht verbittern lassen. Er hat fast sein halbes Leben im Gefängnis zugebracht.

Nachdem Mandela 1961 gesehen hatte, dass er mit den Methoden des Rechts, des Plädoyers, der anwaltschaftlichen Berücksichtigung beider Seiten, des Dialogs und der Gewaltlosigkeit nicht mehr weiterkam, wurde er Führer der militärischen Untergrundorganisation des ANC: *Umkhonto we Sizwe.* Dann kam er 27 Jahre ins Gefängnis, die Haftzeit, die ihm die schönsten Jahre seines Lebens raubte, trat er im Lebensalter von 46 Jahren an. Einen großen Teil der Zeit verbrachte er auf der berüchtigten Gefangeneninsel Robben Island, damals unter dem Schreckensregiment von Oberst Badenhorst. Nelson Mandela wurde immer wieder von brutalen Gefängniswärtern schikaniert. Dennoch gelang es ihm, ruhig zu bleiben, keine Wut zu zeigen. Als die Zeit auf Robben Island ihrem Ende zuging, besuchten drei Richter das Gefängnis. Mandela beschwerte sich bei ihnen über die schlechte Behandlung und erzählte, wie Gefangene von betrunkenen Wachen misshandelt wurden. Der Gefängnisleiter warnte ihn, er solle vorsichtig sein, was er berichte, werde ihn in Schwierigkeiten bringen. Da sagte Mandela zu den Richtern: Sie sehen selbst, mit welcher Art von Mensch sie es zu tun haben. Wenn er vor Ihnen drohen kann, können Sie sich vorstellen, was er tut, wenn Sie nicht hier sind. Drei Monate danach wurde Badenhorst entlassen. Vorher schon verbesserten sich die Haftbedingungen.

In der nur noch eingeschränkten Haft in Pollsmoor war der diensthabende Offizier ein Bürokratie- und Kommisskopf, ein Major van Sittert. Der hatte, wie Mandela erfuhr, lieber mit normalen Kriminellen zu tun als mit politischen Gefangenen. Vielleicht befürchtete er instinktiv, dass die politischen Gefangenen sich irgendwann einmal als unschuldig erweisen würden. Mandela war damals schon bekannt dafür, dass er Menschen gerade der anderen, der gegnerischen Seite gewinnen wollte und konnte. Von dem Gefängniswärter Christo Brand erfuhr er, dass van Sittert ein begeisterter Rugby-Fan war. Also begann Mandela, sich für Rugby zu intereressieren, was er zuvor nie getan hatte. Es kam zu der ersten Begegnung in der Zelle, in der Mandela den Offizier liebenswürdig empfing. Er hatte genügend Afrikaans gelernt, um ihn in seiner Sprache anzusprechen. Und er fing gleich an, ihn mit den letzten Rugby-Ergebnissen zu traktieren. Als Mandela bemerkte, wie die Ablehnung des Majors einfach dahinschmolz, bat er ihn noch um eine Kochplatte. Er erzählte van Sittert, dass er Teile des großen Mittagessens immer bis zum Abend aufbewahren würde, dass es dann aber kalt sei. Und was geschah? «Brand», sagte dieser, «gehen Sie los, und besorgen Sie Mandela eine Kochplatte!»

Mandela wollte auch den sogenannten «Justizminister» Kobie Coetsee für sich gewinnen, der von Regierungschef Pieter Willem Botha geschickt wurde, um vorzufühlen, unter welchen Bedingungen dieser Mandela bereit wäre, auf den gewalttätigen Widerstand zu verzichten. Auch hier wieder war Mandela derjenige, der von seinem Unterdrücker alle Last nahm, indem er ihn die Peinlichkeit der Situation nicht spüren ließ. Ein kleiner Gefängniswärter, der sich Justizminister schimpft, sitzt da wie ein Giftzwerg vor ihm, und Mandela – der 1,84 m große Mann – tritt ganz offen und mit einem Lächeln auf den Apartheid-Vertreter zu und behandelt ihn ganz als Menschen. Später hat Coetsee dem Buchautor John Carlin erzählt: «Er war ein Naturtalent.

Er war der geborene Führer. Das Krankenhauspersonal mochte ihn ganz offensichtlich. Er wurde respektiert, obwohl sie wussten, dass er ein Gefangener war.»[1] Mandela wusste, er hatte im Gefängnis keine Macht, er musste seine Gegner überzeugen. So wurde er mehrfach von dem Geheimdienstchef Neil Barnard besucht, der schließlich dafür sorgte, dass seine Haftbedingungen verbessert wurden. Im Dezember 1988 kam er aus der normalen Haft heraus, aus Pollsmoor in das Victor-Verster-Gefängnis in Paarl, wo er ein Einzelzimmer hatte mit Fernseher und Mikrowelle. Mandela hatte ja durch die Haft nicht einmal den Beginn des Fernsehzeitalters mitbekommen. Barnard sorgte auch für ein Treffen mit P. W. Botha. Das fand am 5. Juli 1989 statt, in dem Schicksalsjahr, in dem die Berliner Mauer fiel. Botha hatte im Januar 1989 einen Schlaganfall erlitten, man wusste schon, dass er nicht mehr lange weitermachen konnte, aber bei der Sturheit der Führer und des Militärapparats wäre es in Südafrika noch lange so weitergegangen, wenn nicht dieser wunderbare Mensch Mandela gewesen wäre.

Nach dem Machtwechsel wäre Rache durch den ANC zu erwarten gewesen. Viele konnten sich ihr auch nicht entziehen, Justice Bekebeke z. B., der vielleicht das Gegenbild zu Mandela ist. Er hatte bei dem Aufstand in Parabello einen schwarzen Polizisten – also einen Kollaborateur – erschlagen. Dieser hatte auf Bekebeke schießen wollen, doch er nahm ihm die Pistole weg und schlug auf seinen Kopf ein, bis er tot dalag. Danach rannte er davon, die Menschenmenge trampelte auf dem Leichnam herum, einer holte einen Benzinkanister, und alle versammelten sich johlend vor dem brennenden toten Körper. Justice Bekebeke sagte: Ich hatte keine rationale Entscheidung getroffen. Es war die pure Emotion. Und diese Emotion war Rache. Das ist eine menschliche Geschichte, nicht eine unmenschliche. Es ist menschlich, wenn jemand, der jahrzehntelang unterdrückt wurde, Rache übt. Doch Mandela ging einen anderen Weg. Er wusste, Rache wäre sein subjektives Bedürfnis. Er war aber dazu ausersehen, die Nation zu einigen, das zu tun, was nach dem *Risorgimento* in Italien im 19. Jahrhundert Giuseppe Garibaldi gesagt hatte: «Wir haben Italien geschaffen, jetzt müssen wir die Italiener schaffen.» Er überwand die Rache. Noch mehr: Alle Welt und seine eigenen Mitbürger, die in dem Apartheidgefängnis gesessen hatten, spürten, dass es für sie alle leichter werden würde, wenn sie keine Nacht der langen Messer starteten. So kam es, dass der große Mensch und Staatsmann Nelson Mandela, damals noch mit seiner Frau Winnie, am 11. Februar 1990 aus dem Gefängnis heraustrat und eine Rede hielt, die die ganze Welt sehen und hören konnte. In der Zeit danach bemühte sich der Gepeinigte, der über 27 Jahre Gequälte, immer, den ehemaligen Gegnern zu zeigen, dass er nicht ihr Feind war. Er sprach die Sprache des Gegners, die verhasste Sprache. Er drückte die Hände von Mördern oder denen, die Morde beauftragt hatten. Er machte sich keine Illusionen darüber, wer vom Apartheidsystem profitiert hatte. Er war sich auch im Klaren darüber, dass das System und die Mehrheit der Weißen ihn lieber längst am Galgen gesehen hätten denn jetzt aus dem Gefängnis befreit. Aber er war andauernd bemüht, den Weißen ihre Ängste zu nehmen.

Der ANC in seinem Politbüro beschloss, was eigentlich ganz selbstverständlich sein sollte: Die Hymne des neuen Südafrika wird nicht mehr die alte Buren-Kampffanfare «Der Stern» sein, sondern die wunderbare Befreiungshymne «Nkosi Sikelel' iAfrica». Da kam Nelson Mandela zurück aus dem Ausland und wurde für seine Verhältnisse kalkuliert ganz wütend. Eine so wichtige Entscheidung könnten sie nicht ohne den Präsidenten fällen. Er schlug vor, dass auf Zeit beide Hymnen nebeneinander gelten sollten. Die weißen Afrikaaner, die er gewinnen wollte, wurden ja nicht durch Argumente allein gewonnen, sondern auch dadurch, dass sie nicht auf alle ihre Symbole und Rituale verzichten mussten.

Ich besinne mich, dass ich im Jahr 1985 zum ersten Mal in Südafrika landete, der deutsche Botschaftsrat Kurt Ziefer holte mich am Flugzeug ab. Auf den Flugzeugen der SAA, der South African Airways, sah ich die Aufschrift in Afrikaans und versuchte sie zu lesen. Da sagte mir der deutsche Diplomat: «Diese Sprache brauchen Sie nun wirklich nicht mehr zu lernen!», was ganz meiner Gemütslage entsprach. Mandela war ganz anderer Meinung, gerade weil seine Feinde sich jetzt bedroht fühlten, musste er ihre Sprache lernen. Er hatte im Gefängnis immer wieder Kurse belegt, um sein Afrikaans zu perfektionieren. Mandela wusste um dieses uralte Gesetz aller abrahamitischen Religionen, das aber auch bei vernünftigen Staatslenkern Einzug gehalten hat: niemals den Gegner zu demütigen. «Respekt, ganz normaler Respekt. Das ist alles.»

Der große Führer wurde Mandela durch etwas, was in Afrika Mangelware ist: durch Disziplin gegenüber sich selbst. Und durch seine Haltung, niemals von anderen etwas zu erwarten, was man nicht selbst zu tun bereit ist. Wenn jemals wieder ein Mensch von der Katholischen Kirche heilig gesprochen werden sollte, dann sollte es Nelson Mandela sein, nicht der umstrittene Papst Pius XII., nicht der Gründer von Opus Dei, nicht der Kardinal Wyszyński oder der Bischof von Budapest Kardinal Mindszenty.

Man kann gar nicht deutlich genug sagen, wie klug Mandela vorgegangen ist, um nach dem Ende der Apartheid die weißen Südafrikaner zu gewinnen. Dabei kam er auf Rugby, das Spiel, mit dem alle Weißen, vor allem aber die Buren, so viele Sympathien und Emotionen verbanden. In Südafrika galt ja sogar bei den Sportarten eine heimliche Apartheid in den Köpfen: Rugby war der Sport der Weißen, Fußball der Sport der Schwarzen. Die Rugby-Mannschaft Südafrikas, bekannt unter ihrem Spitznamen «Springboks», verkörperte geradezu die Apartheid, ihr Trikot galt als Abzeichen dafür. Weil das so war, hatte man auch einen Boykott über den Sport und die Mannschaft verhängt. Erst als Mandela 1994 Präsident wurde, hob man den Boykott auf. Im Juli 1994 reiste die südafrikanische Mannschaft dann zum ersten Mal seit 13 Jahren wieder nach Neuseeland, wo die weltweit beste Rugby-Mannschaft spielte, die «All Blacks». Bis dahin hatten immer die Schwarzafrikaner gegen die Springboks gejubelt. Wie extrem die Rassenauseinandersetzungen gerade diesen Sport prägten, machte der Chef des Südafrikanischen Rugby-Verbandes, Louis de Luyt, klar, der vor dem Länderspiel gegen Australien 1992 noch die Menge aufgefordert hatte, die alten Fahnen zu schwenken und die alte Nationalhymne zu spielen.

Eine neue Fahne und eine neue Hymne, das waren die Bedingungen des ANC gewesen, damit der Sportboykott aufhörte. Die Weltmeisterschaften im Rugby 1995 wären daran fast gescheitert. Wenn nämlich die Schwarzen gesehen hätten, dass die Springboks den Text «Der Stern» intonierten, aber sich nicht bemühten, «Nkosi Sikelel' iAfrica» zu singen, wäre das eine Katastrophe geworden. Deshalb mussten die Spieler diese Hymne lernen und ihnen die Xhosa- und Zulu-Vokale und deren Aussprache beigebracht werden. Morne du Plessis, der neue Manager der Mannschaft, hatte eine Freundin in Kapstadt, die sich ihren Lebensunterhalt als Xhosa-Lehrerin verdiente. Sie sollte der Mannschaft den Text beibringen. Man muss sich diese Szene vorstellen: Die Lehrerin wollte die Stunde beenden. Da standen die drei mächtigsten Spieler des Teams, Kobus Wiese, Hannes Strydom und Balie Swart, auf und baten sie, das Lied noch mal zu singen. Sie fingen an, so berichtet der Biograph Carlin, wie riesige Chorknaben, erst sanft, dann lauter. Die anderen Spieler standen mit offenen Mündern da, es gab kein Gelächter, keine Rippenstöße, keine Witze. Als Mandela einen Tag vor dem Spiel zu der Mannschaft kam, sagte er: «Ihr habt jetzt die Gelegenheit, Südafrika zu dienen und unser Volk zu vereinen. Eure Leistungen sind Weltspitze. Denkt daran, wir alle, schwarz oder weiß, stehen hinter euch.»[2]

Die Spieler machten auch noch einen Besuch im Gefängnis Robben Island. Der Sportminister Steve Tshwete war dabei, der dem Spieler du Plessis erzählte, dass die Gefangenen die Übertragung der Springboks-Spiele gegen die British Lions 1980 mitbekommen hatten. Die Wachen hatten die Häftlinge angeschrien und ihnen verboten, die gegnerische Mannschaft anzufeuern. Aber sie hatten weitergemacht. Darauf du Plessis: «Wenn ich mir die Zellen so anschaue und mir überlege, was wir ihnen angetan haben? Ich hätte auch die Lions angefeuert.»

Kurz vor dem Endspiel wollte sich François Pienaar gerade die Schuhe ausziehen, als sein Handy klingelte: «Hallo, François, wie geht's?» Nelson Mandela wünschte der Mannschaft viel Glück, sagte, wie aufgeregt er sei. Als er an dem entscheidenden Tag zum Stadion fuhr, trug er bereits das grün-goldene Trikot. Als er im Springboks-Trikot auf dem Rasen des Stadions in Durban erscheint, der siegreichen Mannschaft von François Pienaar gratuliert und das mehrheitlich von Weißen besetzte Stadion die neue Hymne singt, hat Mandela seinen großen Sieg errungen. Durch dieses gemeinsame Erlebnis des Spiels und des Sieges wird die Hymne angenommen.

Van Zyl Slabbert, ein liberaler Bure, den ich in Köln interviewte, saß unter den Buren im Stadion, einer von 62 000 Anhängern. Er sah, wie diese hartgesottenen Buren mit Tränen in den Augen immer wieder sagten: «Das ist mein Präsident.» Ein Fernsehreporter fragte den Spielführer der Springboks: «Wie fühlt es sich an, im Stadion 62 000 Fans

26 Versöhnung im Springboks-Trikot: Nelson Mandela überreicht François Pienaar den Pokal der Rugby-Weltmeisterschaft, 24. Juni 1995.

hinter sich zu haben?» Darauf Pienaar: «Wir hatten nicht 62 000 Fans hinter uns. Wir hatten 43 Millionen Südafrikaner hinter uns.» Im ganzen Land wurde hemmungslos und friedlich auf den Straßen gefeiert. Kobie Coetsee hat das, was geschah, auf den Punkt gebracht: «Es war der Moment, in dem meine Leute, seine Feinde, Mandela umarmten. Damals kam es mir so vor, als sei es ein Moment, der mit der Gründung der amerikanischen Nation vergleichbar war. Ich sah ihn und Pienaar, und ich weinte.»[3] All das spielte sich nur fünf Jahre nach der Freilassung von Mandela ab. Als Mandela am Abend zurückkehrte, stand eine kleine Menschenmenge vor seinem Haus, die ihn begrüßen wollte. Eine alte Dame kam auf ihn zu und sagte ihm, sie sei bis zu diesem 24. Juni 1995 Mitglied des AWB gewesen, der militanten Widerstandsbewegung der Buren. Aber jetzt würde sie austreten.

Mandela besaß auch die Größe, die Vertreter des alten Regimes unter seiner Präsidentschaft einzubeziehen. Als er nach überstandener Amtseinführung als Präsident durch die Flure seines Amtssitzes ging, sah er plötzlich den Protokollchef John Reinders packen. «Darf ich fragen, wohin Sie gehen?» «Zurück in den Justizvollzug, Mr. Präsident, wo ich früher gedient habe», antwortete Reinders. Mandela grinste: «Sie wissen, dass ich 27 Jahre dort war. Jetzt möchte ich, dass Sie es in Erwägung ziehen hierzubleiben.» Mandela zog alle Register: Er brauchte die alten Experten des Apparates. Er gab auch keinen Befehl, sondern appellierte: «Ich hätte Sie gern hier, aber nur wenn Sie es wollen und wenn Sie Ihr Wissen und Ihre Erfahrung mit mir teilen wollen.» John Reinders: «Ja, Mr. Präsident. Das mache ich.» Mandela gab ihm die Aufgabe, alle Mitarbeiter des Präsidenten, inklusive Putzfrauen und Gärtner, im Kabinettssaal zusammenzurufen. Er gab jedem die Hand und sprach mit jedem ein paar Worte, manchmal auch in Afrikaans. Dann sagte er – und es kommen einem schon beim Lesen die Tränen: «Guten Tag, ich bin Nelson Mandela. Wenn jemand von Ihnen seine Sachen packen will, kann er das tun. Das ist kein Problem. Aber ich bitte Sie zu bleiben. Es sind nur fünf Jahre. Sie haben das Wissen. Wir brauchen Ihr Wissen und Ihre Erfahrung.»[4] Alle Mitarbeiter blieben.

Es muss unglaublich schwierig gewesen sein, der Versuchung zu widerstehen, den im Grunde einfacheren Weg zu gehen, nämlich ein staatssozialistisches Enteignungsprogramm aufzulegen. Das war eigentlich von allen Comrades so gedacht und vorausgesagt worden. Es wäre ja so einfach gewesen, die Diamanten- und Goldminen, die Bergbaubetriebe für Kupfer, Zinn, Kohle, Erz wären in den Besitz des Staates übergegangen. Die großen Ländereien wären an die Hunderttausenden landhungrigen schwarzen Landwirte verteilt worden. Exporte und Importe wären staatlicherseits geregelt und begrenzt worden. Ja, so war es eigentlich geplant gewesen. Solch ein Programm hätte nicht nur eingeleuchtet, sondern auch schnelle Erfolge möglich gemacht. Die sozialistische Welt war ja immer ein starker Verbündeter des ANC gewesen. Doch Nelson Mandela hat diesen Weg nicht eingeschlagen.

Seine Größe hat ihn zum Vorbild werden lassen. Wer Nelson Mandela trifft, erlebt einen wunderbaren, immer lächelnden großen

Menschen. Wir – Christel Neudeck und ich – haben ihn einmal in einem kleinen Dorf nördlich von Durban erlebt. Es war 1999, Wahlkampf in Südafrika; er machte schon Wahlkampf für seinen Nachfolger Thabo Mbeki, der dann ja auch der nächste Präsident des großen Südafrika wurde. Mandela war damals noch agil genug, um Wahlkampf zu machen. Es war eine Gemeinde mit sehr viel indischer Bevölkerung, leider waren nur wenige gekommen. Der lächelnde Mandela trat auf, und nicht einen Sekundenbruchteil – das konnte man seinem Gesicht ablesen – hat ihn das irritiert. Er hielt eine Rede, so wie er das im Soweto-Stadion auch getan hätte. Es war einer der schönsten Tage im Leben von meiner Frau und mir.

Der lächelnde Mandela gab uns oft das Empfinden, das Lächeln könne alles überwinden. Ich will aus den vier schwierigen Jahren nach der Befreiung noch eine Geschichte erzählen. 1993, nach dem Mord an dem beliebten ANC-Führer Chris Hani, der Südafrika an den Rand des Bürgerkriegs brachte, hielt Mandela eine große Rede bei seinen Leuten im Katlehong-Stadion. Da fand er eine Botschaft, die direkt neben dem Mikrophon lag: «No peace. Do not talk about peace. We've had enough. Please, Mr. Mandela, no peace. Give us weapons. No peace.» Darauf sagte Mandela: Es gebe jetzt Zeiten, «in denen unsere Leute an dem Mord an unschuldigen Leuten teilnehmen. Die Lösung wird immer sein: Frieden, die Lösung ist Versöhnung, die Lösung ist politische Toleranz.» Es gab Protestrufe und Lärm in der Menge, aber Mandela fuhr unbeirrt fort. «Wir müssen unser Haus auch in Ordnung bringen. Die Verantwortung liegt nicht nur bei der Regierung, bei der Polizei, bei der Armee, wenn wir versuchen, die Gewalt zu beenden. Es ist auch unsere Verantwortung. Wenn wir keine Disziplin haben, sind wir nicht Freiheitskämpfer. Wenn ihr unschuldige Menschen umbringt, gehört ihr nicht zum ANC. Eure Aufgabe ist Versöhnung, Wiederversöhnung. Ihr müsst in eurem Dorf und in eurer Stadt zu einem Mitglied von Inkatha gehen und den fragen: Warum kämpfen wir eigentlich?» Noch immer gab es Proteste, Rufe aus der Menge. Da legte Mandela noch einmal alles auf die Wagschale: «Hört mich, hört mich», rief er mit einem Aufbäumen in der Stimme. «Ich bin euer Führer. Ich gebe euch Führerschaft. Wollt ihr, dass ich euer Führer bleibe?» Die Menge fühlte sich jetzt ein bisschen getadelt und schrie laut zurück: «Yes!» Daraufhin sagte

Mandela: «Well, as long as I am your leader, I will always tell you, when you are wrong!»[5]

Afrikanische Tiere als Repräsentanten des Kontinents

Wenn wir in Deutschland an Afrika denken, dann verbinden die meisten Menschen hierzulande damit wahrscheinlich zuerst Elefanten, Löwen und Zebras. Das liegt nicht zuletzt an dem langjährigen Zoodirektor in Frankfurt: Bernhard Grzimek. Wir können nicht über unser Verhältnis zu Afrika reden, ohne ihn zu erwähnen. Grzimek war der populäre, streitbare, pedantische Förderer afrikanischer Tiere, die er durch uns Menschen grundsätzlich gefährdet sah, auch durch die Menschen in Afrika. Durch diese Vorrangstellung, die er den Tieren in Afrika gab, blendete er für uns alle in Deutschland die Probleme, die sich auf dem Schwarzen Kontinent schon damals anbahnten, aus. Das war die passende Botschaft für das bürgerliche deutsche Publikum, das anfing, sich an den Wohlstand unter Ludwig Erhard zu gewöhnen, das immer weniger Kinder bekam und sich stattdessen Haustiere zulegte und seinen Humanismus zunehmend auf die Pflege und den Schutz der Natur vor dem bösen Menschen umlenkte. Dass Afrika gerade unterging, war kein Problem, solange Grzimek den Teil Afrikas als Reservat retten konnte, der als Serengeti nicht sterben durfte. Und einige Exemplare der bedrohten Tiere konnte man ja in die Zoologischen Gärten Europas retten. Bei den Internationalen Filmfestspielen in Berlin 1956, als der Film «Kein Platz für wilde Tiere» vorgestellt wurde, überzeugte Grzimek alle mit dem düsteren Zeichentrickanfang: mit mahnenden Worten und Bildern über den Einfluss der Vermehrung der Menschheit auf die Wildtierpopulationen und seinen eindrucksvollen Aufnahmen der angeblich zu friedlichen Tiere.

Das war damals in den 1950er Jahren natürlich eine unbewusst sehr gern gehörte und aufgesogene Botschaft. Es war noch nicht lange her, dass die Deutschen die gesamte Welt an den Rand der Zivilisation geführt hatten mit Krieg und Massenvernichtung im Dienste der Gewinnung von Lebensraum für die «arische» Menschheit. Jetzt machten sich die Nachfahren dieser Deutschen daran – unter dem Motto «Heute

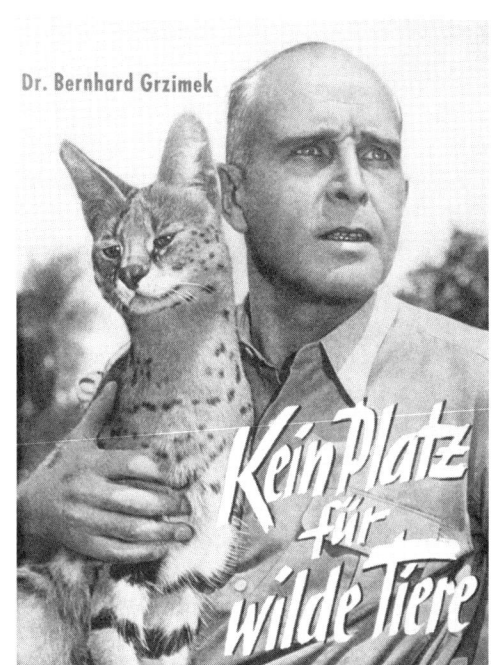

27 Das Afrika-Bild der 50er Jahre: Titelbild des Buches «Kein Platz für wilde Tiere» von Bernhard Grzimek.

gehört uns Westdeutschland und morgen ganz Afrika» – wieder alles zu erobern, um dieses Mal die Tierwelt Afrikas zu schützen und ihr Überleben zu sichern. Dafür gab es 1956 den Goldenen Bären für den besten Internationalen Dokumentarfilm, für Michael und Bernhard Grzimek auch einen zweiten Goldenen Bären, den des Publikums. Dazu kam dann noch der Bundesfilmpreis des Innenministeriums. «Kein Platz für wilde Tiere» wird die neue Botschaft. Wir wollen jetzt die Menschheit nicht mehr vernichten, bestehen aber darauf, dass wir blutrünstige Menschen zu viele werden, dass wir die Tiere vor den Menschen schützen müssen – vor denen in Afrika, wohlgemerkt.

Grzimeks erste Reise ist 1950 noch mit Hindernissen belastet, es ist nicht einfach, als Deutscher Visa zu bekommen. Er braucht für die Elfenbeinküste, die 1951 noch zu Französisch-Westafrika gehört, eine Einladung. Er fragt dazu bei dem ehemaligen Frankfurter Juwelenhändler Abraham an, der – so schreibt die Biographin – 1936 aus

Deutschland geflohen war und in der Elfenbeinküste eine neue Heimat gefunden hatte.[6] Ende 1950 ruft der französische Generalkonsul im Zoo an: Das Visum ist genehmigt. Auf seine Reise nimmt Grzimek den erst 16-jährigen Sohn Michael mit, der ihn beim Filmen und Fotografieren unterstützen sollte. Sie packen Gegengifte für Schlangenbisse ein und besondere Tropenkleidung: Helme, Stiefel, Hemden, Jacken und Hosen. Über Paris, Dakar, Kayes, früher einmal kurzzeitig Hauptstadt der Kolonie Französisch-Sudan (heute Mali), geht es nach Bouake in der Elfenbeinküste, wo sie ihr Gastgeber Abraham erwartet.

Die nächste Reise nach Afrika steht für das Jahr 1953 an, Grzimek will Tansania besuchen und Kenia, um in die großen Reservate Ostafrikas zu fahren und dort fotografieren zu können. Aber die Reise kommt erst am 24. März 1954 zustande und führt in den damals noch belgischen Kongo. Über Brüssel geht es nach Leopoldville, das heutige Kinshasa. Der dortige Direktor des Zoos empfängt ihn zu einem feierlichen Abendessen. Dann machen sich die Grzimeks (wieder Vater und Sohn) auf den Weg in den Garamba-Nationalpark an der Grenze zum Sudan, wo sie zum ersten Mal Breitmaulnashörner und Giraffen erleben, die sie sehr beeindrucken. Es kommt zur dritten, vierten und fünften Afrikareise, wobei die letzte 1957/58 schon im eigenen Flugzeug unternommen wird, das Bernhard und Michael Grzimek nach der Absolvierung des Flugführerscheins für 125 000 DM kaufen. Der Zoodirektor ist mittlerweile ein Medienstar geworden, drückt auf die Tränendrüse, aber nicht für die Menschen und Völker, die in Afrika weiter an Not und Hunger sterben.

Als wir in Angola Menschen erlebten, die von Landminen zerrissen worden waren, sagten wir angesichts der Hunderte von Beinamputierten: Wir müssten in der Nachfolge von Grzimek jemanden haben, der Elefanten zeigt, die nur noch ein blutendes Fleischknäuel sind nach dem Auftreten auf eine Anti-Fahrzeugmine. Über das Mitleid mit den Tieren könnten wir den Kampf gegen die Landminen gewinnen. Übertrieben? Ich glaube es kaum.

Das Positive an Grzimeks Botschaften besteht natürlich in dem Hinweis auf den Natur-, Wald- und Artenreichtum Afrikas, der sich mit jedem anderen Kontinent messen kann. Auch mit dem Hinweis auf den Reichtum an Bodenschätzen. Auf jeden Fall sind die Naturschönheiten, zu denen auch die Tiere gehören, heute der Anlass für die bislang einzig funktionierende Industrie in Afrika: den Tourismus. Leider hat der Kontinent daraus bisher wenig bis gar nichts gemacht. Grzimek berichtet von einem ersten langen Gespräch mit dem Führer Afrikas, der für viele in Europa als einer der eindrucksvollsten galt: Julius K. Nyerere. Am 3. Januar 1960 durfte Grzimek den Sprecher der gewählten Abgeordneten des Parlamentes und den Präsidenten des künftigen unabhängigen Tansania sprechen. Man hatte ihm das gesagt, was Westlern und Bleichgesichtern immer gesagt wird, wenn sie zu Empfängen bei den Großen in diesen Ländern gebeten werden: Sie müssten die korrekte Kleiderordnung beachten. So hatte sich Bernhard Grzimek auch ein weißes, langärmeliges Hemd mit Krawatte und ein Jackett angezogen. Da kam der schlanke schwarze Mann im blauen Polohemd. Grzimek hat Nyerere dargelegt, wie viel Geld er mit dem Tourismus verdienen könne. «Die Menschen leben nicht mehr in Europa zwischen Kühen, Hühnern und Schweinen in Dörfern und Kleinstädten, vor ihren Häusern stehen keine Wagen mehr mit abgesträngten Pferden, die aus dem umgehängten Hafersack futtern, sondern lackglänzende Autos.» Die heutigen Europäer wohnten in Betonschluchten unter Auspuffgasen und Straßenbeleuchtung. Deshalb würden sie sich viel mehr als früher für die Tierwelt interessieren, die sie nicht mehr direkt erleben könnten. Und Grzimek betonte: «Was die tierhungrigen Massen-Menschen hier sehen wollen, sind einfach Giraffen, Elefanten, Löwen und Zebras, Nashörner.»[7]

Bis heute ist die Natur der eigentliche Anziehungspunkt für die westlichen Besucher, die einerseits den Komfort moderner Hotels mit elektrischem Licht und Warmwasser und gutem Essen haben wollen, andererseits die sogenannte unberührte Natur. Bernhard Grzimek wurde mit seiner Arbeit für die Deutschen zum Botschafter für Afrika, eine Rolle, in der man später Wolfgang Niedecken, Alfred Biolek und Horst Köhler sehen konnte.

Allerdings gibt es im Tourismus durch die regelmäßig aufflackernden Unsicherheiten, Stammes- und Bürgerkriege immer wieder massive Einbrüche. In Simbabwe liegt in den großen Hotels an den Victoria Falls alles brach. Nur noch einmal in der Woche bricht ein Flugzeug vom International Airport in Johannesburg mit Touristen auf, die aber auch nur noch einige Stunden an diesem berauschenden Naturschauspiel teilnehmen und es nicht mehr wagen, die Nacht dort zu verbringen. Die Elfenbeinküste, die als ein Hort von Sicherheit und ökonomischem Wachstum galt, brach unter den Schlägen von zwei machtgierigen und geldgierigen Eliten zusammen. In Kenia hat der Tourismus unter den Unruhen nach den Präsidentschaftswahlen von 2007 stark gelitten. Auch ob die Fußballweltmeisterschaft in Südafrika ohne Zwischenfälle stattfinden kann, wird bis zuletzt offenbleiben. Die FIFA sorgt sich um die Sicherheit der Touristen und fürchtet eine neue Nacht der langen Messer wie 2007, als in Südafrika die Simbabwer gejagt wurden, von denen bis zu zwei Millionen in die benachbarte reiche Republik im Süden geflohen waren. Denn eines kann sich in diesem modernen Industriezweig Fußball niemand mehr leisten: keine Profite durch das Ausbleiben der reichen und betuchten Besucher.

Fußball als einigendes Band und Hoffnung für Afrika

Etwas mehr als ein Jahr vor der ersten Fußballweltmeisterschaft auf dem Kontinent schien der globale Alptraum Realität zu werden: Schafft es Afrika, ein solches Großereignis durchzuführen? Nun war man sich ja klar, dass sich so etwas nur in Südafrika, dem wirtschaftsstärksten Land des Kontinents, durchführen ließ. Nicht einmal Ägypten, Tunesien oder Marokko wären dafür in Frage gekommen. In der Hauptstadt der Elfenbeinküste kam es nun im März 2009 während eines WM-Qualifikationsspiels aufgrund fehlender Eintrittskarten zu einer Massenpanik. Die Fans der Nationalmannschaft waren einfach in das schon überfüllte Houphouet-Boigny-Stadion eingedrungen, eine Mauer brach ein, es gab 22 Tote und 130 Schwerverletzte. Das Organisationskomitee für die WM in Südafrika gab sofort eine Erklärung heraus, schließlich waren es ja nur noch 15 Monate bis zur Austragung der WM in den Stadien von Südafrika. Bei der WM – so Sprecher Danny Joordan – würden die Tickets alle schon im Vorverkauf verteilt werden, Menschen ohne Karten würden bereits Kilometer vor dem Stadion gestoppt werden. Eine solche Situation könne nicht eintreten.

Fußball hat in vielen Ländern Afrikas eine besondere Bedeutung.

Er ist manchmal das Einzige, was ein im latenten Bürgerkrieg dahin-dämmerndes Land in Afrika noch zusammenhält, oft ist er auch ein wunderbares Instrument des *nation building*. In der Elfenbeinküste z. B. haben der Fußball und die Nationalmannschaft eine wichtige politische Funktion, seit das Land in zwei Hälften geteilt ist. Es gibt einen schwierigen Waffenstillstand, der nicht immer hält. Das Team, das 2006 zur WM nach Deutschland kam, hatte jedenfalls nicht nur eine bunte Zusammensetzung, sondern war auch eine Botschaft an das eigene Land: den Zusammenhalt zu festigen. Der weltberühmte Spieler und wahrscheinlich weltbekannteste Ivorer überhaupt, Didier Drogba, sagte in Deutschland: «Es wäre schön, wenn wir es schafften, mit unserer Mannschaft, die unterschiedliche Volksgruppen vereint, auch ein wenig zur Einheit des Landes beizutragen.»[8] Diese Equipe war wirklich ein Mix aller Nationalitäten und Bürgerkriegsfronten, zu denen ja leider auch die Religionen gehören. Im Team hätte keiner die Frage gestellt, so wurde bemerkt, ob jemand ein «richtiger» oder nur ein «zugewanderter» Ivorer sei.

Der Fußball ersetzt mit seinem nationalen Verband geradezu den dahinvegetierenden Staat, der das Land kaum noch zusammenhält. Und der Kapitän Didier Drogba wurde sogar ein PR-Agent für den berühmten ivorischen Kakao, dessen Preis sich in einer Talsohle befindet. Pünktlich zur WM wurde eine «Chocolat du Planteur» auf dem EU-Markt eingeführt. Der wichtigste Club des Landes, ASEC Mimosas Abidjan, schaffte 1998 den Sieg im *African Cup*. Und er schaffte das nur mit Spielern, die aus dem eigenen Kader kamen. Mit diesem ASEC Abidjan hat das Land einen regelrechten Musterverein, der auf dem gesamten Kontinent gut dasteht. Er war auch 2006 wieder in der Endausscheidung des *African Cup*.

Begonnen hat die afrikanische Fußballbegeisterung schon in der Zeit der Kolonialisten: Die britischen Kolonialherren nutzten den Mannschaftssport als Mittel, um vermeintlich europäische Werte wie Disziplin, Kameradschaft und Fairness bei Afrikanern durchzusetzen. 1889 bekam der Kenianer Arthur «Othello» Wharton einen ersten Profivertrag bei einem englischen Klub (Rotherham). Der erste afrikanische Fußballverein, von dem wir jedenfalls wissen, wurde 1903 an der Goldküste, im heutigen Ghana, gegründet, 1907 folgte der Verein Al-

Ahly in Ägypten. Viele afrikanische Teams gründeten eigene Klubs und entzogen sich damit dem Einfluss der Kolonialherren. Die Aufnahme der nationalen Fußballverbände in die 1957 gegründete *Conféderation Africaine de Football* wurde so wichtig genommen wie die Mitgliedschaft in der UNO. 1970 entschied sich die FIFA, Afrika wenigstens einen Fixplatz in den WM-Endrunden zuzugestehen.

Im afrikanischen Fußball gibt es, so hat mir der damalige Afrikachef im Auswärtigen Amt, Harald Ganns, erzählt, immer noch eine Riesenportion Magie. Es gab Spiele, bei denen er mit der Fußballnationalmannschaft mitgeflogen ist, die einfach deshalb verloren wurden, weil man sich wegen des Aberglaubens unvernünftig benahm. So flog die Mannschaft aus Togo zu einem Spiel in Kinshasa nicht etwa direkt dorthin, sondern erst einmal nach Brazzaville, in die Hauptstadt des am Kongo gegenüberliegenden Landes Kongo-Brazzaville. Dort kamen sie am Abend an, konnten nur wenige Stunden schlafen, weil sie sich ja am nächsten Morgen schon auf den Weg über den großen Strom in die Hauptstadt des Landes Zaire machen mussten. Und dort durften sie auf keinen Fall durch den Haupteingang auf das Spielfeld kommen. Als sie das alles gut geschafft hatten, waren sie so erschöpft, dass sie das Spiel mit Pauken und Trompeten verloren. Harald Ganns kennt solche Geschichten aus vielen afrikanischen Ländern, weil er nicht nur Botschafter war, sondern auch Inhaber einer Fußballtrainer-Lizenz. So beteiligte er sich an dem Training der Nationalmannschaften von Südafrika, Namibia, Togo, Ghana und Liberia.

Die Mannschaften suchen neben der Magie und der Kraft, die der eigene Fußball aufbringt, auch ein wenig Rückversicherung durch europäische bzw. weiße Trainer wie z. B. Winnie Schäfer, lange Jahre Trainer des Karlsruher SC. Kamerun, das lange als der beste Vertreter der Afrikaner im Weltfußball galt, holte sich ihn aus Deutschland. Im Februar 2002 wurde der Ko-Trainer von Winnie Schäfer in Handschellen beim Spiel gegen Mali vom Platz geführt. Es wollen einige gesehen haben, dass er ein teuflisches Elixier auf den Rasen geträufelt habe. Wenn zwischen zwei Nationen der Fußballkrieg ausbricht, wie zwischen Senegal und Äthiopien, dann verbiegen sich die Linien, wird der Ball verzaubert, der Unparteiische vernebelt, der Torjäger gelähmt. Manchmal treiben die Hexen und Magier ihr Unwesen auch noch außerhalb des Spielfeldes: Als z. B. Shamo Quaye in Ghana wieder einmal spielen wollte, nachdem er seinen Verein in Schweden zum Erfolg geführt hatte, wurde er am Abend von einer Giftschlange gebissen. Auf dem Weg ins nächste Krankenhaus war sein Leben schon zu Ende. Selbst Katastrophen sind für Hexerei gut. Vor dem Nationalstadion in Lusaka, der Hauptstadt von Sambia, gibt es eine Anhöhe mit 30 berühmten Gräbern. Dort ruhen in einem Halbkreis die Stars der sagenumwobenen Nationalelf, die im April 1993 bei einem bis heute nicht aufgeklärten Flugzeugabsturz umkamen. Der Allmächtige habe niemals ein besseres Team geschaffen, hieß es. Einige Familien wollten die Toten nicht hergeben, aber sie sind Volkseigentum, und sie helfen jedes Match zu gewinnen. Wie sagte einst Bill Shankley, der berühmte Fußballer aus Liverpool: «Das Fußballspiel ist keine Angelegenheit von Leben und Tod, es ist wichtiger als das.»[9]

Die Eintrittskarte nach Europa

Vielleicht bekommen wir in Europa und zumal in Deutschland durch die Arbeit von Fußballern oder überhaupt von Sportlern etwas von der Kraft der Afrikaner mit. Immerhin gibt es ja jetzt kaum noch eine Bundesligamannschaft, die ganz ohne die schwarzen Talente auskommt. Fußball ist heute der einzige Weg, sich ein Visum mit Arbeits- und unbeschränkter Aufenthaltserlaubnis für das gelobte Land Europa zu erstreiten. Da sind unsere Konsulate auf Draht. Wenn jemand von einem Club in Deutschland gekauft wird, dann hat er beim Visum ein leichtes Spiel.

Zwei Drittel der 370 Spieler, die 2007 in Afrika am *African Nations Cup* teilnahmen, verdienen ihr üppiges und für die Afrikaner völlig unerreichbares Geld im Ausland. Besonders hoch ist der Anteil afrikanischer Spieler in Frankreich und in Belgien. Zu den afrikanischen Stars bei der WM in Deutschland zählten der Spieler der Elfenbeinküste Didier Drogba, der bei FC Chelsea spielt, Emmanuel Adebayor aus Togo, der damals für den FC Arsenal dribbelte, und der Ghanaer Michael Essien, der mit dem französischen Klub Olympique Lyon Meister wurde und 2006 für eine Transfersumme von 38 Millionen Euro nach England zum FC Chelsea verkauft wurde.

Dennoch finden wir einen tief sitzenden Rassismus, gerade unter jungen deutschen Fans, die manchmal alkoholisiert, in jedem Fall aber raubeinig diese Fußballspiele als Ventil benutzen. Es gibt zwar einen Strafenkatalog für solche Fälle bei der FIFA, es gibt Psychologen in den Vereinen, Fanprojekte, Vertrauensleute. Aber das alles konnte bisher noch nicht solche rassistischen Ausschreitungen wie bei einem Spiel des FC Sachsen Leipzig gegen den jungen Nigerianer Adebowale Ogungbure verhindern, als die Vereinsfans Parolen gröhlten wie «Scheiß Nigger!», «Bimbo», «Affe, verpiss Dich!» Der schwarze Schauspieler Charles Huber, der senegalesische Wurzeln besitzt und eine Initiative für diskriminierte schwarze Fußballer in Deutschland gegründet hat, sagte als Versuch einer Erklärung, dass «Hooligans nicht in den Aufsichtsräten einer Dax-notierten Firma sitzen, sondern selber erfolglose Menschen sind, die andere abbauen, um sich aufzubauen».[10] Versteht das ein afrikanischer Fußballer, und hilft ihm das, bei solchen Anfeindungen cool zu bleiben? Gerald Asamoah war bei Schalke 04 längst sehr angesehen, als er immer noch in manchen Stadien angepöbelt wurde. Wichtig ist, dass die Öffentlichkeit solche Pöbeleien drakonisch mit dem Entzug des Wohlwollens für den betreffenden Verein bestraft.

Die Südafrikaner sind gerade emsig dabei, sechs neue Fußballstadien zu bauen und vier bestehende umzubauen. Es gäbe bei einigen Stadien noch Einsprüche von Anliegern, die gerichtlich geklärt werden müssen, heißt es, aber die Regierung und der Sportbund haben versichert: Die WM ist nicht gefährdet. Es wird eine Eisenbahnlinie zwischen Johannesburg und Pretoria geben, also eine 80 km lange Zugverbindung, die rechtzeitig zur WM fertig werden wird. Das ist sensationell, da es in den letzten 50 Jahren nirgendwo in den afrikanischen Ländern gelungen ist, eine neue Eisenbahnstrecke zu bauen. Für die WM in Deutschland 2006 wurden etwa 1,5 Milliarden Euro in den Ausbau der Stadien investiert. In Südafrika sind es jetzt sogar rund 2,5 Milliarden Euro. Hinzu kommen die übrigen Infrastrukturmaßnahmen, die in den fünf Jahren vor der WM circa 13 Milliarden Euro verschlungen haben. Die Südafrikaner sind zu Höchstleistungen in der Lage, wenn man sie fordert.

Trotzdem zittern wir alle ein wenig vor Aufregung über dieses für die Völkergemeinschaft so wichtige Ereignis Fußballweltmeisterschaft.

Ich weiß noch, wie ich als blutjunger fußballbegeisterter Knirps die Übertragung des Endspiels um die Fußballweltmeisterschaft zwischen der deutschen Mannschaft und der hochfavorisierten Mannschaft von Ungarn verfolgte. Die deutsche Mannschaft gewann überraschenderweise mit 3 : 2. Selten hat ein Fußballspiel größere politische Emotionen bei uns Deutschen freigesetzt als der Ausgang des Turniers 1954. Es war für die Deutschen so etwas wie die durch die Fußballleistung ratifizierte Rückkehr in die Völkerfamilie. So ähnlich stelle ich mir für den geschundenen und noch lange nicht selbstbewussten und erfolgreichen Kontinent Afrika die Wirkung des größten Fußballturniers 2010 vor, wenn der Ablauf sich als Erfolg erweist, vielleicht aufgrund der Spiel- und Lebensfreude der Afrikaner auch noch ein großes Friedens- und Spielerlebnis wird.

13
Die Kraft Afrikas

Der Afrikakorrespondent Thomas Scheen ist der Grund, weshalb ich die *Frankfurter Allgemeine Zeitung* lese, obwohl mir ihre politische Ausrichtung nicht immer passt. Er ist jemand, der ähnlich wie Bartholomäus Grill, sein Kollege von der *ZEIT*, den gesamten Kontinent kennt. Das heißt nicht, dass er alle kleinen und kleinsten Staaten kennen muss. Aber er hat einen großen Überblick, und er hat ihn, weil er nicht ängstlich ist und weil er Afrika liebt. Das ist vielleicht die Hauptsache, um zu einem gerechten Urteil zu kommen. Ich muss sogar dem zustimmen, was er zu den Hilfsorganisationen sagt. Und Gott sei Dank haben die Grünhelme keine Pressestelle, wo ein Festangestellter um sein Gehalt bangen müsste, würde er die Sätze von Thomas Scheen lesen: «Dass Afrika Entwicklungshilfe braucht, ist eine Erfindung des Westens. Genauer gesagt: Der Hilfsorganisationen, die davon leben, der Welt zu erzählen, wie unabdingbar sie sind. Dabei entbindet Entwicklungshilfe die lokalen Eliten von ihrer eigenen Verantwortung, weil das Geld unter allen Umständen fließt.» Und dann holt Thomas Scheen zum letzten Schlag aus: «Der Unterschied in der Betrachtung Afrikas hat vermutlich etwas mit unterschiedlichen Lebenserfahrungen zu tun. Aus dem gesättigten Europa mit seiner Vollkaskomentalität heraus gesehen erscheint Afrika als ein hoffnungsloser Fall. Aus dem hungrigen Russland betrachtet indes, ist es ein Anlass für vielfältige Hoffnungen.»[1]

Scheen hinterfragt immer wieder kritisch unsere Vorstellungen von Afrika. Es könne z. B. nicht stimmen, dass so viele mit einem Dollar pro Tag um das Überleben kämpfen, wenn man sich die gigantische Zunahme der Mobiltelefon-Besitzer ansehe, die 2010 auf 300 Millionen ansteigen soll. Wenn die Zahlen, die uns erzählt werden, stimmen, woher nehmen die Menschen das Geld dafür? Allein im Kongo, dem Land ohne jede Infrastruktur, gab es 2007 etwa 6,2 Millionen Handys. Und jeder,

der eines besitzt, vertelefoniert zwischen 12 und 20 US-Dollar im Monat. Bei rund 52 Millionen Einwohnern im Kongo gehen die cleveren Mobilfunkbetreiber von künftig 20 Millionen Kunden aus. Deshalb – so Thomas Scheen – ist das ein 400- Millionen-Dollar-Markt. In Afrika ist vieles anders, als es dem voreingenommenen Beobachter erscheint.

Wenn wir nur mit unseren eigenen Maßstäben und Erwartungen an den Kontinent herangehen, dann drohen wir den Blick für die eigentliche Kraft Afrikas zu verlieren. Sie mag auf anderen Wurzeln beruhen und sich anders äußern als wir es aus unseren Gesellschaften kennen. So war und ist der Einfluss der von außen gekommenen und mit Geld, Waffen und Technologie sich ausbreitenden Missionsgesellschaften und ihrer neuen Kirchen bis heute nicht stärker als der alte Natur- und Geisterglaube, der in afrikanischen Ländern weiter vorherrscht. In Afrika geben die verstorbenen Angehörigen den Menschen Kraft und das Gefühl, durch deren Anwesenheit gestärkt zu werden. Das Gleiche gilt bei der Geburt eines neuen Kindes: Auch das gibt das Gefühl, dass man wiedergeboren sei. Die Geister können im Lebensgefühl der Menschen eine große Kraft bedeuten, daneben aber ein Alibi liefern: «Ein böser Geist hat mich dazu getrieben, etwas Schlimmes zu tun», heißt es oft in afrikanischen Berichten.

Der Glaube an Gott, die Natur, die Geister der Natur war in Afrika immer umfassend und allgegenwärtig. Richard Dowden, der jahrzehntelang als Journalist für große britische Medien berichtete, schrieb: «Ich habe in all den zwanzig Jahren in ganz Afrika nur zwei Afrikaner getroffen, die sagten, sie glauben nicht an Gott.» Die meisten Afrikaner seien enthusiastische Anhänger des Koran oder der Bibel. Aber die meisten verlören eben auch nicht die Elemente der traditionellen Naturreligionen. Zusätzlich zu Jesus Christus und dem Propheten Mohammed glauben einige noch immer an lokale Geister, die die Schicksale kontrollieren, die besonders Felsbrocken, Bäume, Flüsse und Tiere bewohnen und behexen. «Im tiefsten Herzen von Afrika mit all seinen unmittelbaren und physischen Schmerzen und seiner Freude – nahe am Leben und Tod – liegt ein tiefer Sinn für das Geheimnis und das Übernatürliche.»[2]

Man wundert sich als Europäer oft über eine Fähigkeit der Afrikaner – wenn man sie so bezeichnen will –, die uns Europäern ganz abgeht: das Verzeihenkönnen. In Sierra Leone haben wir erlebt, dass ehemalige

Rebellen der RUF *(Revolutionary United Front)* nach den fürchterlichsten Gewalttaten, nach Amputationen, die sie absichtlich an ihren Landsleuten vorgenommen hatten, in ihre Dörfer und Häuser zurückgingen und wieder unbehelligt Mitglieder der Gesellschaft werden konnten. Allerdings gelang ihnen dies nicht immer. In einem Dorf sagten die Bewohner, man habe die RUF-Kämpfer im Fluss abgewaschen. Aber was wie ein Reinigungsritual klang, war in Wahrheit etwas ganz anderes. Die RUF-Kämpfer, meist noch junge Kinder, wurden am Ufer des Flusses an Baumstämme gebunden, und als das Wasser stieg, sind sie ertrunken. Der Fluss hat sie getötet. Niemand hatte eine menschlich-gesellschaftliche Verantwortung.

Wir erlebten den Geist der schnellen Vergebung auch nach einem der ersten grässlichen Bürgerkriege in Afrika, dem Biafra-Krieg. Damals war es die nigerianische Politik, die sehr schnell die Wunden heilte und Rache und Strafaktionen verbot. «No victor, no vanquished», hieß das Motto dieser Politik. In Europa wären auch die SWAPO und der ANC, die beiden großen, wie wir von hier aus sagen, ruhmreichen Parteien in Namibia und in der Südafrikanischen Republik, schon durch die Berichte über Verfolgungen und Menschenrechtsverletzungen im Exil nicht mehr handlungsfähig gewesen. Die SWAPO schickte 1980 die Rechtsanwältin Bience Gawanas nach Großbritannien, um dort auf die Öffentlichkeit einzuwirken. Eine sehr schwere Aufgabe, denn in den britischen Schulen wusste man viel über Südafrika, aber wenig über Namibia. 1988 ging sie weiter nach Angola, wo die SWAPO ihr Hinterland hatte. Sie wollte auch ihren zehnjährigen Sohn dort besuchen. Als sie ankam, wurde sie von der Geheimpolizei der SWAPO festgenommen und grässlich gefoltert. Damals wurde in Europa über solche Fälle, die bekannt wurden, geschwiegen. Das hätte uns bei dem Kampf gegen die Apartheid gestört. Bience wurde irgendwann entlassen, war aber schwer traumatisiert. Sie kehrte in das befreite Namibia zurück. Eines Tages fuhr sie mit ihrem Auto durch Windhoek und musste halten, weil ein Bettler sie stoppte. Da erkannte sie in Sekundenbruchteilen den Mann, der sie in Angola gefoltert hatte. Sie hatte ihn auf der Stelle wiedererkannt. Sie drehte das Autofenster herunter, gab ihm 20 Rand und sagte hinterher: «Es war ein schöner Moment!»

Das größte Talent der Afrikaner: Überleben!

Nach unseren Kriterien müsste weit über die Hälfte der Afrikaner längst gestorben sein. Unser Jammer und unsere Restriktionen sind ja stetig im Wachsen begriffen. Kita-Erzieherinnen verlangen, dass kleine Kinder im Kindergarten nicht so viel Lärm machen und dass sie sich wegen der Hinwendung zu den kleinen wunderbaren Gotteskindern keine Rückenschmerzen einfangen. Polizisten stöhnen bei uns vor Erschöpfung, obwohl Afrikaner sie hier nur in Autos herumfahren sehen. Das Leben in Afrika ist viel anstrengender, risikoreicher als bei uns. Diese Menschen denken aber nicht daran zu sterben. Das war und ist bis heute die sensationelle Entdeckung von Mohammed Yunus, der in armen Ländern Kleinkredite vergibt. Wer es schafft, als afrikanische Mutter (oder auch Vater) von sieben Kindern im südsudanesischen Sudd mit einem Dollar pro Tag sein Leben zu bestreiten, muss ein glänzender Unternehmer und eine starke Persönlichkeit sein. Eine solche Frau oder ein solcher Mann wird mit einem Kleinkredit pfleglich und haushälterisch umgehen.

Einer der wenigen Afrikareporter, der wirklich etwas begriffen hat, Richard Dowden, rief bei einer Einbaumfahrt auf dem Ubangi-Fluss aus: «Survival is Africa's greatest talent.» Überall auf dem Kontinent kommen Afrikaner durch mit ihrer Gewitztheit und Beharrlichkeit unter Bedingungen, die uns in wenigen Tagen hingerafft hätten. Auch in einer Zeit, in der wir vor immer neuen Epidemien warnen, die uns in Europa kaum gefährlich werden können, in der wir angesichts der Nachrichten über schreckliche Infektionsraten bei Aids in Afrika schaudern, können wir doch wissen: Es wird in Afrika zwar gewaltiges Leiden und Sterben geben, immer mehr Kinder werden aufwachsen ohne Eltern, jeder wird noch ärmer werden. Aber die afrikanischen Gesellschaften werden dennoch überleben, so wie sie die Dürre und den Hunger, die Überschwemmungen und den Krieg immer schon überlebt haben.

Es gibt in Afrika wunderbare Frauen, die kämpfen und nicht aufhören, Mut zu machen. Ich lernte sie in Uganda kennen, in Ruanda, in Äthiopien, im Tschad, in Südafrika, überall. Sie waren HIV-positiv, aber sie gewannen dem Leben dennoch etwas ab. Wenn man den Kontinent, die Dörfer (die Hauptstädte sind meist nicht mehr afrikanisch, so haben die Europäer sie verändert) mit einem liebevollen Blick durchstreift, dann findet man überall diese wunderbaren Menschen, die die Glut der Hoffnung nicht erlöschen lassen. Sie legen immer Wert darauf, etwas Positives zu tun. Dort gibt es eine Menge solcher Frauen, die Heldinnen geworden sind. Wir können uns nicht annähernd vorstellen, welche Kraft und Freude Afrikaner aufzubringen in der Lage sind, um zu leben und zu überleben. Auf diesen Menschen und ihrem Engagement, auf neuen Initiativen von unten, von denen es inzwischen bereits eine ganze Menge gibt, beruht die Kraft Afrikas. Mit ihnen kann eine bessere Zukunft erreicht werden – auf einem eigenen afrikanischen Weg.

Auch Aids wird nicht mit unseren Vorstellungen besiegt werden, sondern mit den Vorstellungen der Afrikaner. Das Wichtigste für ein Land ist es, dass der Präsident oder die Präsidentin ganz offen und klar darüber redet. Das Musterbeispiel ist Uganda. Dort ist der Anteil der Infizierten an der Bevölkerung in den Städten durch eine gute staatliche Politik von 25 auf 6–7 Prozent gesunken. Als sich die Krankheit als kollektive Pandemie in Afrika mehr breitmachte als in anderen Kontinenten, gab es ein einziges, verachtetes Land in Afrika, das eine vorbildliche offene und transparente Haltung einnahm und das auch gleich anmahnte, was zu tun sei. Der Präsident an der Spitze, eine wunderbare Organisation an der Basis, die bis heute als die beste in ganz Afrika gepriesen wird: TASO. Und eine katholische Kirche, die auf ihre Weise auch mitmachte. So hingen an verschiedenen Bäumen in den Städten Ugandas verschiedene aufmunternde Anti-Aids-Plakate. Manchmal hingen zwei Plakate direkt über- oder nebeneinander. Das der staatlichen Behörde lautete: «Love carefully!», das daneben hängende Plakat der katholischen Organisation schrieb die Botschaft mit einem Wort anders: «Love faithfully!» Niemand merkte, dass das zwei verschiedene Seiten ein und derselben Aufforderung waren. Wir haben uns darüber königlich amüsiert.

Schaffen wir ein Eurafrika?

Wir könnten in den nächsten Jahrzehnten einiges von den Afrikanern lernen, Freundschaft, Zusammenhalt, Trauer- und Schmerzverarbeitung, mehr Kinder zu bekommen. Der Dozent Jürgen Freers an der medizinischen Fakultät der Uni in Kampala ist sich ganz sicher, dass wir noch eine Menge lernen werden. Seine Mutter war gerade vor einigen Wochen in Hannover gestorben. Er erzählte, wie seine ugandische Frau ganz selbstverständlich mit ihm zu der Beerdigung mitgeflogen und einige Wochen dageblieben ist, weil sie ja mit seinem Vater Trauerarbeit machen musste, nach ugandischer Sitte, durch das Durchsprechen aller Situationen, in denen ein Mensch in solch einer Lage des – wie man deutsch so schön sagt – Zuspruchs bedarf. Freers Vater war davon ganz entzückt, nachdem er zuerst skeptisch reagiert hatte.

Indem wir Europäer langsam aufhören, in kolonialen Kategorien zu denken, haben wir noch nicht den Weg gefunden, unsere Präsenz in Afrika neu zu beginnen und aufzubauen. «Eurafrika» – unter diesem Begriff wurde 1957 im Umfeld der Verhandlungen über die Römischen Verträge diskutiert, wie der Kolonialbesitz in Afrika in die neue Europäische Wirtschaftsgemeinschaft einbezogen werden sollte. Welches nachkoloniale Eurafrika können wir heute zusammen mit den Schwarzafrikanern schaffen? Wir hatten in den vergangenen Jahrzehnten ein gutes oder zumindest dominierendes Alibi, wenn es um Afrika ging: Wir hatten den Kalten Krieg. Afrika war als unabhängig werdender Kontinent aufgeteilt zwischen Ost und West, den Kräften der Finsternis und den Kräften des Lichts. Und wir im Westen repräsentierten das Licht. Das hat dazu geführt, dass wir miserable Eliten unterstützten, die fetten Katzen immer fetter gemacht haben. Und die Zeit seit 1989 war noch zu kurz für uns Europäer, uns aus diesem Pfuhl zu befreien. Aber wir werden es lernen. Der Kontinent ist in einer miserablen Verfassung, aber er wird nicht wiederhergestellt durch die Bataillone der GTZ oder der *Kreditanstalt für Wiederaufbau*, auch nicht durch Diplomaten und Politiker, die nichts als die Konferenz-Realität kennen. Diese Menschen sind nicht in der Lage, das Spezifische, das Verschiedene in Afrika zu erkennen.

«Eurafrika» ist uns in unserer Lebenszeit als Aufgabe gegeben. Wir sind von der Migration betroffen und werden sie nicht wegschieben können. Für mich entscheidet sich die Zukunft Eurafrikas an dem Engagement, mit dem wir den afrikanischen Jugendlichen begegnen, egal, ob sie in ihren Ländern bleiben oder sich auf den Weg machen nach Europa! 1999 fanden sich zwei Jugendliche aus Conakry/Guinea, Yaguine und Fode, erfroren im Radlager eines Flugzeuges, das in Guinea gestartet und mit ihnen in Brüssel gelandet war. Ihre Hoffnung hatte darin bestanden, ein Land zu finden, in dem junge Schwarzafrikaner besser leben können. Sie hinterließen uns eine Botschaft. In dem Brief heißt es in einer Art unverdorbener Naivität: «Wir appellieren an Ihre Solidarität und Freundlichkeit und bitten um Hilfe für Afrika. Helfen Sie uns, wir leiden sehr in Afrika. Helfen Sie uns, wir haben Probleme, und Kinder haben keine Rechte. An Problemen haben wir Krieg, Krankheit, Nahrungsmangel usw.» Ihren Brief haben sie an «die Herren von Europa» adressiert: «Wir bitten Sie, eine große Organisation zu gründen, die Afrika hilft, damit es Fortschritte machen kann.» Die beiden 14 und 15 Jahre alten Jugendlichen schrieben: «Wenn Sie also sehen, dass wir unser Leben riskieren, dann ist es deshalb, weil wir in Afrika zu sehr leiden und weil wir Sie brauchen, um gegen diese Armut anzukämpfen, und dem Krieg in Afrika ein Ende zu bereiten.» Sie waren sich all der Gefahren bewusst, die sie mit der Reise auf sich nahmen, und hatten trotzdem diesen Traum, den Traum, dieselben Möglichkeiten zu haben wie die Europäer: «Trotz allem wollen wir etwas lernen, und wir bitten Sie, uns bei der Ausbildung zu helfen, damit wir in Afrika einmal so sein können wie Sie.»[3]

Trotz eines gewissen Stolzes auf die eigene Kultur herrscht in Afrika der große Wunsch nach einem Lebensstandard wie in Europa. Aber man ist sich auch bewusst, dass das mit Ausbildung, mit dem Lernen eines Berufes, mit Fleiß und Disziplin zusammenhängt. Ich war im Januar 2009 in Nouadhibou in Mauretanien, wo wir dem jungen nigerianischen Pfarrer Jerome Dukayo eine Sozialstation als Ausbildungsstätte mit ganz vielen Räumen gebaut haben. Dort hatten wir eine große Sitzung mit jungen klandestinen Schwarzafrikanern aus nicht weniger als 16 Ländern. Der engagierte Nigerianer kann jetzt schon eine Erfolgsmeldung für sich verbuchen: Die Zahl der gefährlichen Passagen mit einer Piroge ist zurückgegangen, weil viel mehr junge Leute sein Ausbildungsprogramm mitmachen. Er hielt den letzten Bericht von *Amnesty International* in die Luft: «Personne ne veut de nous?!» Keiner will uns haben, keiner will mit uns was zu tun haben, auf gut deutsch. Diese engagierten, lernbegierigen und fleißigen jungen Afrikaner machen Hoffnung für die Zukunft und zeigen das Potenzial, das Afrika für eine Entwicklung aus eigener Kraft besitzt. Ich muss am Ende ganz persönlich etwas sagen, das weder politisch noch repräsentativ ist. Ich wundere mich immer, dass wir Afrikafahrer schon deshalb als Helden gelten, weil wir die Gefahren durch Viren, Amöben, Aids, Malaria, Tuberkulose usw. aushalten und ihnen trotzen. Das erzeugt immer wieder das Gefühl, es sei ganz wahnsinnig gefährlich. Das ist es aber nicht. Im Gegenteil. Ich fühle mich in afrikanischen Breiten, zumal im ländlichen Raum in Ruanda, Uganda, Kongo, immer sauwohl. Ich esse dort besseres und gesünderes Essen als in Deutschland, ich atme dort bessere und gesündere Luft, folge einem gesünderen Tagesablauf. Im *Nelson Mandela Educational Centre* gibt es keinen Fernseher, die Nahrungsmittel haben nichts mit Chemie zu tun, wir kaufen sie täglich frisch vom Markt in Nyamata. Wir sind daher gut beraten, uns für die alternative «afrikanische Lebensweise» offenzuhalten.

Thomas Scheen hat eine andere Grunderfahrung, die ihn geneigt macht, dem Kontinent viel Kraft und Stärke zuzutrauen: Er wird immer von mitleidigen Redakteuren in Frankfurt gefragt, wohin er denn reise, wenn er sich einmal von Afrika erholen wollte. Seine Antwort sei dann immer gleich: «Durch Afrika.» Er könne sich einfach nicht sattsehen an diesem Kontinent: an der majestätischen Weite der Kalahari-Wüste, an dem Anblick von Hunderten Hammerhaien in der Bucht von Mogadischu, an dem malerischen Kivu-See in Ruanda und Kongo, an den bunten Märkten von Niamey und Lome.

Afrika, You Can

Ich bin mir sicher: Afrika kann in 30 Jahren den Anschluss an die moderne Welt schaffen, auf seine Art versteht sich. Denn am Fleiß und an der Mentalität liegt es nicht und schon gar nicht an den Genen. Aber auch nicht an den Milliarden Euro oder Dollar, die ausgeschüttet werden müssen über dem Kontinent: «Flood the country with cash!», das war die Botschaft der fortschrittsgläubigen US-GIs, die 1991 nach Somalia kamen, um das Land in Ordnung zu bringen. Das Problem ist auch nicht durch eine Entschädigungsleistung der europäischen Kolonialstaaten zu lösen oder durch die nie erreichten 0,7 Prozent des Bruttosozialprodukts, die jede Industrienation gnädig zu geben hätte. Lösen können es nur die politischen Eliten Afrikas selber. Sie müssen endlich aufhören, die von ihnen beherrschten Länder auszusaugen, und anfangen, sich um das Wohl ihrer Bevölkerungen zu sorgen. Dann kann sich die Kraft der vielen Afrikaner, die sich ein besseres Leben erarbeiten wollen, endlich voll entfalten.

Was Afrika dafür braucht, sind Vorbilder, und es hat sie ja durchaus gegeben, die politischen Führer, die für ihre Landsleute gearbeitet haben und an deren Vermächtnis man sich heute orientieren kann. Etwa Steve Biko, der charismatische Kämpfer gegen die Apartheid, der es schaffte, den schwarzen Studenten Selbstbewusstsein zu geben, und vom südafrikanischen Regime zu Tode gefoltert wurde. Oder Thomas Sankara, der 33-jährige Offizier der Armee von Obervolta, das unter ihm zu dem Staat Burkina Faso wurde, der ein einfaches Leben führte und durchsetzte, dass es 1984 zu einer Massenimpfung von 2,5 Millionen Kindern in nur 15 (!) Tagen kam. 1985 ließ er 10 Millionen Bäume pflanzen, und 1987 machte er sich an die Alphabetisierung. Doch sein Mitkämpfer Blaise Compaore stürzte ihn und ließ ihn am 15. Oktober 1987 umbringen. Ein Steve Biko und ein Thomas Sankara – das sind die wahren Helden, auf die sich Afrika besinnen muss. Und natürlich Nelson Mandela, der 2010 den Pokal der Fußballweltmeisterschaft als über 90-Jähriger übergeben wird. An diesen Vorbildern muss sich Afrika orientieren, dann ist der Kontinent noch nicht verloren.

Enden soll dieses Buch mit der Nationalhymne des neuen Südafrika, die für mich alle Hoffnungen ausdrückt, die ich für den Kontinent hege. Gehört habe ich sie zum ersten Mal in einem Bonner Kinosaal während meiner Studentenzeit. Sie erklang über dem Abspann des Films «Cry Freedom» von Richard Attenborough, in dem das Schicksal Steve Bikos erzählt wird. Ich saß damals im Dunkeln des Saales voller Trauer über den Tod dieses Hoffnungsträgers der südafrikanischen Befreiungsbewegung und war ergriffen von der Überzeugung, dass dieses schreckliche südafrikanische Regime verschwinden müsse. Da erklang diese Melodie der Hoffnung, die zukünftige Hymne des freien Südafrika. Sie ist jetzt das eindrücklichste Symbol der Regenbogengesellschaft, denn die erste Strophe wird in Xhosa/Zulu, die zweite in Süd-Sotho, die dritte in Afrikaans, die vierte in Englisch gesungen.

Nkosi Sikelel' i Afrika
Maluphakanyisw' uphondo Iwayo,
Yizwa imithandazo yethu,
Nkosi sikelela, thina lusapho Iwayo.

Morena boloka setjhaba sa heso,
O fedise dintwa la matshwenyeho,
O se boloke, O se boloke setjhaba sa heso,
Setjhaba sa South Afrika – South Afrika.

Uit die blou van onse hemel,
Uit die diepte van ons see,
Oor ons ewige gebergtes,
Waar die kranse antwoord gee,

Sounds the call to come together,
And united we shall stand,
Let us live and strive for freedom,
In South Africa our land.

Herr, segne Afrika.
Gepriesen sei Dein Ruhm,
Erhöre unsere Gebete,
Herr, segne uns, Deine Familie.

Herr, beschütze Dein Volk,
Beende die Kriege und Zwistigkeiten,
Beschütze Du, Herr, Dein Volk,
Volk von Südafrika, Südafrika.

Aus dem Blau unseres Himmels,
Aus der Tiefe unserer See,
Über unseren ewigen Bergen,
Wo die Gipfel Antwort geben,

Klingt der Ruf der Einigkeit,
Und zusammen stehen wir,
Lasst uns leben und kämpfen für die
Freiheit,
In Südafrika, unserem Land.

Danksagung

Dank sagen will ich dem Somali, der zum Äthiopier wurde: Abdulkarim Ahmed Guleid, den der damalige Bundespräsident Richard von Weizsäcker auf unsere flehentlichen Bitten aus dem äthiopischen Gefängnis herausholte. Er war mein bester afrikanischer Wegbegleiter. Als Muslim wurde er auch mein erster verlässlicher Zeuge dafür, wie sich die Vertreter verschiedener Religionen gut verstehen können, wenn sie denn nur Vertrauen zueinander haben. Ein weiterer Wegbegleiter war Alois Tegera, der zu den «Weißen Vätern» gehörte, austrat und jetzt der Leiter eines wichtigen Informationsinstituts in Goma (Kongo) ist. Die humanitäre und Feindschaften überwindende Kraft Afrikas wurde mir in Eugenie Musayidire (Ruanda) deutlich, die es wagte, dem Mörder ihrer Mutter zu begegnen, weil sie nicht begreifen konnte, wie es dazu kam, dass Nachbarn sich mit Macheten umbrachten – und dann noch in einem sogenannten katholischen Land.

Dank auch an den mutigsten Bischof, den ich zu Lebzeiten erleben durfte: Pius Ncube in Bulawayo (Simbabwe), der dem Diktator Robert Mugabe freimütig und ohne jede Angst entgegentrat. Erst der Vatikan hat ihn aus der Bahn geworfen, weil man in Rom den Einflüsterungen von Mugabes Geheimdienst mehr vertraute als den Äußerungen des mutigen Bischofs. Mein Lieblingsbischof in Afrika ist – ein Deutscher: Martin Happe in Nouakchott (Mauretanien). Er ist der politisch reifste und modernste Bischof, den ich auf dem katholischen Erdenrund bisher kennengelernt habe.

Mein Dank gilt auch den vier Korrespondenten: Thomas Scheen *(FAZ)* in Südafrika, der es schafft von dort aus in alle Winkel Afrikas zu gelangen, Arne Perras *(Süddeutsche Zeitung)*, der sein Lager in Kampala (Uganda) aufgeschlagen hat, Bartholomäus Grill *(DIE ZEIT)* für alle hilfsbereite Unterstützung und Begleitung und Johannes Dieterich *(Frankfurter Rundschau)* für Gastfreundschaft und Information.

Die besten Gespräche und die eindringlichste Weggenossenschaft hatte ich in Afrika mit Stefan Klein von der *Süddeutschen Zeitung*. Nicht vergessen darf ich die immer anregenden langen Gespräche mit dem Afrika-Beauftragten des Auswärtigen Amtes, Harald Ganns, dessen Liebe zum afrikanischen Fußball und den Menschen in Afrika mich beflügelte. Dank schulde ich auch Klaus Otto Nass, der mein Bild des Sudan in der Zeit von dessen exklusiver Partnerschaft mit dem Bundesland Niedersachsen zurechtrückte. Schließlich danke ich Volker Seitz, Prof. Winfried Pinger, Prof. Franz Nuscheler und Kurt Gerhardt, den Mitkämpfern für eine Reform der Entwicklungspolitik an Haupt und Gliedern.

Bildnachweis

Abb. 1 picture-alliance / dpa. *Abb. 2* cartomedia, Karlshuhe – Wissen 2448. *Abb. 3* getty – Saul Loeb / AFP/Getty Images. *Abb. 4* Ullstein Bild. *Abb. 5* Ullstein-Bild / Haeckel Archiv. *Abb. 6* picture-alliance – Simon/AFP/dpa. *Abb. 7* akg-images akg. *Abb. 8* Ullstein Bild. *Abb. 9* akg-images akg. *Abb. 10* Ullstein Bild / TopFoto. *Abb. 11* Grünhelme e. V. *Abb. 12* Grünhelme e. V. *Abb. 13* Ullstein Bild / Impact. *Abb. 14* Grünhelme e. V. *Abb. 15* picture-alliance – Marion Herud. *Abb. 16* getty – Aaron Ufumeli/AFP/Getty Images. *Abb. 17* Grünhelme e. V. *Abb. 18* getty – Desiree Martin / AFP/Getty Images. *Abb. 19* picture-alliance / dpa. *Abb. 20* Imago / Xinhua. *Abb. 21* Grünhelme e. V. *Abb. 22* Grünhelme e. V. *Abb. 23* Grünhelme e. V. *Abb. 24* Grünhelme e. V. *Abb. 25* Grünhelme e. V. *Abb. 26* picture-alliance /Jean-Pierre Muller/AFP – dpa. *Abb. 27* Interfoto/Zill

Anmerkungen

1
Gibt es ein Afrika?

1 Chimamanda Ngozi Adichie in einem Interview mit der Frankfurter Allgemeinen Zeitung, 18. 11. 2006.
2 Zit. nach: Hundert Jahre Afrika und die Deutschen, hrsg. von Wolfgang Höpker, Pfullingen 1984 S. 143.
3 Ryszard Kapuscinski: Afrikanisches Fieber. Erfahrungen aus vierzig Jahren, München 2001, S. 104.
4 G. W. F. Hegel: Vorlesungen über die Philosophie der Geschichte, Frankfurt/M. 1999, S. 129 (Werke, Bd. 12).
5 Eugène Pittard: Les Races et L'Histoire, Paris 1953, S. 505.

Teil A
Die Last der Vergangenheit

2
Kolonialisierung und Sklaverei

1 Joseph Ki-Zerbo: Geschichte Schwarzafrikas. Wuppertal 1979, S. 503.
2 Zit. nach Andreas Eckert: Eine bescheidene Bilanz, in: Spiegel Spezial Geschichte 2/2007 vom 22. 5. 2007, S. 26.
3 Claude Lévi-Strauss: Traurige Tropen, Frankfurt/M. 1978, S. 31, 35.
4 Ebd., S. 412.
5 Sebastian Conrad: Deutsche Kolonialgeschichte, München 2008, S. 65–75.
6 Zit. nach John Charles Hatch: Nigeria: A History, London 1971, S. 126.
7 Zit. nach H. L. Wesseling: Divide and Rule: The Partition of Africa 1880–1914, Westport/Conn. 1996, S. 283.
8 Sebastian Conrad: Deutsche Kolonialgeschichte, München 2008, S. 49.
9 Eric Wolf: Die Völker ohne Geschichte. Europa und die andere Welt seit 1400, Frankfurt/M. 1986, S. 290.
10 Wole Soyinka: Die Last des Erinnerns. Was Europa Afrika schuldet und was Afrika sich selbst schuldet, Düsseldorf 2001, S. 40.
11 Ebd., S. 41.

12 Ebd., S. 76.

13 Ebd., S. 52.

14 Arnold Toynbee: Kultur am Scheideweg, Zürich/Wien 1949, S. 90.

3
Die christliche Mission und die Rolle der Kirchen

1 Lothar Simmank: Der Arzt. Wie Albert Schweitzer Not linderte, Berlin 2008, S. 39.

2 Zit. nach ebd., S. 109.

3 Sebastian Conrad: Deutsche Kolonialgeschichte, München 2008, S. 71–74.

4 Volkmar Köhler: „Afrika, gestern, heute und morgen", Reden und Aufsätze, Bonn o. J., S. 20 (Aufsatz: Anmerkungen zur Rolle der Kirchen in der deutschen Afrika Politik vom Mai 2002).

5 Sebastian Conrad: Deutsche Kolonialgeschichte, München 2008, S. 74.

6 Ebd., S. 75.

7 Vgl. den Artikel von Nikolaus Klein: Die Debatte um ‹integrale Inkulturation›. Zur Sondersynode für Afrika, in: Orientierung, 15. Juni 1994.

8 Ebd.

4
Das Versagen der Kirche beim Völkermord in Ruanda

1 Frankfurter Rundschau, 18. 8. 1994.

2 Lea Ackermann: Erziehung und Bildung in Rwanda. Probleme und Möglichkeiten eines eigenständigen Weges, Frankfurt/M. 1978.

3 Privater Reisebericht Lea Ackermann. Original im Besitz des Autors.

4 Frankfurter Rundschau, 18. 8. 1994.

5 Ferdinand Schlingensiepen: Dietrich Bonhoeffer (1906–1945). Eine Biographie, 4., durchges. Aufl., München 2007, S. 314.

5
Deutschland und Afrika

1 Zit. nach Hans Georg Steltzer: Die Deutschen und ihr Kolonialreich, Frankfurt/M. 1984, S. 16.

2 Zit. nach Horst Gründer: Geschichte der deutschen Kolonien, 5. Aufl., Paderborn 2004, S. 51.

3 Zit. nach Helgard Patemann: Lernbuch Namibia. Deutsche Kolonie 1884–1915, Wuppertal 1985, S. 23.

4 Zit. nach Volker Ullrich: Die nervöse Großmacht 1871–1918. Aufstieg und Untergang des Kaiserreichs, 4. Aufl., Frankfurt/M. 2001, S. 99.

5 Thomas Pakenham: Der kauernde Löwe: Die Kolonisierung Afrikas 1876–1912, Düsseldorf 1993, S. 406 ff.

6 Sebastian Conrad: Deutsche Kolonialgeschichte, München 2008, S. 60 f.

7 Paul Frank: Entschlüsselte Botschaft. Ein Diplomat macht Inventur, München 1985, S. 186.

8 Erich Schmidt-Eenbom: BND. Der deutsche Geheimdienst im Nahen Osten, München 2007, S. 167.

9 Franz Nuscheler: Lern- und Arbeitsbuch Entwicklungspolitik, 4. neu bearb. Aufl., Bonn 1995, S. 384.

10 Hanns W. Maull: Quo Vadis, Germania? Außenpolitik in einer Welt des Wandels, in: Blätter für deutsche und internationale Politik 10/1997, S. 1256.

Teil B
Vergebene Chancen

6
Afrika in der Unabhängigkeit

1 Paul Frank: Entschlüsselte Botschaft. Ein Diplomat macht Inventur, München 1985, S. 191.

2 Zahlen nach John Iliffe: Geschichte Afrikas, München 1997, S. 340.

3 Paul Collier: Die unterste Milliarde. Warum die ärmsten Länder scheitern und was man dagegen tun kann, München 2008.

4 Parag Khanna: Der Kampf um die zweite Welt. Imperien und Einfluss in der neuen Weltordnung, Berlin 2008, S. 273.

7
New Breed of Leadership

1 Robert Calderisi: The trouble with Africa. Why Foreign Aid isn't working, London 2007, S. 200.

2 Keith B. Richburg: Jenseits von Afrika. Eine Konfrontation mit dem Land meiner Vorfahren, Stuttgart 1998, S. 183.

3 http://www.spiegel.de/politik/ausland/0,1518,525930,00.html.

4 Thilo Thielke: Kenia. Reportagen aus dem Inneren eines zerrissenen Landes, Frankfurt/M. 2008, S. 33.

5 Ebd., S. 34/35.

6 Ebd., S. 36.

7 Stephen Kinzer: A Thousand Hills. Rwanda's Rebirth and the Man Who Dreamed it, Hoboken, New Jersey 2008, S. 221 f.

8 Ebd., S. 214.

9 Martin Meredith: Robert Mugabe. Power, Plunder and Tyranny in Zimbabwe, Johannesburg 2002, S. 27.
10 Ebd., S. 66.
11 In einem Interview mit dem Autor für den Deutschlandfunk 2006.

8
Warum ist Ghana nicht Südkorea?

1 Keith B. Richburg: Jenseits von Afrika. Eine Konfrontation mit Afrika, dem Land meiner Vorfahren, Stuttgart 1998, S. 234.
2 Robert von Lucius: Hundert Jahre Afrika und die Deutschen, Pfullingen 1984, S. 103.
3 Paul Collier: Die unterste Milliarde. Warum die ärmsten Länder scheitern und was man dagegen tun kann, München 2008, S. 77–88.
4 Ebd., S. 82.
5 Jürgen H. Wolff: Entwicklungshilfe: Ein hilfreiches Gewerbe?, Münster 2005, S. 172.
6 Paul Collier: Die unterste Milliarde. Warum die ärmsten Länder scheitern und was man dagegen tun kann, München 2008, S. 53.
7 Lydia Polgreen: «Ghana's success story tarnished by troubles», International Herald Tribune 24. 12. 2008.
8 Stephen Kinzer: A Thousand Hills. Rwanda's Rebirth and the Man Who Dreamed it, Hoboken, N. J. 2008, S. 6.

Teil C
Gegenwart und Zukunft

9
Der Marsch

1 Lutz Mükke: Journalisten der Finsternis. Akteure, Strukturen und Potentiale deutscher Afrika-Berichterstattung, Köln 2009, S. 404.
2 Corinna Milborn: Gestürmte Festung, Wien/Graz 2006, S. 18/19.
3 Ebd., S. 21.

10
Die Chinesen kommen

1 Chris Alden: China in Africa. London 2007, S. 18 f.
2 Ebd., S. 74.
3 Ebd., S. 64 f.

4 Ebd., S. 83.
5 Ebd., S. 52.

11
Entwicklungshilfe und Entwicklungshelfer

1 Julius Nyerere: Freiheit und Entwicklung, hrsg. vor der Arbeitsgemeinschaft evangelischer Kirchen in Deutschland e. V. – Dienste in Übersee; Texte zur Arbeit von «Dienste in Übersee» 10, S. 16.
2 Horst Dumke, in: Winfried Böll/Erika Wolf (Hg): 25 Jahre Dialog und Training, Baden-Baden 1985, S. 22.
3 Zit. nach Jürgen H. Wolff: Entwicklungshilfe: Ein hilfreiches Gewerbe?, Münster 2005, S. 246.
4 Ebd., S. 254.
5 Paul Parin: Zu viele Teufel im Land. Erfahrungen eines Afrikareisenden, Klagenfurt 2008, S. 107.
6 Ebd., S. 138.

12
Was gibt es Größeres als Nelson Mandela, die afrikanische Tierwelt und den afrikanischen Fußball?

1 John Carlin: Der Sieg des Nelson Mandela, Freiburg 2008, S. 39.
2 Ebd., S. 228.
3 Ebd., S. 295.
4 John Carlin: Der Sieg des Nelson Mandela, Freiburg 2008, S. 192 f.
5 Martin Meredith: Nelson Mandela: A Biography, London 1997, S. 495.
6 Claudia Sewig: Bernhard Grzimek. Der Mann, der die Tiere liebte, Bergisch Gladbach 2009, S. 172.
7 Ebd., S. 265.
8 Spiegel Special Planet Fußball 2/2006, S. 55.
9 Zit. nach: Der Fischer Weltalmanach Afrika, hg. von Volker Ullrich, Frankfurt/M. 2006, S. 144.
10 http://www.spiegel.de/kultur/gesellschaft/0,1518,451700,00.html.

13
Die Kraft Afrikas

1 In einem Artikel für das Afrikaheft des Rotary Magazin im Juli 2009.
2 Richard Dowden: Africa, London 2009, S. 312.
3 Übersetzt nach Alex Duval Smith: The boys who froze to death at 40.000 feet, in: The Independent, 1. 9. 1999.

Weiterführende Literatur

Achebe, Chinua: Things Fall Apart. Oxford 2008

Ackermann, Lea: Erziehung und Bildung in Ruanda. Probleme und Möglichkeiten eines eigenständigen Weges. Frankfurt/M. 1978

Ali, Ayaan Hirsi: Ich klage an. Plädoyer für die Befreiung der muslimischen Frauen. München 2007

Asserate, Asfa-Wossen: Ein Prinz aus dem Hause David und warum er in Deutschland blieb. Frankfurt/M. 2007

Bärfuss, Lukas: Hundert Tage. Roman. Göttingen 2008 (Die historischen Tatsachen in diesem Buch sind verbürgt, die handelnden Personen erfunden.)

Blixen, Tania: Jenseits von Afrika. Roman. Reinbek 2000

Cameron, Edwin: Tod in Afrika. Mein Leben gegen Aids. München 2007

Carlin, John: Der Sieg des Nelson Mandela. Wie aus Feinden Freunde wurden. Freiburg 2008

Carr, Rosamond Halsey: Le Pays aux mille collines. Ma vie au Ruanda. Paris 2004;

Collier, Paul: Die unterste Milliarde. Warum die ärmsten Länder scheitern und was man dagegen tun kann. München 2008

Ders.: Gefährliche Wahl. Wie die Demokratisierung in den ärmsten Ländern der Erde gelingen kann. München 2008

Conrad, Sebastian: Deutsche Kolonialgeschichte. München 2008

Conrad, Joseph: Herz der Finsternis. Frankfurt/M. 1985

Dallaire, Romeo: Handschlag mit dem Teufel. Die Mitschuld der Weltgemeinschaft am Völkermord in Ruanda. Franfurt 2005

Dowden, Richard: Africa. Altered states, ordinary miracles. London 209

Ehlert, Stefan: Wangari Maathai – Mutter der Bäume. Die erste afrikanische Friedensnobelpreisträgerin. Freiburg i. Brsg. 2004

Feinstein, Andrew: After the Party. A personal and Political Journey inside the ANC. Johannesburg 2007

Forges, Alison des: Kein Zeuge darf überleben. Der Genozid in Ruanda. Hamburg 2002

Friedman, Thomas L.: Die Welt ist flach. Eine kurze Geschichte des 21. Jahrhunderts. Frankfurt/M. 2008

Glennie, Jonathan: The Trouble with Aid. Why less could mean more for Africa. London 2008

Grill, Bartholomäus: Ach Afrika. Berichte aus dem Innern eines Kontinents. München 2005

Der.: Laduuuuuma! Wie der Fußball Afrika verzaubert. Hamburg 2009

Gronemeyer, Reimer/Rompel, Matthias: Verborgenes Afrika. Alltag jenseits von Klischees. Frankfurt M. 2008;

Harden, Blaine: Africa. Dispatches from a Fragile Continent. London 1991

Höttler, Lutz: Côte d'Ivoire – Geteiltes Land. Bad Honnef 2007

Imfeld, Al: Elefanten in der Sahara. Agrargeschichten aus Afrika. Zürich 2009

Johnson, Dominic: Kongo. Kriege, Korruption und die Kunst des Überlebens. Frankfurt/M. 2008

Kapuscinski, Ryszard: Der Fußballkrieg. Berichte aus der Dritten Welt. Frankfurt/M. 1992

Ders.: Der König der Könige Eine Parabel der Macht. Köln 1984

Ders.: Wieder ein Tag Leben. Innenansichten eines Bürgerkrieges. Frankfurt/M. 1994

Kinzer, Stephen: A Thousand Hills. Rwandas's Rebirth and the Man who Dreamed it. Hoboken 2008

Kohlhammer, Siegfried: Auf Kosten der Dritten Welt? Göttingen 1993

LeBor, Adam: „Complicity with the evil". The United Nations in the Age of modern Genocide. London 2006

Lessing, Doris: Rückkehr nach Afrika. München 1994

Milborn, Corinna: Gestürmte Festung. Einwanderung zwischen Stacheldraht und Ghetto. Das Schwarzbuch. Wien/Graz 2006

Mirreh, Abdi Gaileh: Die sozialökonomischen Verhältnisse der nomadischen Bevölkerung im Norden der Demokratischen Republik Somalia. (Ost)Berlin 1978

Moorehead, Alan: The Blue Nile, London 1972

Moyo, Dambisa: Dead Aid. Why Aid is not working and How there is another way for Africa. New York/London 2009;

Mujawayo, Esther/Belhaddad, Souad: Ein Leben mehr. Zehn Jahre nach dem Völkermord in Ruanda. Wuppertal 2005

Mükke, Lutz: „Journalisten der Finsternis". Akteure, Strukturen und Potenziale deutscher Afrika-Berichterstattung. Köln 2009

Neudeck, Rupert und Gerhardt, Kurt: Sorgenkind Entwicklungshilfe. Berichte–Analysen–Perspektiven. Bergisch-Gladbach 1987

Neudeck, Rupert: Afrika – Kontinent ohne Hoffnung? Unsere Hilfe hilft. Bergisch-Gladbach 1985

Ders.: Die Flüchtlinge kommen. Warum sich unsere Asylpolitik ändern muss. Kreuzlingen/München 2005

Ders.: Reise ans Ende der legalen Welt., Die Nuba Berge des Südlichen Sudan. Münster 2001

Ders.: Abenteuer Menschlichkeit. Mein Leben für eine gerechtere Welt. München 2009

Ders. Die Menschenretter von Cap Anamur. München 2002

Nyarota, Geoffrey: Against the Grain. Memoirs of a Zimbabwean Newsman. Cape Town 2006

Pakenham, Thomas: Der kauernde Löwe. Die Kolonialisierung Afrikas 1876 – 1912. Düsseldorf 1993

Peterson, Scott: Me against my Brother. At War in Somalia, Sudan and Rwanda. A Journalist Reports from the Battlefields of Africa. New York/London 2001

Prunier, Gerard: Darfur. Der „uneindeutige" Genozid. Hamburg 2007

Ders.: Africa's World War. Congo. The Rwandan Genocide and the Making of a Continental Catastrophe. Oxford 2009

Riesz, Kanos: Leopold Sédar Sénghor und der afrikanische Aufbruch im 20. Jahrhundert. Wuppertal 2006

Rocca, Roberto Morozzo della: Mosambik – Frieden schaffen in Afrika. Würzburg 2003

Scholl-Latour, Peter: Afrikanische Totenklage. Der Ausverkauf des schwarzen Kontinents. München 2001

Ders.: Mord am großen Fluß. Ein Vierteljahrhundert afrikanische Unabhängigkeit. Stuttgart 1986

Schulte-Varendorff, Uwe: Kolonialheld für Kaiser und Führer. General Lettow-Vorbeck – Mythos und Wirklichkeit. Berlin 2006

Seitz, Volker: Afrika wird armregiert. München 2009

Soyinka, Wole: Die Last des Erinnerns. Was Europa Afrika schuldet – und was Afrika sich selbst schuldet. Düsseldorf 2001

Ders.: Brich auf in früher Dämmerung. Erinnerungen. Zürich 2008

Streck, Bernhard: Sudan. Ansichten eines zerrissenen Landes. Wuppertal 2007

Thielke, Thilo: Kenia. Reportagen aus dem Innern eines zerrissenen Landes. Frankfurt/M. 2008

Wolff, Jürgen H.: Entwicklungshilfe – ein hilfreiches Gewerbe? Versuch einer Bilanz. Münster 2005

Wolf, Eric: Völker ohne Geschichte. Europa und die andere Welt seit 1400. Frankfurt/M. 1986

Yunus, Muhammad: Die Armut besiegen. München 2008

Ziegler, Jean: Das Imperium der Schande. Der Kampf gegen Armut und Unterdrückung. München 2005

Ders.: Der Sieg der Besiegten. Unterdrückung und kultureller Widerstand. Wuppertal 1989

Personenregister

Grünhelme e. V.
Eine radikale Aktion

Im April 2003 wurden die Grünhelme gegründet. Der Verein ist gemeinnützig und hat zehn Mitglieder. Junge Bauhandwerker wollen gemeinsam etwas tun, nicht nur reden. Die Grünhelme wollen besonders mit jungen deutschen Muslimen zusammenarbeiten.

Ruanda: Das Nelson Mandela Educational Centre für ruandische Bau-, Elektro- und Solartechniker wird für die nächsten drei Jahre weitergeführt.

Kongo: Nach Fertigstellung des Gymnasiums in Kasika werden weitere Schulen im Süd-Kivu gebaut.

Palästina: 2009 haben wir dem Begegnungszentrum Tent of Nations von Daoud Nassar auf der Westbank eine 5 kW Solaranlage aufgebaut. Wir hoffen, mehr für dieses Zentrum tun zu können.

Mauretanien: Mit dem jungen nigerianischen Pfarrer Jerome Dukayo werden wir 2010 den Beginn einer Ausbildung von Solarteuren in Nouadhibou beginnen. Im März/April 2010 wird eine Solaranlage (Geschenk von Solarworld) in dem Ausbildungszentrum eingerichtet.

Afghanistan: Wir haben bereits 30 Schulen in der Provinz Herat gebaut. Jetzt sind zwei Dorfschulen und ein Gymnasium in Karoq im Bau sowie eine Skateboard-Bahn für die Jugendlichen in Afghanistan.

Wir suchen Mitarbeiter, die praktisch arbeiten, eine Baustelle leiten, ausbilden und sich entbehrlich machen können. Und die drei Monate (mindestens) ihrer Lebenszeit verschenken wollen. Es entstehen für den Mitarbeiter keine Kosten, es gibt keinen Arbeitsvertrag und keine Gehälter. Unsere Verwaltungskosten liegen bei 1,4 Prozent.

Förderkreis: Bundestagsvizepräsident W. Thierse, der Mufti von Sarajevo, Reis ul Ulema Mustafa Ceric, Bundesgesundheitsminister Dr. Philipp Rösler, der Nobelpreisträger Günter Grass, Ex-Bürgermeister Hans Koschnick, die Sänger Konstantin Wecker, Tomas D – der Kabarettist Dieter Hildebrandt, der bosnische Schriftsteller Djevad Karahasan u. v. a.

Spendenkonto:
Deutsche Bank München Kto Nr. 2 000 008 BLZ 700 700 24
GLS Gemeinschaftsbank Kto Nr. 1 070 000 BLZ 430 609 67

Adresse:
Kupferstr. 7 · 53842 Troisdorf
www.gruenhelme.de
r. neudeck@t-online.de